超
茁
男
洋

江
王
依赛男
于

著

VOCATIONAL CAREER PLANNING AND
EMPLOYMENT GUIDANCE OF COLLEGE STUDENTS IN
International Scholarly Exchange Curriculum

职业生涯规划
与
就业指导

以国际本科学术互认课程项目为例

吉林师范大学学术著作出版基金资助

经济管理出版社
ECONOMY & MANAGEMENT PUBLISHING HOUSE

图书在版编目（CIP）数据

职业生涯规划与就业指导：以国际本科学术互认课程项目为例 / 江超等著 . —北京：经济管理出版社，2021.4

ISBN 978-7-5096-7908-1

Ⅰ.①职…　Ⅱ.①江…　Ⅲ.①职业选择—高等学校—教材　Ⅳ.①G647.38

中国版本图书馆 CIP 数据核字（2021）第 064437 号

组稿编辑：王光艳
责任编辑：王光艳　张玉珠
责任印制：黄章平
责任校对：董杉珊

出版发行：经济管理出版社
　　　　　（北京市海淀区北蜂窝 8 号中雅大厦 A 座 11 层　100038）

网　　址：www. E-mp. com. cn
电　　话：（010）51915602
印　　刷：北京晨旭印刷厂
经　　销：新华书店
开　　本：720mm×1000mm/16
印　　张：15. 75
字　　数：242 千字
版　　次：2021 年 6 月第 1 版　2021 年 6 月第 1 次印刷
书　　号：ISBN 978-7-5096-7908-1
定　　价：68. 00 元

前　言

　　2019 年政府工作报告提出，推动一流大学和一流学科发展建设。随着"双一流"建设能力的不断提高，高等教育的国际化已经逐步成为高校的发展战略之一。作为国际办学项目的新突破，由国家留学基金管理委员会承办的国际本科学术互认项目（International Scholarly Exchange Curriculum，ISEC 项目）更具国际性和时代性，能够更好地发挥自身优势，同国外优秀大学进行经验交流，学习其先进之处，提高项目综合实力。

　　ISEC 项目近年来发展迅速，成为中外协同办学新的发展方向，但职业规划教育的部分需要进一步改进，主要是没有注重对 ISEC 项目学生的职业规划教育、职业发展规划的教育工作开展的时间较短、缺少实践性等。有效开展 ISEC 项目学生职业规划教育能够帮助学生更好地实现自身价值，对日后工作、生活都会产生十分重要的影响。职业规划教育有利于为社会输送更多的优秀人才，对于 ISEC 项目的继续发展也更有益。

　　吉林师范大学自 2015 年开始设立 ISEC 项目相关专业。本书在借鉴相关学者的前期研究成果基础上，结合学校相关 ISEC 项目职业规划教学中的相关教学经验、职业的相关内容，到职业生涯规划，着重叙述了 ISEC 项目学生的职业生涯规划，包括兴趣探索、能力探索、价值观探索、人格探索、合理决策、明辨思维等急需学生掌握的内容，为 ISEC 项目学生职业规划提供一定的参考模板，使本书更具有现实的指导意义。

　　在书籍的编写过程中，我们参考了大量中外文献，引用了相关理论知识和数据模型，在此向所有参考资料的作者表示感谢。本书由青年教师编写，虽然我们力图使理论阐述详尽和系统，又使案例分析科学和精彩，然而，由于目前的能力和水平有限，仍然有一些地方需要加以改进，恳请各位专家及学者给出指导意见，我们将虚心学习并及时改正！

目　录

第一章　职业及起源

职业与一个人的一生息息相关，选择好适合一个人的职业就相当于选择其将来的人生。职业生涯规划实际上就是人生的战略设计，成功的人生需要正确的生涯规划，对于大学生而言尤为重要。所以，认识社会职业、把握职业基础知识、对自己的职业生涯进行规划是引领职业生涯成功的基础条件。

第一节　职业及职业的意义

世界总在不断发展，这使我们的生活方式千变万化，职业也随着发展不断创新。对于绝大多数人来讲，若是没有了职业，也就失去了最基本的生存来源。作为即将走向社会的大学生来说，职业是大学生展示才华、彰显自我、提升能力、创造未来的平台，是谋求自我发展的途径之一，更是实现经济独立的重要手段。所以，作为当代大学生，更应该关注社会职业的发展和自身职业能力的提升。

一、职业的内涵

职业是人们在社会分工中所从事的社会劳动、是一种社会经济和社会现象的统一体，职业不仅体现着一个人的权利、一个人所应该承担的义务以及一个人的职责，职业也体现在一个人的消费生活、文化水平、心理状态、个人修养、名誉声望等具体方面，但从本质上来讲，职业体现了人与社会的关系。因此，从社会角度和个人角度来看，可将职业的内涵概括为两点。

1. 社会角度

人们在从事各项职业的过程中，都承担着一定的责任，履行着相关的义务。职业是一种稳定的劳动，人们在某种职业中表现出明显的连续性。伴随着社会分工的不同而产生与其相对应的职业。所以，职业的产生不以人的意志为转移，如果社会分工存在，职业就会自然存在并且呈现出连续性发展。

2. 个人角度

无论任何人，选择任何职业，都需要获得一定的经济收入来解决其生存需求。无论人们从事什么职业，自身都需要掌握专门的知识与技能来创造物质财富和精神财富，这是职业划分的重要基础之一。职业是个人从事的专门工作，通过这种专业技能而被社会认可，职业是个人为社会服务的主要途径之一。

二、职业的要素

职业主要由五个要素组成。

1. 职业名称

职业具有符号特征，一般由社会通用的称谓来加以命名。

2. 职业主体

每一种职业都是一种社会分工活动，这种职业都需要相应资格和相应能力的劳动者。

3. 职业客体

职业活动的工作对象、工作内容、劳动方式、劳动场所等。

4. 职业报酬

通过职业活动，工作人员所取得的各种报酬。

5. 职业技术

在从事职业活动中，劳动者所运用的自然、社会和思维技术的统一体。主要体现在从事职业活动中，人们所使用的材料、工具、制作方法的应用与推进。

三、职业的意义

职业在人们的社会生活中占据重要地位，它不但是人们谋求生存的需要，更是实现服务人类、贡献社会和展现自我的舞台的主要方式。职业的主要意义在于以下三点。

1. 职业是一种谋求生存的手段

个体通过自身努力，凭借就业这一途径实现生存需求，从中得到最基本的安全感。在谋求生存的过程中，个人通过劳动方式为社会创造物质财富和精神财富，为人类的生生不息和社会的繁荣进步提供有力保障。

2. 职业为从业人员提供发展的空间

人生价值的关键体现，就在于职业为个人发展、自我能力提升、彰显自我价值提供了广阔的空间，无论从任何角度着眼，都离不开职业活动。职业为每一个人划定了工作岗位、要求与目标，个人要按照工作要求并围绕工作岗位开展各项工作，将扎实的知识、熟练的技巧运用到职业活动中，创造出一定的效益来回报社会、奉献社会，进而实现个人与社会的完美融合，获取社会的尊重，实现个人的人生价值。

3. 职业为从业人员提供便利环境

个人在自身努力过程中，产生的生活资料十分有限，所以需要与其他劳动成果进行交换，如果自己的需求达到了满意的水平，与此同时又使社会中某些人员的需求达到了满意的程度，从而也就达到了为他人服务的目标。这既是个体职业劳动的客观组成，又是责无旁贷的社会职责。当然，这种责任与义务的强弱，对不同时期、不同社会、不同个体都有不同的差异。

第二节 职业的起源与演变

职业是由于社会分工不同而产生的结果，随着经济的发展、社会的进步以及科学技术的迅猛发展，职业在种类、数量、划分结构及各种要求上均在不断改变、不断发展。

一、职业的起源

劳动是人类的基础社会活动，职业是人类社会生产力发展到一定阶段的产物，是随着社会分工的不同而产生的结果。在氏族社会，社会分工就开始出现，人们能采集各种食物、外出打猎，使用各种各样的原始工具，从事各类原始农业并制造食物。但氏族社会中的这些活动，还不能被称为职业，其主要原因是没有固定从事某种专门劳动的整体。

随着人类发展和生存需求，人类利用自然的能力越来越强，加之社会生产力的逐渐发展，人类开始制造和使用手工工具，于是便产生了手工业；随着人类对自然界的适应，开始种植谷物，便产生了农业；随着手工业和农业的发展，一些固定的群体便成为了商业的主流；由于社会分工的不同，便出现了人类社会历史上最初的职业，即官吏、工匠、老师、商人、农夫等。

二、职业的演变

1. 新旧职业更替较快

由于社会分工和科技发展的不断进步，职业也随之发生变化。随着社会分工越来越细，社会劳动也越来越复杂，职业的种类也随之越来越多、越来越广，专业程度也将会越来越高、越来越精。正由于这种社会分工和职业的变化，出现了一些新的职业和职业群体，而且新旧职业的更替速度开始加快。例如，石油化工工程师、转基因工程师、节能技师和技工、建筑设计工程师、计算机辅助设计师、纳米材料生产技师等，都是一些新兴的职业；以前人们所用的马车、人力手推车等工具已经被逐渐淘汰，特别是随着计算机的推广与普及，大部分教师上课几乎都使用现代化教学手段，使用粉笔的教师越来越少。

2. 老职业的逐渐消退

在产业结构调整中，退出市场的职业主要集中在第一产业、第二产业，第三产业仍可提供大量就业岗位，如传播行业、物流行业、保健行业、教育行业、旅游行业等，只有个别行业中的职业退出市场，如签字排字员、票证管理员等。有时职业的消退与政策导向、制度有关，致使一些职业难以发展。

3. 社会服务要求较高

随着社会职业种类的扩大和人们对信息质量的要求越来越高，所以新兴职业主要集中在信息咨询、管理和社会服务方面。

信息业是未来发展最快的产业，信息咨询便是职业群体中发展最快的职业之一。根据经济合作与发展组织统计，从事"信息职业"的工作者数量已经达到各种新兴职业从业者数量总和的40%以上，甚至有专家认为，信息业有可能从第三产业中独立出来，成为第四产业。管理对于社会发展、人们生产生活影响较大，管理者也是第三产业中发展较快的职业群体，在管理岗位中，高水平的专业人员和服务体系不断细化与分工，这不仅增加了管理者承担的责任，也提高了其社会地位与名誉。随着社会居民生活水平的提高，人们对服务业的要求也越来越高，进而新兴的家政服务人员、保健师、导游、育婴师、装饰设计师等有关服务业领域的职业种类越来越多，质量也越来越高。服务业职业的多样化使社会居民生活日益趋于丰富性、多样性、多彩性。

三、职业的趋势

从发展的角度来看，我国未来的职业呈现出以下发展态势。

1. 由单一型向复合型转变

结合用人单位、各高校的就业现状分析来看，职业岗位和劳动方式发生了较大变化，各个职业岗位的需求正在由简单向复杂转变。以往擅长单一技术的工作者就能担当的岗位，现在却需要专业知识、专业技巧、专业能力、创新能力等多方面的复合型人才。

2. 由封闭型向开放型转变

随着社会的进步和改革开放的不断深入，职业的种类不断增多，职业服务的对象也越来越广泛、越来越丰富。人们接收社会信息的渠道多样化、具体化，使不同职业相互交融，随着这些开放型职业的种类变化、岗位特点、性质变化，又给不同岗位的工作者增加了信息联络、交流业务、沟通情感的机会。

3. 由传统型向智能型转变

传统职业在工艺流程上存在粗糙的缺点，在科技含量上也相对滞后，在技术创新上相对缓慢。社会发展的要素之一就是增强职业岗位的技术性，改善劳动组织、劳动环境、生产方式与手段，从而提高劳动效率。因此，工作人员要能够熟练应用专业技能，掌握先进的信息管理手段，并将其运用到工作岗位之中，这才是职业岗位更新、工作内容更新、工作形式更新所需要的新型人才。

4. 由继承型向创新型转变

创新是人类推动民族进步和社会发展的不竭动力，特别是随着知识经济的到来，要求每一位劳动者都要具有创新意识，能够在自己的劳动岗位上，运用自己特有的认识能力和实践能力进行创造性劳动。例如，个人形象设计师、舞台美术设计师在各自岗位上创造出奇特的理念，让消费者和观众得到意想不到的效果，通过这种创新精神与创新意识，更能体现人类主观能动性的高级表现形式。

5. 由服务型向技能型转变

随着第三产业的主体作用，消费者对从业人员的服务质量要求也越来越高，知识型服务行业越来越受到人们的青睐，从而使服务体系趋于完善。例如，在房屋买卖过程中，已由传统的开发商简单介绍转变成房屋中介的专业服务等，特别是与通信、计算机、健康等相关的行业，已经越来越多地出现与其相关的服务类职业。

第二章　职业的特征与类型

第一节　职业的特征

根据职业发展历史，以及职业本身对社会发展带来的影响进行分析，职业主要有五大特征。

一、社会性

职业的社会性主要反映在不同职业肩负着不同的社会职责。任何一种职业都是社会分工的结果，随着社会分工的细化，社会也随之进步，可以说，职业推动了社会发展。在职业岗位上的每一位成员，都是推动社会进步的组成部分，整个社会的劳动成果是由各个职业的成果累积而成，从而促进社会整体发展，从业人员在担当自己职业角色的过程中，其在完成自己职业使命的同时也在奉献人类、推动社会。

二、经济性

在职业活动中，从业人员主要以获得经济来源为目的。从业人员付出自己的技能和劳动，与此同时也承担着相对应岗位的责任，员工在完成工作后，用人单位会给予劳动者报酬，从业人员从而增加收入，从业人员再将自己的报酬用来维持家庭生活和满足自身需求。

三、专业性

任何一种职业都要求从业人员具备专业知识、技巧以及高水平的专业能力，要求从业人员时刻遵循职业道德要求，只有具备了这些特殊要求，从业人员才能承担相应的工作，胜任相应的工作岗位。随着社会的不断进步，社会对职业的专业性要求也将越来越高。

四、层次性

随着社会不断发展、不断进步，社会分工越来越细化，与此同时社会上职业的种类也越来越多。在职业具备多样性特点的同时，层次性特点也随之出现。例如，图书资料人员分为研究馆员、副研究馆员、馆员、助理馆员；高校教师分为教授、副教授、讲师、助教。

五、规范性

职业主体在所从事的职业活动中必须符合国家有关法律规定和社会道德规范准则，并非所有社会群体活动都是正当的。例如，非法包工、贩卖毒品活动等，这些带有特殊活动目的的职业不符合国家法律规定，也有悖于社会道德规范准则的相关要求，故不能列为正当职业。

第二节　职业的功能

职业是社会存在的主要内容、是社会发展的动力源泉、是社会控制的手段之一。职业的功能指职业活动以及职业主体两者对人和社会的作用和影响，职业的具体功能分为个体功能和社会功能。

一、职业的个体功能

1. 职业是人生价值的主要活动

职业指社会成员参加社会活动、推进社会进步、开展人生实践的主要依据，从各个方面决定着一名社会成员的本性、兴趣、生活道路和家庭境遇等。每一种职业生活使从业人员进入这种社会情境中，而这种情境由于职业的改变而改变。没有职业，也就没有从业人员的社会角色和行为模式。

2. 职业是谋求生存的重要手段

任何一种正当的职业，都会得到相应的经济报酬作为劳动回报，职业更是一名社会成员取得一定利益的渠道。职业收入作为人们生存和维持家庭生活的主要来源，同时，不同职业和岗位也能给从业人员带来不同的权力、地位、名誉及各种便利，对从业人员而言是一种心理上的支撑和精神上的慰藉。因此，追寻更高的社会职位，成为更多人向往的目标，人们在职业问题上的努力奋斗，使得人们在社会职位中呈现出积极向上的姿态。

3. 职业是个体展现才能的途径

不同的职业都需要不同的职业人员来完成。每一种职业都要求从业人员掌握与本职业相关的专业知识、技术技能、创新意识、职业道德和处事原则等。职业使人的这些才能得以发挥，并且成为促进个人成长、形成良性发展的重要手段。从业人员承担了其特定的职务，参与社会分工体系，参与各种各样的社会活动，从事着某种职业的人员在这个体系中获得劳动成果，并承担社会责任、奉献自我。

二、职业的社会功能

从社会的角度来看，职业反映了社会进步。职业的发展推动着社会的发展，成为社会进步的动力。职业存在和职业活动成为人类社会存在以及社会活动的主体，职业劳动创造出的物质财富以及精神财富为社会的存在和进步奠定了基础，职业的各种分工构成了社会经济制度运行的主体。

第三节　职业的类型与划分

一、职业分类的依据与方法

所谓职业分类，是采用一定的标准和方法，依据一定的分类原则，对从业人员所从事的各种专门化的社会职业进行全面的、系统的划分与归类。它是一个国家形成产业结构概念和进行产业结构、产业组织及产业政策研究的基础，对于社会各个行业的发展有着十分重要的意义。任何一个国家的职业分类都影响并制约着其国民经济各个部门管理活动的成效。

职业分类的基本依据是工作性质的同一性。职业分类包括职业的划分与归类，按照工作性质的同一性进行职业分类，一方面是根据职业活动特征的相异程度进行划分，另一方面是根据职业活动特征的相同程度进行职业归类。

任何一个国家的职业分类均建立在分类结构体系之上，针对体系中的每个层次，要依据不同的原则和方法才能实现总体结构的职业划分与归类。世界上经济发达国家都非常重视职业分类问题的研究，这不仅是形成产业结构概念和进行产业结构、产业组织及产业政策研究的前提，同时也是对劳动者及其劳动进行分类管理、分级管理及系统管理的需要。

职业分类的基本方法是工作分析法。工作分析法是对任何一种职业活动依据其工作的基本属性进行分析，按照工作特征的相异与相同程度进行职业的划分与归类。

二、国外的职业分类

1. 国际标准职业分类

国际标准职业分类 （International Standard Classification of Occupations, ISCO）是国际劳工组织（ILO）为各国提供统一准则而制定的职业分类标准。早在 1923 年的第一届国际劳工统计学会议上的专家们就讨论了制定职业分类国际标准的需要。

1958 年《国际标准职业分类》初版发行，之后又经 1968 年、1988 年、2008 年三次修订，形成目前的最新版本《国际标准职业分类（2008）》。

1958 年《国际标准职业分类》第一版就指出，《国际标准职业分类》的主要目的有三点：①为了便于各国统计数据间的比较；②指导各国政府进行国家职业分类体系的修订；③为在国际背景下辨识某些特殊的地域性职业提供途径。几十年来，《国际标准职业分类》已成为世界各国制定和修订职业分类体系的蓝本，也为促进国际相关领域的交流做出了贡献。《国际标准职业分类》将职业区分为大类（Major Group）、小类（Minor Group）和细类（Unit Group），自《国际标准职业分类（1988）》起，又在大类和小类之间增加了中类（Sub-Major Group），使分类更加细致完整。《国际标准职业分类》的前两版《国际标准职业分类（1958）》和《国际标准职业分类（1968）》对职业进行分类所依据的基本标准是该职业所要完成的工作类型（Type of Work Performed），这其中暗含着完成该工作所应具备的技能。到了《国际标准职业分类（1988）》和《国际标准职业分类（2008）》，技能水平（Skill Level）和技能的专业程度（Skill Specialization）作为划分标准被明确提出来并得到了进一步的强调。《国际标准职业分类》目前的最新版本是《国际标准职业分类（2008）》。《国际标准职业分类（2008）》在维持《国际标准职业分类（1988）》的基本原则和主要框架

之上，进行了一系列的改变。这些改变一是鉴于各国在参照《国际标准职业分类
（1988）》时所获取的一些经验，二是基于世界范围内工作的最新发展。

从表 2-1 中可以看出《国际标准职业分类（1988）》与《国际标准职业分
类（2008）》大类的变化及中小细类的增加。总体而言，《国际标准职业分类
（2008）》比《国际标准职业分类（1988）》更加详细，有更新的类别，如：
生产和专业服务管理人员，酒店、零售和其他服务管理人员，业务管理专业人
员，信息和通信技术专业人员，法律、社会和文化专业人员；商业和行政助理
专业人员，法律、社会、文化及相关专业助理人员，信息和通信技术，数字和
材料记录文员，个人护理人员，电气和电子行业工人，食品加工、木材加工、
服装等技术及相关行业工人，清洁工和帮工，食品生产助理人员，垃圾工等基
层劳动人员；具有军官军衔、士官军衔和其他军衔的士兵。此外，与以前版本
相比，《国际标准职业分类（2008）》中的许多更新旨在解决《国际标准职业
分类（1988）》所导致的问题。这反映在《国际标准职业分类（1968）》重新
出现了一些被《国际标准职业分类（1988）》废除的类别，例如，店主与其他管
理人员的重新分离，以及自行车修理工和烹饪助理的重新引进。

表 2-1　《国际标准职业分类（1988）》与《国际标准职业分类（2008）》的比较

类别	《国际标准职业分类（1988）》	《国际标准职业分类（2008）》
大类	（1）立法者、高级官员和管理者	（1）管理者
	（2）专业人员	（2）专业人员
	（3）技术人员和专业人员助理	（3）技术人员和专业人员助理
	（4）办事员	（4）办事员
	（5）服务人员和商店及市场销售人员	（5）服务人员和商店及市场销售人员
	（6）农业、林业和渔业技术人员	（6）农业、林业和渔业技术人员
	（7）工艺及有关人员	（7）工艺及有关人员
	（8）机械机床操作员和装配工	（8）机械机床操作员和装配工
	（9）非技术工人	（9）非技术工人
	（10）军人	（10）军人
中类	28	43
小类	116	125
细类	390	436

2. 美国的职业分类

美国是较早建立职业分类系统的国家之一，早在 1850 年，美国就模仿标准行业分类（Standard Industrial Classification，SIC）建立了包括 322 个职业的分类系统。到了 20 世纪中期，社会迅速发展，原有的分类体系已经不能适应新世纪服务业和高新技术行业的发展，美国管理和预算办公室成立了标准分类修订政策委员会（Standard Occupational Classification Revision Policy Committee，SOCRPC），对原有的 SOC 1980[①] 进行重新修订。于是 SOC 2000 应运而生，而且 SOC 2000 还通过职业代码与美国 0*NET（Occupational Information Network）等职业数据库相联系，适应了时代发展的需求。

自人类社会进入 21 世纪以来，由于经济和科学技术的快速发展，许多新兴职业相继出现，于是美国从 2005 年起，又再一次对职业分类系统做出修订，最终产生了美国现行的职业分类系统，即 SOC 2010。同时，美国也计划在 2013 年开展 SOC 2018 的修订工作。

SOC 2000 与 SOC 2010 相比，在中类小类细类职业上均有所变化。其中，SOC 2010 增加了许多新职业，其中有较多变化和补充的是信息技术职业、健康护理职业、印刷和人力资源职业。具体比较如表 2-2、表 2-3 所示。

表 2-2　美国 SOC 2000 与 SOC 2010 职业分类体系比较（一）

类别	SOC 2000			SOC 2010		
大类	中类	小类	细类	中类	小类	细类
（1）管理类	4	27	34	4	30*	34
（2）商业与金融运作	2	20	30	2	30*	32*
（3）计算机与数学类	2	14	16	2	11*	19*
（4）建筑和工程类	3	21	35	3	21	35
（5）生命、自然、社会科学	4	23	44	4	23	43*
（6）社区和社会服务	2	6	17	2	6	18*
（7）法律	2	4	9	2	4	9
（8）教育、培训、图书馆相关	5	26	61	5	26	63*
（9）艺术、设计、娱乐、体育和传媒	4	16	41	4	16	41

---

① 美国标准职业分类系统（Standard Occpupational Classification，SOC）。

续表

类别	SOC 2000			SOC 2010		
大类	中类	小类	细类	中类	小类	细类
（10）保健专业技术	3	23	53	3	27*	61*
（11）保健支持类	3	5	15	3	5	17*
（12）社会保护服务类	4	14	21	4	11*	18*
（13）食品加工和餐饮	4	11	18	4	11	18
（14）建筑物和地面清理与维护	3	4	10	3	4	10
（15）个人护理和服务	7	20	34	8*	20	33*
（16）销售及相关	5	15	22	5	15	22
（17）办公及行政支持类	7	48	55	7	49	56*
（18）农业、渔业和林业	4	9	16	4	9	15*
（19）营建及钻探类	5	37	59	5	38*	60*
（20）安装、维护和维修	4	17	51	4	19*	52*
（21）生产类	9	51	110	9	50*	108*
（22）运输及物流	7	35	50	7	37*	52*
（23）军事类及待定	3	3	20	3	3	20
合计	96	449	821	97	465	836

注：＊表示发生改变的类别。

表 2-3 美国 SOC 2000 与 SOC 2010 职业分类体系比较（二）

改变的类型			SOC 2010 与 SOC 2000 的比较	
编码改变	名称改变	定义变化	数量	百分比（%）
无	无	无	359	42.7
无	无	无	356	42.4
无	有	有	44	5.2
有	有	有	42	5.0
无	有	无	21	2.5
有	无	有	11	1.3
有	无	有	11	1.3
有	无	无	7	0.8

改变的类型			SOC 2010 与 SOC 2000 的比较	
编码改变	名称改变	定义变化	数量	百分比（%）
有	有	无	0	0.0
总计			851	101.2

注：因编者统计过程取舍的原因，总数略有出入。

3. 加拿大的职业分类

加拿大职业分类主要根据加拿大人力移民局、统计局于 1997 年编辑出版的《职业岗位分类词典》。该书是加拿大在从事各类职业活动中，经过反复研究、实践、总结而形成系统的、全面的、详尽的工具书，书中有关于不同单位、企业、行业中职业、工程的介绍，其中包括每个行业间的分类依据、主要职责以及所从事的工作活动等。

《加拿大职业分类词典》将国民经济中属于主要行业的职业分为 23 个大类，共有 81 个中类、489 个小类和 7500 多个职业。主要类别包括：管理、行政和有关职业，科学、工程和数学职业，社会科学和有关领域的职业，宗教职业，教学和有关职业，医疗卫生职业，艺术、文学、表演艺术和有关职业，体育和有关职业娱乐业，文书工作和相关职业，销售职业，服务职业，农业、园艺和牧业职业，渔业和相关职业，林业和伐木职业，土木工程职业，运输设备操作职业，材料处理和相关职业，其他类别不包括的工艺美术及设备操作职业。加拿大的职业分类系统有 NOC①、NOC-S2001、NOC-S2006 这三个不同版本，其中 NOC-S2006 与 NOC-S2001 相比，结构上基本相同，只在部分内容和名称上做了调整，同时增加了部分新职业。NOC 中用 1~9 自然数表示九大行业：①财务、行政管理；②自然科学和应用科学；③医疗保健；④社会科学、教育、政府部门、宗教；⑤艺术、文化、体育；⑥产品销售和服务；⑦手工业、交通设备经营及相关产业；⑧基础产业；⑨生产加工业和公用事业。同时，用 0 和 A、B、C、D 表示技能水平。A、B、C 和 D 代表技术层的技能水平。在商业、金融和医疗保健领域，技术层面的技能水平为 A、B 和 C；在自然科学、应用科学和社会科学、教育、政府、宗教和艺术、文化、体育和其他行业，技术层面为 B、

---

① 加拿大国家分类列表（National Occupational Classification，NOC）。

C、D。NOC 中运用主类、子类、细类和具体职业的分类格局，使每一个层级都比上一个层级更加细腻、更加具体、更加明了。这种逐一说明各种职业的内容、从业人员在受教育程度、职业培训、能力倾向、兴趣、性格以及体质等方面的要求，对职业分类研究与实践有较大的参考价值。

4. 新加坡的职业分类

新加坡职业分类（Singapore Standard Occupational Classification，SSOC）是由新加坡统计局推出的国家职业分类体系，至今已是第六个版本。

新加坡职业分类依据的基本原则是所要完成工作的主要类型，工作主要任务相同的人从事同一类型工作，应被划入相同的职业群。新加坡职业分类定义众多工作种类的基本概念是技能，技能是指完成一项工作的任务和职责所需要的能力。与国际标准职业分类一样，新加坡职业分类将技能定义为两个维度，技能水平和技能的专业程度。

技能水平根据应受教育层次的不同划分为四个等级：①第一级技能水平被定义为接受初等教育或未接受教育；②第二级技能水平被定义为接受中等教育；③第三级技能水平被定义为接受过比前面更高等级的教育但不等同于大学教育；④第四级技能水平被定义为接受过比前面更高等级的教育，等同于本科或研究生教育。依据四级技能水平，新加坡职业分类中的大类进行如下划分，如表2-4所示。

表2-4 新加坡职业分类（SSOC）中大类的技能水平划分

序号	大类	技能水平
1	立法者、高级官员和管理人员	—
2	专业人员	4级技术水平
3	辅助专业人员和技术人员	3级技术水平
4	职员	2级技术水平
5	服务人员和商店与市场销售人员	—
6	农业和水产业工人	—
7	手艺人和相关行业工人	—
8	设备与机械操作和装配工	—
9	清洁工、劳工和相关行业的工人	1级技术水平
10	未分类职业的从业者	—

2010 年 2 月，新加坡职业分类最新版本 SSOC 2010 出版。SSOC 2010 采用了《国际标准职业分类（2008）》的基本框架和原则。这次修订不仅配合了国际标准的变化，也反映出劳动力市场的发展，特别是新职业的出现，如表 2-5 所示。

表 2-5　新加坡职业分类最新版本 SSOC 2005 与 SSOC 2010 的比较

类别	SSOC 2005	SSOC 2010
大类	10	10
中类	32	43
小类	119	140
细类	317	400
职业	999	1122

如表 2-5 所示，相较于 SSOC 2005，SSOC 2010 在大类上基本没有变化，但中小类明显细化，并囊括了一批新兴职业。SSOC 2010 较 SSOC 2005 新增或更新的种类：行政和商业管理者，生产及特别事务管理人，招待、零售及相关服务管理者，卫生技术人员，信息和通信技术的专业人员，保健辅助专业人员，信息与通信技术员，一般文员及打字员，数值和材料记录文员，个人服务工作人员，起居照顾员，垃圾工人和其他基层劳工，电气和电子行业的工人，农业、渔业及相关劳工，食品制作和厨房助理，保安服务工作人员。

三、我国的职业分类

与发达国家相比，我国在职业分类领域上属于起步阶段，但自中华人民共和国成立以来，为满足国民经济的发展、规范社会人口普查、顺应劳动人事规划指导等，根据我国国情和社会特点的需要，我国有关主管部门对职业分类工作进行了大量的实际调研，制定出有关职业分类的标准和相关政策。

根据有关主管部门对职业分类公布的标准，我国的职业分类目前有以下四种类型。

1. 根据人口普查的职业分类

1982 年 3 月，为适应第三次全国人口普查，根据国家统计局、国家标准局（原国家标准总局）、国务院人口普查领导小组办公室的资料，组织有关人员编制了《职业分类标准》。

《职业分类标准》根据劳动人口工作性质的同一性，将全国职业分为 8 个大类、64 中类和 301 小类。

8 个大类人员的顺序是：一是各类专业、技术人员；二是国家机关、党群组织、企事业单位的负责人；三是办事人员和有关人员；四是商业工作人员；五是服务性工作人员；六是农林牧渔劳动者；七是生产工作、运输工作和部分体力劳动者；八是不便分类的其他劳动者。

在 8 个大类中，第一、第二大类主要是脑力劳动者，第三大类包括部分脑力劳动者和部分体力劳动者，第四、第五、第六、第七大类主要是体力劳动者，第八类是不便分类的其他劳动者。

2. 根据国民经济行业的分类

1984 年由国家发展和改革委员会（原国家发展计划委员会）、国家经济委员会、国家统计局、国家标准局批准并发布《国民经济行业分类和代码》，1985 年便实施了《国民经济行业分类和代码》，1994 年加以修订，2002 年又颁发了新的由国家统计局牵头修订的《国民经济行业分类》国家标准。

《国民经济行业分类》主要依据企业、事业单位、组织和职工个人所从事的生产或者其他社会经济活动的身份性质分类，即按照其所属行业进行分类，将国民经济行业划分为门类、大类、中类、小类四级，共有行业门类 20 个，行业大类 95 个，行业中类 396 个，行业小类 913 个，其中 20 个行业门类为：农、林、牧、渔业，采矿业，制造业，电力、燃气及水的生产和供应业，建筑业，交通运输、仓储和邮政业，信息传输、计算机服务和软件业，批发和零售业，住宿和餐饮业，金融业，房地产业，租赁和商务服务业，科学研究、技术服务和地质勘查业研究与试验发展，水利、环境和公共设施管理业，教育，居住服务和其他服务，卫生、社会保障和社会福利业卫生，文化、体育和娱乐业，公共管理和社会组织，国际组织。

由此可见，普查分类法和国民经济产业分类法符合我国的基本国情，具有简明、现实、通用等优点，也符合我国目前的职业状况和要求。

根据不同的职业标准，可以有不同的分类方法。例如，从行业划分来看，可分为第一产业、第二产业、第三产业；从工作特点来看，可分为实用性（使用机器、工具、设备的工作）、社会服务、文化教育、科学研究、艺术创作等 10 多种工作类型。每种分类方法都对其具体职业有明确的解释，有助于我们更好地把握某一职业的特点，选择合适的职业。

3. 按职业分类

岗位分类目录是对我国各行业各类岗位进行科学、规范、系统的分类，从而形成完整的岗位分类体系。

《中华人民共和国工种分类目录》是劳动（劳动人事）厅（局）和国务院有关主管部门在广泛调查研究和充分论证的基础上，组织各方面专家、学者、技术人员历时4年，于1992年编制完成的，这是我国第一个综合性职务分类目录。

《中华人民共和国工种分类目录》按行业分为46类，并按"行业—重点—工作"的顺序排列。行业或专业名称参照借鉴《国民经济行业分类与代码》，并根据我国实际情况确定。每个行业都有两位数的代码。行业目录代码按照"行业代码—序列号"顺序排列。该目录由46个类别、4700多个工种组成，基本涵盖了中国工人从事的所有工种。每个职务类别包括代码、职务、职务定义、适用范围、等级线、学徒培训期、学徒期和熟练期。工作的名称不仅反映了工作的特点，而且还考虑了工作的特点和它的习惯称谓。工作的定义是对工作性质的解释，包括工作手段、工作方法、工作对象和工作目的，应用范围是指工作技术的简单和复杂程度。

4. 《中华人民共和国职业分类大典》

1995年初由劳动和社会保障部、国家统计局、国家质量监督检验检疫总局联合中央各部委成立了"国家职业分类大典和职业资格工作委员会"，启动了《中华人民共和国职业分类大典》编制工作，中央、国务院50多个部委（局）以及有关企业、院校和科研单位的近千名专家学者参加了历时4年的编制工作，1999年初通过审定，并于1999年5月正式颁布。

《中华人民共和国职业分类大典》将我国职业归为8个大类，66个中类，413个小类，1838个细类（职业）。其中8个大类分别是：①国家机关、党群组织、企业、事业单位负责人；②专业技术人员；③办事人员和有关人员；④商业、服务业人员；⑤农、林、牧、渔、水利业生产人员；⑥生产、运输设备操作人员及有关人员；⑦军人；⑧不便分类的其他从业人员。其中，除"军人"和"不便分类的其他人员"外，职业数量最多的是第六大类，在"生产、运输设备操作人员及有关人员"中包括27个中类，195个小类，1119个细类，占实际职业总量的74.8%；职业数量最少的是第一大类，在"国家机关、党群组织、企业、事业单位负责人"中包括5个中类，16个小类，25个细类，占实际职业总量的1.67%。

《中华人民共和国职业分类大典》颁布实施后，由于社会生产力的发展及产业结构的调整，我国职业结构也随之发生了变化，随着旧职业的不断消退，新职业的产生。为了适应变化的需求，2004 年，劳动和社会保障部门又组织了有关专家、学者对《中华人民共和国职业分类大典》进行了增补修订，并于 2005 年启动，增补后的《中华人民共和国职业分类大典》共收录了信息产业、现代服务等方面的 77 个新职业。2011 年 5 月，国家职业分类大典修订工作委员会会同人力资源和社会保障部、国家质量监督检验检疫总局、国家统计局发布了《关于加快做好 2011 年国家职业分类大典修订工作的通知》，于 2012 年 6 月修改完成后实施。

可以说，《中华人民共和国职业分类大典》是我国对职业进行科学分类的权威性文献。该书从我国国情出发，在充分考虑经济发展、科技进步和产业结构变化的基础上，比较全面地反映了我国社会职业的结构现状。《中华人民共和国职业分类大典》的颁布、修订与实施，对人们认识和掌握我国的职业分类有着启发性、连续性、深刻性、现实性的深远影响。

四、我国职业的划分与类别

1. 职位分类

职位是在职业的基础上划分的。职位分类通常是根据职位的工作性质、责任轻重、难易程度和所需资格条件等进行分类，每一种职业都有职位高低。从各类专业技术职务方面对职位进行分类，共分为以下九类。

（1）科学研究职业。其可划分为研究员、副研究员、助理研究员、研究实习员职位。

（2）农艺（畜牧、兽医）技术职业。其可划分为高级农艺（畜牧、兽医）师、农艺（畜牧、兽医）师、助理农艺（畜牧、兽医）师、农业技术人员职位。

（3）卫生技术职业。其可划分为主任医（药、护、技）师、副主任医（药、护、技）师、主治（管）医（药、护、技）师、药（护、技）师、药（护、技）士职位。

（4）经济业务职业。其可划分为高级经济师、经济师、助理经济师、助理经济员职位。

（5）中学教师职业。其可划分为中学高级教师、中学一级教师、中学二级教师、中学三级教师职位。

（6）高等学校教师职业。其可划分为教授、副教授、讲师、助教、见习助教职位。

（7）会计职业。其可划分为高级会计师、会计师、助理会计师、会计员职位。

（8）中等专业学校教师职位。其可划分为高级讲师、讲师、助理讲师、教员职位。

（9）政工人员职业。其可划分为高级政工师、政工师、助理政工师、政工人员等职位。

2. 政府机构的职位划分

政府机构职位划分就是用法律性文件规定的机构的行政地位。它主要用于党政系统，通过职位划分明确其领导或从属关系，以及相应的政治和生活待遇，以保证机构有序、高效运转。机构职位主要通过不同的级别来实现。我国政府机构的级别主要有以下六个层次。

（1）国务院即中央人民政府，是最高权力机关的执行机构，是最高国家行政机关，国务院对全国人民代表大会负责并报告工作；在全国人民代表大会闭会期间，对全国人民代表大会常务委员会负责并报告工作。这表明了国务院在我国国家机关系统中的地位。国务院设总理1人，领导国务院工作；设副总理若干人，协助总理工作；设国务委员若干人，协助总理工作，受总理委托，负责某些方面或专项工作。

（2）部、委（省、自治区、直辖市）级。国务院各部设部长1人，副部长若干人。各委员会设主任1人，副主任若干人。省、自治区、直辖市人民政府设省长（市长、区主席）1人，副省长（副市长、区副主席）若干人。

（3）如国家统计局、国家海洋局、国务院法制局等。这些直属机构在级别上，稍低于各部、各委员会，高于各部、各委员会的下设司局，相当于副部级。各局设局长1人。

（4）司、局（省、自治区、直辖市的厅、局）级。国务院各部、各委员会下设司、厅、局或委员会设司长（或厅长、局长、主任）一人，副司长（副局长、副主任）若干人。地方各级人民政府实行首长负责制。各厅、局长，委员会主任由各级政府首长提名，经本级人民代表大会常务委员会通过，报上级人民政府批准任命。

（5）处（县）级。省、自治区所属县（市）和市辖区的人民政府设县（市、区）长1名，副县长（副市长、副区长）若干人。其级别分别相当于处级、副处级。

（6）科（县的局）级。县、市、市辖区人民政府工作部门一般称局、委、科、办，各部门的负责人分别称局长、主任。在局、委、办内部，一般设有股或科。另外，我国县以下还设有基层行政区域单一乡镇，乡是广大农村地区的基层行政建制。镇是非农业人口占相当比例的小城市型的基层行政建制，乡设乡长1人，副乡长若干人；镇设镇长1人，副镇长若干人。其级别相当于县人民政府所属工作部门的局、科级。

3. 国家公务员的职位分类

国家公务员岗位按照《国家公务员岗位分类实施办法》进行分类，岗位设置有具体的分类条件、内容和要求。

（1）职务分类条件。

纳入国家公务员编制范围的职位分类，必须在单位结构改革方案批准并正式确定其职能、机构和编制水平后进行。

（2）公务员的职务、职级与级别。

国家实行公务员职位分类制度。公务员职位类别按照公务员职位的性质、特点和管理需要，划分为综合管理类、专业技术类和行政执法类等类别。根据本法，对于具有职位特殊性，需要单独管理的，可以增设其他职位类别。各职位类别的适用范围由国家另行规定。

国家实行公务员职务与职级并行制度，根据公务员职位类别和职责设置公务员领导职务、职级序列。

公务员领导职务根据宪法、有关法律和机构规格设置。领导职务层次分为：国家级正职、国家级副职，省部级正职、省部级副职，厅局级正职、厅局级副职，县处级正职、县处级副职，乡科级正职、乡科级副职。

公务员职级在厅局级以下设置。综合管理类公务员职级序列分为：一级巡视员、二级巡视员，一级调研员、二级调研员、三级调研员、四级调研员，一级主任科员、二级主任科员、三级主任科员、四级主任科员，一级科员、二级科员。综合管理类以外其他职位类别公务员的职级序列，根据本法由国家另行规定。

第三章　职业生涯规划及分类

大学生正处于职业学习、准备和起步的阶段。在此阶段中，根据职业生涯的指导思想，遵循职业生涯规划的原则，寻求大学生活与未来职业生涯的联系，要充分认识到职业生涯规划对大学生未来生活道路的重要性。

第一节　职业生涯规划及其现实意义

一、职业生涯与职业生涯规划

1. 职业生涯概念

不同于职业，职业生涯是一个人的职业经历，即一个人担任工作角色、工作职责和工作任务的发展道路。职业生涯包括每个人被实际观察到的关于过去、现在和未来的过程，还包括个人对职业生涯发展的见解与期待。

职业生涯是以开发心理、生理、智力、技巧等潜能为基础，以工作内容、工作成绩、工资待遇、工作职称、工作职务的变动为标志，以满足个人需求为目标的工作历程和内心体验。职业生涯是人生中重要的内容，对人生有决定性意义。

职业生涯是动态、漫长的过程。个体既可以一生只从事一种职业，在这一职业中适应工作环境、争取职务晋升、提高工资福利来实现人生价值；也可以基于兴趣、爱好、能力、价值取向而选择和从事不同的职业岗位，体验不同的职业角色。对大多数人而言，从业者还是向往稳定、适合自己爱好的职业。

2. 外职业生涯与内职业生涯

（1）外职业生涯。外职业生涯指从业人员从事某一种职业的工作单位、时间、地点、角色、职责、内容及工资待遇、职称等因素的组成及其变化过程。

外职业生涯可以通过个人名片、工资等项目体现出来。名片上表明从业人员的工作地点、工作单位、职称、职务等内容；工资单列明从业人员应得的薪酬，其明细包括基本工资、岗位工资、薪级工资、福利待遇等。

（2）内职业生涯。内职业生涯是指从业人员从事某一种职业时，其知识、技巧、能力、观点、经验、心理素质等因素的组成及其变化过程。内职业生涯中的各个因素不同于外职业生涯，它无法通过个人名片、工资单等体现，而是在工作过程中由工作结果、日常表现、行为方式等呈现出来。外职业生涯的发展主要由从业者自己来决定、给予和认可，当然也可以被他人争夺、否定甚至撤销。内职业生涯的发展主要依靠从业者本人的不断探求、摸索而获取，不随外职业生涯的发展而发展，也不随外职业生涯的消失而消失。在职业生涯发展的过程中，内职业生涯担任主角，发挥主要作用。

3. 职业锚

（1）职业锚的概念。职业锚理论产生于美国麻省理工学院斯隆商学院，由美国著名职业指导专家埃德加·H. 施恩教授领导专门研究小组对该学院毕业生的职业生涯进行研究，并从中演绎而成。施恩教授通过面谈、跟踪调查、公司调查、人才测评、问卷调查等多种方式对斯隆管理学院 44 名 MBA 毕业生进行了长达 12 年的职业生涯研究，最终分析总结出了职业锚（职业定位）理论。

职业锚又称职业系留点。它指当一个人不得不做出选择时，无论如何都不会放弃的职业中那种至关重要的东西或价值观。实际就是人们选择和发展职业时所围绕的中心轴。同时，职业锚也是自我意识中习得的一部分。在进入早期工作情境后，个体的职业锚由实际工作经验决定，并与其在经验中自省的动机、价值观和才干相符合，以达到自我满足和补偿的一种稳定的职业定位。职业锚强调个人能力、动机和价值观三方面的相互作用与整合，它是个人与工作环境相互作用影响的产物，并在实际工作中不断协调。

（2）职业锚的类型与理解。职业锚包括职能型、管理型、独立型、稳定型、创业型、服务型、挑战型、生活型。

在了解职业锚的概念时，应该注意以下四个方面：

第一，职业锚以员工习得的工作经验为基础。职业锚发生于早期职业阶段，新员工只有在获取工作经验后才能选定自己稳定的长期贡献区。在面临各种实际工作与生活情境之前，员工不可能彻底了解自己的能力、动机和价值观及能够在多大程度上适应职业选择。因此，新员工的工作经验产生、演变和发展了职业锚，职业在某种程度上是由员工的实际工作所决定，而不仅取决于潜在的才干、需求和动机。

第二，职业锚不是通过客观测试员工能力、才干、作业动机和工作价值观得来的，它是员工根据自身才能、动机、需求和价值观，并在实际工作中能够证明的准确职业定位。

第三，职业是员工自我发展过程中的动机、需要、价值观、能力相互作用和整合的结果。

第四，员工个人及其职业并不是固定不变的职业锚，而是个人稳定的职业贡献区和成长区。但是，这并不意味着个人将停止发展。员工以职业锚为稳定源，以此来获得职业工作的更大进步和发展。此外，职业锚本身也可能产生变化，员工在职业生涯的中后期可能会根据变化情况，重新选定自己合适的职业锚。

（3）职业锚的个人开发及作用。

第一，帮助员工尽快适应新工作。员工进入企业及其他组织之前，需要对自身塑造、发展、规划等方面做好前期准备，并经过一定的科学职业选择，这也就证明员工对所选择的职业具有一定的适合性。但这种适合性只是初步的、表面的，仅是主观上的认识、分析和判断，并没有经过工作实践的验证。职业适应性需要员工在职业活动实践中验证。每个从事专业活动的员工都处于一定的生理环境和心理环境之中，其对职业的态度受到许多主观因素和客观因素的影响。主观因素包括个人对工作的兴趣和价值观，个人所掌握的技术技巧，个体从工作中获得的成就感等；客观因素包括个体的工作环境和工作条件，薪资待遇及福利情况，他人和组织对自己工作的认可及奖惩情况，与同事和领导之间的人际关系情况，家庭成员对本人职业工作所持的态度看法等。职业适应性就是个体能够尽快地认识并适应这些因素，也就是说，个体能够在组织的具体职业活动中尽快适应工作性质、类型和工作条件，并将其与个人需要和价值目标相结合，从而在职业工作和生活中获得最大的满足感和成就感。职业适应的结果能够保证员工在很长一段时间内从事一定的职业活动，提高员工工作积极性的同时保证员工在职业活动中的高效率，有利于员工个体的良好发展。因此，初入组织的员工将其对职业的主观态度，经过工作实践，转变为职业适应过程，这也就是员工搜寻和开发职业锚的过程。职业适应性是职业锚的前提和基础。

第二，通过职业计划表选定职业目标，发展职业角色。职业计划表是将组织设计的工作按类别和所属范畴整合起来，形成系统的并反映企业人力资源配置情况的图表。员工根据职业规划中列出的工作类别、职务变化途径等内容，结合个人需求与工作价值观，科学地选定自己的职业目标。目标一旦确定，就要有目的地根据目标工作职能及其对自身素质的要求进行自我培训，为自己配备充分的条件来从事这一职业，从而在组织内树立和发展良好的职业角色形象。职业角色形象是员工职业素质向组织及其工作群体的展示，是组织和工作群体对个人职业素质的一种肯定。职业角色形象构成主要包含两大要素：一是思想道德素质，通过敬业精神、对工作的热爱度、事业心、责任心、工作态度、职业纪律、道德等展现出来；二是工作能力素质，主要通过智力、知识、技能来体现。员工应当从上述两个基本构成要素入手，塑造好自己的职业角色，为确定职业锚创造条件。

第三，培养和提高自我职业决策能力和技术水平。自我职业决策能力是一种重要的职业能力。决策能力的大小以及决策的正确性，在个体职业生涯中具有举足轻重的作用。在个人职业发展过程中，尤其是在职业发展的转折点上，例如，第一次选择职业、确定职业锚、重新选择职业，个体均有必要注重其职业决策能力的发展和提高。

自我职业决策能力，指个人为顺利完成职业选择活动所必须具备的知识、技能和心理品质。具体来讲，职业决策能力培养包括：善于收集相关的职业资料，并对这些资料进行深度、正确的分析判断与评价；制定职业决策计划与目标，独立承担和完成个人职业决策任务；在实际决策过程中，要有主见性，果断地做出决策，切忌犹豫不决、优柔寡断；能够有效地实施职业决策，努力克服计划执行过程中的各种困难和阻碍。

在实际职业决策中应用职业决策能力时，需要掌握决策技术，正确把握决策过程。首先，收集、分析和评估相关职业资料，这项工作在于分析和预测职业选择的后果和可能性。其次，讨论个人预期职业目标和价值观。个人的职业价值取向是怎样的，由此出发确定的职业目标是什么，这样的问题不是每个人都清楚，所以要明确和肯定个人的主观价值倾向和偏好，否则无法做出正确合适的职业决策。最后，在上述两项工作的基础上，将主观愿望、动机与客观的职业需要进行匹配和平衡。在权衡利弊后，确定最理想的职业岗位。这个决策选择的过程是融合自我意愿，发现自己的兴趣和特长，并塑造职业角色的过程。

二、职业生涯规划

1. 职业生涯规划概念

职业生涯规划又称职业发展规划，指结合个人情况、目前的机会和制约因素，确定自己的职业方向、职业目标，选择职业道路、确定教育和发展计划。从一般意义上讲，职业生涯规划就是员工通过对职业发展的评价和设计，协调个人需要和单位需要，实现个人和单位共同成长和发展的过程。

2. 职业生涯规划特征

第一，职业生涯规划具有独特性。由于每个个体的心理特点、价值观念、思维方式不同，所以对他人的评价方式、职业规划的目标、职业选择的标准、对个人和社会关系的认识和所处的职业生涯阶段也都大不相同，因此，职业生涯规划显现出独特性特点。

第二，职业生涯规划具有开放性。职业生涯规划不断与外界环境交换信息，例如，从业者本人始终与自己的领导、同事、下属、家人、职业规划师等交流意见，听取他人的建议与想法，并在工作过程中发现、改进自己的工作方法并挖掘自身潜能。

第三，职业生涯规划具有连续性。每一种职业都有其发展周期，职业生涯规划在周期内有连续性特点，在此周期内有职称方面的晋升、技能方面的熟练、工作环境方面的适应等，这些都体现了职业生涯规划连续性特点。

当然，职业生涯规划除了这些特征外，还具有时间性、空间性、社会性以及发展性特点。

3. 职业生涯规划的意义

职业生涯规划的目的是帮助个人根据自己的资历，以实现个人的目标，帮助个人真正了解自己、筹划未来、拟定人生的发展方向，并根据主客观条件设计出合理、可行的职业生涯发展方向。职业活动占据个体大部分的时间，因此，职业生涯规划具有十分重要的现实意义。

第一，职业生涯规划是适应时代需求，提高社会竞争的砝码。如今是充满变革和竞争的时代，物竞天择、适者生存早已成为市场经济的基本规则之一。任何组织或个人要想在竞争中崭露头角，就必须规划好自己的职业生涯规划，以显现其不同之处并发挥优势。个人在从业前要做到胸有成竹，不断提升自己的各项技能，适应用人单位交予的各项工作任务，在工作过程中有明确的方向与目标，不断提升自己的工作质量，提高工作效率。

第二，用人单位对员工职业生涯规划的重视。个人要做好自己的职业生涯规划，清晰地认识和明确自己的工作目标，这有助于个体在接下来的工作中节省大量时间、精力与资金。完善的职业生涯规划才会被用人单位所重视，用人单位可以通过职业生涯规划来了解从业人员的个人发展计划。除此之外，个人的职业生涯规划也是其参与社会竞争的重要条件。

个体可以不断地丰富知识、提升技能、积累经验、反思自己，而机遇是客观的，个体无法控制，通常来讲，成功取决于自己的能力，再加上机遇的推动。所以，提前做好自己的职业生涯规划能够准确地抓住机遇。

第三，职业生涯规划有助于发掘自我潜能、提升个人实力。职业生涯规划可以引导从业者正确地认识自身个性特征、现有和潜在资源优势，让从业者予以正确评估自身价值，在对自己进行综合分析的基础上，寻找个人目标与现实之间的差距，进而发现新的或潜在的职业机遇，不断提升职业竞争力和个人实力，实现职业目标与职业理想。

第四，职业生涯规划帮助从业者确立和发展个人目标，提升其就业竞争力。"凡事预则立，不预则废"，职业生涯规划要有计划性和目的性，不能盲目选择。特别是对于即将踏入社会的毕业大学生来讲，只有在社会中寻找和争取最适合自己的位置，扬长避短，才能提高自己的社会价值和人生价值。

第二节　职业生涯规划的分类及原则

职业生涯规划是选择和设计个人职业发展道路的过程，所以要对职业生涯规划的内容和类型进行深入的认识和理解。职业生涯规划的原则为我们在规划职业生涯的过程中提供了相关指导。

一、职业生涯规划的内容

职业生涯规划的内容是在规划过程中形成书面的规划材料，便于理顺职业生涯规划的思路，提供操作引导，随时评估与修订。一个完整有效的职业生涯规划方案应至少包括以下十项内容。

1. 标题

标题包括姓名、规划年限、年龄跨度、起止时间。规划年限不分长短，可以是半年、三年、五年甚至是数十年，视个人具体情况而定。例如"×××三年职业生涯规划，2012 年 9 月至 2015 年 9 月，20~23 岁"。

2. 确定职业目标和总体目标

确定职业目标即确立职业方向、阶段目标和总体目标。职业方向是从业方向，是对职业的选择；阶段目标是职业生涯规划中各个时期的子目标；总体目标是目前可以预见的最长远目标，也可称为在特定规划中的终极目标。

3. 社会环境分析结果

社会环境分析结果指对政治环境、经济环境、文化环境、法律环境、职业环境等社会外部环境进行分析和评估。

4. 行业分析结果

行业分析结果指对将要从事的行业进行分析，包括对行业文化、涉及领域、行业性质、发展前景等方面的分析。

5. 自身条件及潜力测评结果

自身条件及潜力测评结果指对自己目前的状况包括能力、素质和掌握技术的分析以及对自身发展潜能的展望。

6. 角色及其建议

角色及其建议指对自己职业生涯具有一定影响的角色，并提出相关的建议。

7. 目标分解与目标组合

目标分解及目标组合指分析并制定实现目标的主要影响因素，通过目标分解和目标组合做出明确的目标选择。目标分解是依据观念、知识、能力、心理素质等将职业生涯规划中的远大目标分解成具有一定时间性、阶段性的分目标；目标组合则是将若干阶段性目标按照内在逻辑关系组合起来，以达到更为有利的操作性和实践性。

8. 成功的标准

成功的标准即衡量自己成功与否的评价体系。

9. 差距

个体结合自身对职业、行业与用人单位的分析，寻找与用人单位要求与自己之间的差距。

10. 实施方案

首先，找出自身观念、知识、能力、心理素质等方面与实现目标要求之间的差距。其次，制订具体的行动方案，逐步缩小差距，实现各个阶段性目标。

例如，在实施过程中，无法达到制定的目标或要求，则个体应该对实施方案加以调整，但须注意职业生涯规划的十项内容之间是相互影响、相互促进的，这十项内容可以说是层次分明、联系密切。

二、职业生涯规划类型

依据职业规划的时间维度来讲，职业生涯规划一般分为四种类型，即短期规划、中期规划、长期规划和人生规划。

1. 短期规划

短期规划指 2 年以内的职业生涯规划。规划的主要目的是确定近期目标，并为近期要完成的任务制定计划。例如，计划在 2 个月内熟悉工作单位的规章制度、工作环境，熟悉单位职工的情况并融入单位组织文化中。

2. 中期规划

中期规划一般涉及 3~5 年的职业目标和任务，它是最常用的一种职业生涯规划。例如，某学生在大学毕业后打算做一名中学教师，并获得一定的荣誉称号，所以该学生规划以此为目标参加培训等具体措施。

3. 长期规划

长期规划指 20 年左右的规划设计，其目的是设定较长远的目标。例如，30 岁前评定中级，35 岁前评定副高，42 岁前评定正高的规划。

4. 人生规划

人生规划指整个职业生涯的规划，时间跨度约为 40 年，规划的主要目的是设定一生的发展目标。从字面上讲，一个人的职业规划是从短期到中期再到长期，最后到人生规划，如同层层台阶，需要一步一步地向上迈进。但在实际操作过程中，由于环境、个人等原因，若规划时间跨度过长，则难以把握；若规划时间跨度过短，则意义不大。因此，个人的职业生涯规划控制在 2 年内较为合适，这样既方便根据实际情况进行可行性设计，又方便根据实际反馈对规划进行修改和调整。

三、职业生涯规划的原则

在进行职业生涯规划设计时，既要考虑未来面临职业的挑战性，又要考虑现实性，在规划过程中要真诚面对、切合实际，特别要注意及时调整和更新职业生涯规划。一般来讲，职业生涯规划应注意六大原则。

1. 长期性原则

制定职业生涯规划一定要从长远着想，结合自身实际设计出具有明确的、个性鲜明的方向性规划，并紧紧围绕这个方向努力，最终获得成功。

2. 清晰性原则

职业生涯规划的目标和措施应该是明确的，实现这些目标的步骤应该清晰。

3. 挑战性原则

职业生涯规划目标应该具有挑战性，制定者要付出一定的努力，敢于挑战自己的目标，给予自己更大的动力，坚持自己的信念，取得更大的成功。

4. 可行性原则

职业生涯规划要依据制定者的特点、社会发展需求来制定，要做到实事求是、具体问题具体分析，保证"跳一跳就能够得着"，切记不能好高骛远、不着边际。

5. 一致性原则

制定者规划时，要注意主要目标与分目标保持一致，坚持部分服从整体的原则，规划目标要与具体措施相吻合，主体目标下的分目标要与各个发展目标保持一致。

6. 全程性原则

拟定职业生涯规划时要考虑整个职业生涯的发展历程，制定者须从长远考虑，使各个具体的规划与人生规划保持一致，做到持之以恒。

第四章　职业生涯规划的实施及影响因素

第一节　职业生涯规划的实施

成功是所有人的目标，有的人做到了，欢呼雀跃；有的人失败了，惨淡收场。想要实现自己的目标，需要有足够的意志，深刻剖析自身优势及劣势，以及对自己未来的职业道路充满想法。如何通过了解自己的状态来进行职业规划？需要遵循以下五个步骤。

一、自我评估

自我评估是剖析自身最好的方式，它可以帮助我们认识自己、了解自己，即了解自己的性格、爱好、文化水平、智商、情商等。以便自己对适合的目标做出合理的选择，这里需要思考以下 5 个问题：

我是谁？

我想做什么？

我会（能）做什么？

环境支持或允许我做什么？

我的职业与生活规划是什么？

二、职业机会评估

在职业规划中，我们要充分考虑未来职业环境的特点，以及它的发展情况，找到自己所有可利用的环境资源。想要实现目标，就必须在烦琐的环境中，充分掌控诸多因素，规避风险，赢得利益。在对职业机会进行评估时，需要考虑的因素主要包括组织环境、政治环境、社会环境和经济环境等。

三、设定职业目标

目标是一个人努力的开始，也是一个人奋斗的方向，一个人的思想、抱负、观念都可以从他的目标里表达出来。当我们充分认识到自身条件之后，可以通过对环境的把控，明确自己的职业发展目标。同时，在选择自己的职业目标时，不应该低估自己的实力，但也不能把目标定得太高。合理可行的职业目标是职业发展行为和结果的前提和基础，是制定职业生涯规划的关键。

四、选择职业道路

职业目标确定后，要选择哪条路发展：是走技术路线，还是管理路线；是走先技术后管理路线，还是先管理后技术路线。选择的路线要符合个体职业发展的要求，这就需要及时调整学习计划、工作内容和各种行动措施，沿着预定的方向发展。

五、制订职业行动计划和措施

在决定职业目标和职业道路后，落实目标就成为目前的重点，其主要包括工作、培训、教育等方面的落实和短期目标、中期目标和长期目标的制定。短期目标可分为每日目标、每周目标、每月目标和年度目标。中期目标一般为3~5年，长期目标一般为5~10年。分解目标便于我们根据环境变化来制订和调整行动计划，及时采取有效措施。行动计划应与措施相对应，通过细化计划和措施，便于制订者定期检查和及时调整。

第二节　职业生涯规划影响因素研究

一、职业生涯规划研究的目的和意义

1. 研究的目的

研究的主要目的是结合当今中国经济社会发展的现实和高等教育发展中出现的一些暂时性矛盾，利用管理学、社会学、教育社会学、高等教育管理学、职业生涯管理理论以及人力资源管理理论为分析工具，对拥有 ISEC 专业的本科院校学生职业生涯规划的影响因素进行探讨。通过对有 ISEC 专业的本科院校历史演变和发展现状的分析，不仅帮助社会从各个方面了解拥有 ISEC 专业的本科院校学生职业生涯规划影响因素的现状，也可以促使拥有 ISEC 专业的本科院校认清自己、合理定位，从而制定出切实可行、持续发展的学生职业生涯规划策略。

自改革开放以来，我国由传统"管得多、管得死、僵化高"的教育体制慢慢走向了高校自主办学方向，学生就业也由过去统包统分变为自主择业、竞争择业、鼓励创业。同时，自 1999 年开始，我国开始了史无前例的高等教育扩招，高校毕业生的人数一直在快速递增，2003 年高校毕业生达 212 万人；2004 年高校毕业生达 280 万人；2005 年高校毕业生达 338 万人；2006 年高校毕业生达 418 万人；2007 年高校毕业生达 495 万人；2008 年高校毕业生达 559 万人；2009 年高校毕业生达 610 万人。由于受金融危机的影响，2009 年我国新增就业岗位从 2008 年的 1100 万个减少到 900 万个。2010 年，我国高等教育毕业生高达 630 万人，2011 年我国高等教育毕业生人数达到了 660 万人，到了 2019 年该人数更是达到了 758 万人。数据显示，随着高校招生规模的日益扩大，大学毕业生的就业压力也越来越大，即出现"毕业等于失业"，高校毕业生的就业形势将面临更加严峻的考验。

现如今，我国高等教育的体系整体上呈现出"金字塔"形，位于金字塔最底端的是着重培育本科人才的且设置 ISEC 专业的院校，位于金字塔中间的是带有教学研究型的院校，位于金字塔顶端的则是具备研究性质的院校。从学校类型的比较上看，无论是在社会影响力方面，还是在师资力量和生源方面，设置 ISEC 专业的本科院校相较于其他两类院校均处于劣势地位。在就业问题成为各类大学毕业生普遍性难题的情况下，设置 ISEC 专业的本科院校毕业生的就业处境显得更加严峻和尴尬。除去具体特例，从总体上看，设置 ISEC 专业的本科院校学生在求职过程中难以和其他类型的大学毕业生进行有力竞争。

大部分设置 ISEC 专业的本科院校在学生职业生涯规划工作方面，虽然建立了职业指导中心或职业生涯管理机构，但由于缺乏与学校实际发展状况相适应的理论作为指导，致使许多拥有 ISEC 专业的本科院校学生职业生涯管理工作不能达到预期效果。目前，虽有相当数量的论文研究关于 ISEC 专业本科院校的建设，但涉及的领域几乎都在学科建设、教学质量提高、师资队伍建设、教学管理、学校硬件或软件建设以及校园文化建设等方面，对于学生职业生涯规划影响因素的针对性研究却寥寥无几。而且，在这些为数不多的研究中，其主要研究学生职业生涯规划工作本身，无论从理论上还是从实证上都缺乏深度和广度，也没有系统的研究影响因素。另外，许多研究均停留在经验层面上，研究的结果都是常识性的，未能上升到理论体系的高度。从深度上讲，有关 ISEC 专业的本科院校学生职业生涯规划的研究大部分都指向当前发生和存在的一些具体问题和矛盾现象，未能从影响因素方面进行更深层次的、系统的剖析，从而也导致了无法从设有 ISEC 专业的本科院校内部结构和外部社会系统互动关系的层面上来探寻 ISEC 专业学生职业生涯规划的相关影响因素。从广度上讲，与就业相关的很多重要领域，如国家就业政策、家庭和群体价值观以及社会分层和社会流动对 ISEC 专业的本科院校学生职业生涯规划的影响也都很少涉及。因此，加强对 ISEC 专业的本科院校学生职业生涯规划影响因素的理论与实践研究工作就显得十分必要和迫切。

2. 研究的意义

（1）有利于和谐社会目标顺利实现。社会和谐是中国特色社会主义的本质属性。大学生能不能顺利毕业，能不能更好就业，这关系到大学生群体的利益和未来发展问题，对实现社会和谐稳定具有举足轻重的作用。从实现学生顺利就业和创业的角度来看，ISEC 专业学生就业的实现，意味着学生及其家庭有了基本的经济保障。学校要想体现以人为本的价值内涵，就要确保 ISEC 专业学生在选择就业和自主创业时获得成功，这也在一定层面上促进我国经济社会的和谐。社会主义核心价值观决定着以人为本是和谐社会的价值基础，所以，与构建和谐社会的整体目标一样，以人为本在一定意义上就成为了包括设有 ISEC 专业的本科院校在内的众多高等院校促进学生顺利就业的价值起点和价值目的。

中国高等教育体系的重要组成部分中就包含设有 ISEC 专业的本科院校，这类本科院校一方面承担着高等教育大众化和国际化的诸多任务；另一方面也担负着为许多国家和单位培养各种人才的责任。进一步支持设有 ISEC 专业的本科院校的理论实践研究尤其关于学生职业生涯规划的影响因素研究，并提出相应的解决方法，保证此研究成果对高校学生的就业和创业具有积极影响，这是构建和谐社会的应有之义。

（2）有利于促进国家持续发展。客观地讲，从 20 世纪 90 年代后期开始的高等教育扩大招生在一定范围内缓解了高等教育资源的供给矛盾，并且在一定程度上带动了经济增长。但同时我们也要承认，扩大招生也带来了一定的社会问题，其中最突出的就是毕业生就业问题，而这种情况在 ISEC 专业中表现得尤为突出。当前面临的情况是，我国不仅存在城乡差距、地域差距，而且也面临着贫富差距不断拉大的问题。所以，更多的人期望通过教育来进行自我提升，接受高等教育已成为改变现状的主要途径之一。接受高等教育，找到一个使自己在物质和精神方面都感到满足的职业，这是目前学生的主要目标。现如今，高等教育规模的扩大以及招生人数的增加，使得大学生人数很多且与社会需求专业不匹配。人才是国家发展的原动力，高等教育体制的不完善会影响国家发展。然而，学生对未来职业的想象和现实的差距，就会在一定程度上影响高等教育的健康发展，甚至会对社会稳定造成影响。美国学者萨缪尔·亨廷顿的研究表明，发展中国家教育发展所带来的国民政治需求期望值的提高会导致政治不稳定，国民所受的教育水平越高，他们的破坏性行为就会越激烈。虽然亨廷顿的评论针对的是教育和政治之间的关系，但从大学生就业创业和国家持续稳定发展的关系来看，也不无可取之处。在一定范围内，教育事业影响着全国的学子，直接关系到人民群众最根本、最长远的利益。对教育工作是否符合社会主义核心价值观的评判，最终要体现在人民群众对教育的满意程度上。衡量让人民满意的教育标准，一是要看教育为国家和人民做出的贡献，二是要看能不能解决好人民群众最关心、最直接、最现实的教育问题。从这个角度来看，对设有 ISEC 专业的本科院校学生职业生涯规划影响因素理论与实践的研究，有利于国家持续健康地发展。

（3）有利于设有 ISEC 专业的本科院校稳步和良性发展。1999 年我国颁布的第一部《中华人民共和国职业分类大典》将全社会的职业划分为 8 个大类共 1838 个职业。然而，随着经济社会的发展，特别是科学技术更新速度的加快，最近十年来我国职业变化的广度和深度在历史上是前所未有的，也已经不是这 1838 个职业所能够囊括的。职业变化主要表现为新职业的不断出现和传统职业的不断消失。职业变化的加剧使得劳动力市场的不确定性增强，现有职业里各类职业所占的比例不断变化，用人单位对从业者的要求也在发生变化，这些职业变化不仅对 ISEC 专业的本科院校学生就业影响较大，而且对设有 ISEC 专业的本科院校自身能否持续健康发展的影响也更为深刻。

设有 ISEC 专业的本科院校在管理制度、教学方式、学生培养以及办学理念上虽然在逐步完善，但是在短期内还难以形成成熟的职业生涯规划体系，因此，设有 ISEC 专业的本科院校的职业辅导人员在认识上还缺乏经验，对学生职业生涯规划因素的理解也不够深入。除此之外，很多设有 ISEC 专业的本科院校自身缺乏明确定位，没有充分意识到各种影响因素对学生职业生涯规划工作的重要性，从而导致对学生的职业生涯规划陷入误区。在不断快速变化的今天，因为科学技术的不断更新和强化，各细分领域也就变得更为专业化。因为职业的细化和专业化就要求从业者更加专业化，这也要求设有 ISEC 专业的本科院校在社会系统中逐步扩大自己的发展空间，在严酷的竞争中不断寻找生机。面对变化日益加快的就业形势，只有充分了解各种影响学生职业生涯规划的因素，面对这些因素制定出合理的应对策略，才能建立一个相对恰当的、能够与时俱进的人才培养模式，准确定位学生的职业生涯设计，使学生能够全面、客观地认识自我，这样才能促使学生从容面对激烈的竞争。

如伯顿·克拉克所言："竞争的状态能激励一些院校像企业那样去寻找特色，并从中取得利益。"如果某一本科院校不知道 ISEC 在高等教育体系中的地位，就不能清楚地知道它的发展历史和优缺点；如果不了解国内其他高校的发展状况，就不能明确认识社会、经济和文化发展对人才数量、质量的影响，也不能确定不同职业对人才岗位的不同要求，这样就可能导致高校在学生的职业生涯规划中没有明确的思路和意识。而学生职业生涯规划的偏差又会影响学校自身的持续健康发展，从这一点出发，为了促进我国高等教育的持续健康发展，有必要加强对影响学生职业生涯规划的因素进行理论分析并探索对策。

（4）有利于 ISEC 专业本科生顺利择业创业。高等教育具有促进社会发展和个人发展的功能，高等教育的需求主要来自社会和个人。随着我国政治、经济、文化的快速发展，高等教育的这些功能得到了明显体现，在高等教育功能得以充分发挥的同时，也面临社会发展和自身发展的双重压力。一方面，社会对高等教育的理性评价和批判，要求高等教育适应不断变化的社会发展；另一方面，高等教育自身也决定了高等教育有责任为社会培养各类高级专门人才。然而，高等教育的急剧扩张也带来了一些矛盾："高等教育短时间内快速发展，在满足社会民众对高等教育强烈需求的同时，又使高等教育内部超越自身的承受能力，最终导致高等教育发展的生态危机。"这就是被学者称为"生态性危机"的矛盾现象。可以说，在一定程度上高等教育的生态性危机也导致了 ISEC 专业学生陷入就业困境，从而在一定程度上阻碍了 ISEC 专业的学生顺利就业和创业。

随着就业体制的改革和高等教育进入大众化阶段，很多用人单位越来越注重求职者的实践能力和职业素养。加强对设有 ISEC 专业的本科院校学生职业生涯规划理论与实践方面的研究，无疑会使 ISEC 专业学生的职业生涯规划变得更加科学合理和更加符合社会潮流和趋势，有助于解决大学生缺乏实践经验和社会认知的问题，提高大学生的个人竞争力和社会适应力。同时，也使拥有 ISEC 专业的大学生在职业生涯规划过程中更能发挥其主观能动性。

二、国内外相关研究综述

想要对设有 ISEC 专业的本科院校学生职业生涯规划影响因素在理论与实践上进行相对透彻的研究，首先要对职业生涯规划（职业生涯管理）理论的研究有一个相对充分的了解。

在以往的研究模式上，有关职业生涯规划的研究，经历了从宏观研究向宏观研究与微观研究相结合、整体研究与专题研究互相汇通的发展路程。从最初对职业生涯规划的整体研究，逐渐深入到对不同社会领域的理论和个案研究。从历史的角度去考察，职业生涯规划理论经历了从静态的职业指导理论到动态的职业生涯规划研究的历程。从研究模式的角度去考察，当今我国大学生职业生涯规划相关的研究模式可以归为四类：从就业准备的角度对职业指导进行的研究；从职业生涯规划理论研究方面进行的探索；从大学生职业指导方面进行的研究；从宏观维度对大学生职业生涯规划进行的研究。从研究数量和深度的角度去考察，设有 ISEC 专业的本科院校在学生职业生涯规划方面的研究无论在数量上还是在质量上，都无法和其他学校相比，而关于 ISEC 专业学生的职业生涯规划影响因素的研究则更加鲜有。笔者拟通过对不同类别职业生涯规划研究状况的考察分析，研究学生职业生涯规划影响因素对设有 ISEC 专业的本科院校的重要性。

1. 国外相关文献研究

从学科历史发展角度看，对职业生涯规划的研究，经历了从静态研究到动态研究的历程。1908 年，帕森斯创办了波士顿职业指导局（Boston Vocational Bureau），1909 年，帕森斯撰写了《选择职业》一书，该书系统地阐述了特质因素理论，建构了帮助青少年了解自己、了解职业以及人职相配（人职匹配）的职业指导模式。帕森斯根据多年的工作经验，提出了职业指导的三大要素：一是清楚地了解自己；二是了解各种职业成功必备的条件；三是合理推论上述两类资料的关系。这种理论对职业指导工作产生了长达数十年的影响，并成为职业指导理论的基石。1911 年，哈佛大学开设了大学生就业指导课程。1939年，威廉森出版了《如何辅导学生》一书，该书进一步拓展了帕森斯的特质因素理论，形成了一套独特的指导方针。20 世纪三四十年代，这种以顾问为中心的直接咨询方式占据了职业指导的主导地位。

1942 年罗杰斯的《咨询与心理治疗》一书提出应以当事人为中心，尊重当事人自我选择的能力及自由发展的权利。罗杰斯认为咨询的目的是提供气氛来释放患者，使他能自由地实现自我。他在 1951 年所著的《当事人中心治疗》使这一理论更加成熟。20 世纪 50 年代后，受罗杰斯"人本主义"思想的影响，职业指导观念从指导转向辅导。1951 年，金斯伯格出版了《职业选择》一书，提出了"职业发展是一个与人身心发展相一致的过程"，这使职业生涯理论向动态迈出了一步。

1953 年，舒伯提出了职业生涯发展理论，认为职业是生活中各个事件的演变方向和进程，它将各种职业和生活角色融为一体，同时表现出独特的发展模式。在舒伯看来，生活不仅关乎工作或职业，还关乎个人的生活方式和个人一生所从事的一切活动。这一思想将职业指导上升到更高的层次，不仅以个人发展为中心，而且兼顾社会的需要和利益，从个人发展和整体社会的角度审视个人与职业、个人与社会的关系。因此，职业生涯规划理论的形成就以舒伯的职业生涯发展理论为标志，成为职业生涯辅导与职业生涯指导的分水岭，是职业生涯指导向职业生涯规划转变的标志，俗称职业生涯管理。

2. 国内相关文献研究

（1）1949 年以前职业生涯规划早期理论被初次引入国内。当时的研究还处于"职业指导"初级阶段上，因此我国关于职业生涯规划的研究是以"职业指导开始的"。1916 年，中国职业教育协会主办的《教育与职业》出版了"职业指导"专刊。同年，原清华大学校长周寄梅举办了有关职业选择的演讲，其邀请名人、专家辅导学生选择行业，预测该行业未来的发展趋势，以帮助学生成功择业、就业，此次活动开创了我国就业辅导的新纪元。这一时期不仅是对国外职业指导理论的直接引入期，也是国内职业指导的实践探索期，但还没有上升到系统理论的高度。

在被称为中国近代教育发展"黄金时期"的 20 世纪二三十年代，许多关于职业指导的书籍相继出版。1923 年，欧美国家关于职业指导的理论研究才刚刚起步。邹恩润的《职业指导》一书则界定了职业指导的范围，并指出了职业指导的效用。同时，该书在介绍英国、德国、美国职业指导理论和发展的同时也介绍了欧美国家职业指导的发展历程。在本书的第三部分，作者着重探讨了职业指导的机制和方法。该书是我国第一部系统阐述职业指导工作的著作，也是我国职业指导理论研究的开拓性著作之一。于坚的《中小学入学与职业指导》、何庆如和蒋恒元的《如何对待职业指导》等，都涉及了对我国职业指导的理论和实践方面的深层次研究，具有相当的理论价值。顾树森撰写的《英国职业指导》《德国职业指导实施法》详细介绍了这两个国家的就业指导进程和方法；日本的职业指导概况也通过沈光烈翻译增田幸一的《职业指导概论》而被介绍到中国。《教育与职业》杂志每一期均会涉及职业指导问题。单从 1917～1925 年这段时间，《教育与职业》介绍外国职业教育和职业指导的文章就有 116 篇，不仅包括英国、美国、法国、日本、苏联等职业指导研究比较发达的国家，而且也对意大利、奥地利、加拿大等国的职业指导情况进行了介绍。其他报纸杂志对于职业指导也多有涉及。黄炎培、蔡元培、胡适等著名教育家也都积极投身到对职业教育的讨论当中来。至此，职业指导和职业教育在中国开始成为一种思潮。

职业生涯理论的引入推动了我国职业生涯指导的实践。1927 年，上海职业指导学院成立；1931 年，南京、无锡、常熟等地都设立了职业指导机构。全国青年协会每年举办就业夏令营，邀请专家研究青年职业问题，还会出版相关出版物指导青年就业。当时的职业指导理论不仅对 20 世纪二三十年代教育行业的发展产生了重要影响，而且引起了政府、企业的广泛关注。这些理论和实践成果表明，职业指导长期以来受到我国社会各界的重视，但由于各种原因，职业指导理论并没有大规模应用于实践。

（2）1949 年以来我国职业生涯规划研究现状。中华人民共和国成立后，国家长期实行高校毕业生统一分配政策。改革开放后，国家开始逐步实施大学生自主创业政策，职业生涯规划的研究又开始受到重视，相关研究也日益增多。职业生涯规划的研究主要表现在以下几个方面。

首先，从就业准备的角度对职业生涯规划进行研究。此类研究主要集中在毕业生求职前的准备以及如何求职的方法上，该类研究从改革开放以后就业模式转型和就业形势转变入手，汇集了各级各类毕业生在求职过程中经常遇到的问题，提出了许多实用的解决方法，为毕业生更好、更快地走上工作岗位，实现职业对接打下了良好的基础。同时，通过讲解职业和职业分类，让大学生了解就业形势、就业政策和就业准入制度，结合心理咨询，帮助大学生努力扬长避短，合理规划自己的职业生涯。例如，谢维和和王洪才在《从分配到择业：大学毕业生就业状况的实证研究》中，主要从时态的角度对 20 世纪 60 年代到 90 年代末高等学校毕业生就业模式转型现象进行了研究和分析，尤其对社会各领域人才的需求状况进行了详细的分析和独到的总结，提出了建立新型就业机制的建议，高等院校学科和专业的调整是改善毕业生就业情况的根本，高等教育结构调整是改善毕业生就业状况的重要基础，知识、能力、素质的综合发展是毕业生求职成功的必要条件。

由于此类研究的主要目的是为了给学生求职过程中提供经验，以使高校毕业生在毕业时能够相对顺利地找到一份自己理想的工作，因此，这种研究的经验性和实用性较强，其着眼点在于对学生进行职业活动所需要的知识性训练，帮助学生了解社会需要。但是，鉴于当时职业生涯规划理论研究在中国处于发展阶段，这也在一定程度上使得该类研究在对大学生职业生涯规划的学理性研究以及理论探讨上略显不足。

其次，职业生涯规划理论研究方面的探索。从整体上看，对职业生涯规划理论的研究，经历了从静态的职业指导到动态的职业生涯规划理论研究的发展历程。

在职业指导理论研究方面，既有从职业指导理论与方法角度进行的研究，也有从职业心理角度所进行的职业指导理论研究。另外，还有学者从职业指导的地区性、对象性和时间性对职业指导理论进行研究。

在相关研究中，朱启臻的《职业指导理论与方法》在职业规划理论与实践的研究中具有极其重大的价值。朱启臻认为，职业指导应作为一门学科存在，同时又与其他学科密切相关。这是因为"职业指导是在长期实践中发展起来的一门研究人与职业及其发展规律的科学。职业指导有完整的研究对象、任务和方法"。其强调职业指导的理论研究是职业指导学科赖以生存的基础。在职业指导研究过程中，不仅要研究职业指导的理论，而且还要重视相关学科研究和职业指导实践。同时，在职业指导的研究中，要注意分类研究的重要性，要研究不同层次、不同对象、不同阶段、不同机构等不同类型的职业指导之间的差异和联系，以及制定的方式和方法。职业指导是一项系统工程，有必要对职业指导开展系统的研究，以建立科学的管理机制。这一思路，为管理学的理论和方法应用于我国职业指导的理论研究、职业生涯规划理论与实践研究奠定了基础，并为我国未来职业生涯规划的后续研究提供了借鉴，从广度和深度两个方面对方法论有重要的启示意义。

有学者将心理学与职业指导相结合，对职业指导的理论与实践进行了研究。卢荣元等主编的《职业心理学与职业指导》，全面介绍了职业心理学和职业指导的各种理论和国外职业指导咨询的各种情况。他认为，心理学的发展为职业指导理论的繁荣奠定了重要基础。其在回顾前人职业指导理论的基础上，强调了职业心理在就业过程中的重要性，并提出了一系列与职业选择相关的心理选拔原则及方法。该著作把心理学和职业指导结合起来强调了职业心理在求职者就业过程中的重要性。其宗旨是为了让择业者在剧烈的职业世界里了解自我、了解职业，从而进行正确的职业选择，以便把握自己的职业前途，为自己未来的职业生涯和人生道路奠定良好的基础。由于该书主要是从心理学的角度对职业指导进行探讨，因此对影响择业者的组织内部因素和外部社会因素的论述相对较少。

中国幅员辽阔，不仅不同省份经济发展差异巨大，而且不同行业发展的速度和方向也各有不同。同时，就个体而言，每一个人在不同发展阶段对职业的认知程度也不一样。因此，在对职业指导理论和实践研究的过程中，如果从这些角度进行研究，就可以拓展职业指导的研究领域，实现职业指导研究的精细化。黄中益等的《职业指导的三元结构论》就是以职业指导的区域性、对象性和时间为线索，勾勒出职业指导和社会各方面的关系，同时还指出了职业指导和心理学、教育学的密切联系。该书在介绍理论的同时，还把职业指导与中国的现实情况相结合，具有理论和现实双重意义。

这些论著都是结合中国具体的政治、经济、文化以及发展过程中所出现的一些问题而产生的。它们的最大共性在于把中国的具体发展状况和职业指导理论与方法联系起来，试图对中国经济社会发展中有关职业指导的一些问题提出解决办法，但由于这些成果均侧重于宏观性的职业指导理论，针对大学生职业指导理论和方法的研究较少。同时，这一阶段的理论依据还主要停留在静态的人职匹配阶段。

在这一研究阶段中，学术界对大学生职业发展的研究也取得了相当的进展。一方面，从就业政策、法规、方法、途径和意识等方面，增添了中职学生掌握职业指导的内容，从而让他们掌握技能，实现自己的人生价值；另一方面，在全国高校毕业生双向择业和自主择业的情况下，一些学生不知如何是好，而这些研究通过整合各种理论，并将其应用到课程中，解决了学生就业创业中存在的一些问题，具有较强的教育针对性和可操作性。

此外，针对具体院校学生择业所进行职业指导和职业生涯规划的著作也开始问世。杜秀娟等的《财经院校学生职业指导教程》通过对职业形态的透视、职业选择不同阶段的不同个体对职业多维视角的分析、个体就职和创业前的心理准备等，提出了学生择业决策的建设性建议。由于作者主要关注点在财经专业学生在职业准备方面的问题，因此关注面比较狭窄。但该书对其他具体院校的学生职业生涯规划的研究和实践，无疑具有"他山之石"的功效。

最后，职业生涯规划动态理论的发展。随着中外学术交流的加强和中国社会发展的现实需要，职业生涯规划理论在中国又逐步发展起来。从一定意义上讲，职业生涯规划理论是对职业指导理论的扬弃和发展。在继承职业指导相关理论的基础上，该阶段理论强调了职业生涯规划过程中的动态性元素，即固定不变的职业已经成为过去，就业方式开始逐步向着多元化、动态化的方向转变，自主择业成为当今求职的主要方式，双向选择也成为不同单位和个人职业互动的主流。职业选择方式的变化在给不同个体带来就职压力的同时，也提升了从业者职业意识的活力和潜能，从而促使从业者对自己的职业生涯担负起应有的责任，使从业者对自己不同阶段的职业生涯，无论是准备时期还是从事时期，都要进行自我管理。对于一个组织来讲，必须要满足组织内个体职业发展不同阶段的需要。正是在这种背景下，强调个体不同阶段职业准备和职业发展的职业生涯规划理论和方法也引起了中国相关学术界和相关职业指导部门的重视。鉴于这种状况，有关中国现实状况的系列职业生涯规划的论著也由此产生。

当然，这些有关职业生涯规划的理论是在借鉴国外职业生涯规划理论的基础上，结合中国社会的各种现实，在对过去职业指导理论扬弃的思路下发展起来的。在这些论著中，其显著的共同特点是在理论基础上，以国外相关基本理论的介绍作为自己理论的基石；在基本出发点上，既有从职业心理出发所进行的研究，也有从个体和组织职业发展的良性互动角度所进行的探讨。也有学者从人力资源管理理论出发对职业生涯管理进行的研究，其认为职业生涯规划实质上也是对"人"的管理，也就是不断促使个体的能力得到提升，把他们的知识技能和组织发展融为一体，在促使个体发展的基础上，保持和激励他们对组织的忠诚度和工作的积极性，开发组织成员的创造性潜能，以便保证组织目标和个人目标的实现。由于这些论著主要是从整体上对职业生涯规划的理论和实践进行论述，在研究上主要侧重于对职业生涯规划理论和实践的全方位研究，因此，这些研究针对性较弱。

然而，中国高等教育的飞速发展在推动中国社会发展的同时，也带来了一些发展过程中不可避免的压力，从而逐渐引起了学者对大学生职业生涯规划理论和实践的关注。

由于大学生还处于职业生涯的起步阶段，因此，对大学生职业生涯规划的探索主要集中在职业准备阶段，也就是职业设计阶段。从职业选择实践角度进行的研究不仅强调大学生个体职业生涯规划应该注意的问题，还指出了大学生个人职业生涯规划的具体步骤和方法，从个体性格、兴趣、口才以及能力等角度，对个体的职业准备做出了可行性分析。也有学者以职业生涯规划与人生成功为研究重点，详细介绍了大学生的社会认知、自我认知和职业生涯准备，提出了大学生职业定向的重要性和意义，指出了职业定向调控策略的方法，以及影响大学生职业选择的各种可能因素。也有学者强调，大学生应以自我认知和社会职业探索为出发点，做出切实可行的职业决策。大学生在职业生涯规划过程中，要注重自身知识和能力的获取和培养，不仅要掌握理论知识，还要提高自身的综合素质能力；不仅要去谋取一个理想职位，还要具有创业的心理准备。在此基础上，大学生应当对就业市场和就业工作制度做到充分了解，以便面对现实、适应社会，从而做出合理的心理调适。此外，大学生应当对自身的各种权益加以保护，以保证自己职业理想的实现。

关于大学生职业生涯规划的相关论著，从整体角度看，这些论著已经走出了单纯的静态研究模式，开始将职业规划理论中的动态因素融入大学生的职业生涯规划理论中。同时，这些论著也都强调了个人和社会之间的协调发展以及个人价值和社会价值的一致性，强调了在大学生职业生涯规划过程中，为了促进大学生全面发展而对大学生职业价值观的培养。从发展角度看，大学生发展不仅是个体全面发展的过程，也是适应社会发展的过程。人类社会的发展是价值创造和实现的过程，社会发展是主体、客体与规律性、目的性相统一的结果，是人的本性、价值选择和价值追求、价值创造反映价值判断的实践过程。因此，这些论著对于促进学生个人和组织共同发展具有重要的理论意义。

然而，由于这些研究主要集中在职业生涯的整体研究上，很少涉及具体层次学生的职业生涯规划影响因素，而且高等教育体系本身是由不同层次的高校组成，宏观研究无法回答这些具体问题，因为宏观上的整体考察往往只是粗线条式的。如果满足于此，那我们至多只能获得对大学生职业生涯规划理论与实践单一的理解，而不能了解不同层级院校大学生职业生涯规划中更为深入的内涵，也无法针对性地解决存在的具体问题。

具体到设有 ISEC 专业的本科院校而言，这些本科院校在一定程度上作为中国高等教育发展过程中的一个新群体而出现，正是因为"新"，才会有巨大的生命力，正是因为"新"，才会在成长过程中表现得不太成熟，也正是因为"新"，才没有引起太多的关注。因此，关于 ISEC 专业的本科院校学生职业生涯的影响因素的理论与实践研究几乎还是空白的，与设有 ISEC 专业的本科院校职业生涯规划研究相比，中等院校、小学、高职院校以及整个高等院校相关的职业指导和学生职业生涯规划专著都已经问世。所有研究的终极目的均在于增进人类和社会的利益，所以 ISEC 专业的学生的就业实质上涉及整个社会的利益。从这个角度来看，对设有 ISEC 专业的本科院校学生职业生涯规划的影响因素理论与实践研究，不仅在学理上能够填补研究空白，而且在实践上也具有一定意义。

三、影响因素

大学生在制定自己职业生涯规划过程中应该充分考虑到自己的特点、职业与行业、社会的需求等因素，这样才能取得较好的效果。

1. 自我因素

（1）自我认识。由于个人的职业欲望和职业梦想对职业发展规划产生一定的影响。所以本人应该根据自己的需求与心理动机，清楚地了解自己。自我认识与自我评价大体包括以下内容：对自己需求的认识、对自己动机的认识、对自己理想信念及世界观的认识、对自己爱好的认识、对自己性格的认识、对自己能力的认识、对自己受教育和培训经历的认识、对自己参与社会工作经历的认识和对家庭背景及其他因素的认识等。

（2）SWOT 分析法。SWOT 分析法又称为态势分析法，它是旧金山大学的管理学教授于 20 世纪 80 年代初提出来的，是著名的分析方法。SWOT 分析法由优势（Strengths）、劣势（Weaknesses）、机会（Opportunihes）、威胁（Threats）四部分组成，一般情况下，优势和劣势从属于自身因素，而机会和威胁则来自于外界。所以，当个人在评价职业生涯机会时，SWOT 分析法可以派上用场。

第一，优势，即组织机构的内部因素，具体包括：有利的竞争态势、充足的财政来源、良好的企业形象、技术力量、规模经济、产品质量、市场份额、成本优势、广告攻势等。针对大学生而言，是自己较为出色的方面，尤其与竞争者相比，具有较强的优势。

第二，劣势，即组织机构的内部因素，具体包括：设备老化、管理混乱、缺少关键技术、研究技术落后、资金短缺、经营不善、产品积压、竞争力差等。就大学生而言，与竞争者相比存在劣势，如不善言辞、交际能力较差等。

第三，机会，即组织机构的外部因素，具体包括：新产品、新市场、新需求、外国市场壁垒解除、竞争对手失误等。如大学生在学习期间获得某大企业的实习机会；在工作阶段因公司扩大市场份额而晋升为市场部经理。

第四，威胁，即组织机构的外部因素，具体包括：新的竞争对手、替代产品增多、市场紧缩、行业政策变化、经济衰退、客户偏好改变、突发事件等。就大学生来讲，其就业威胁如专业不热门、就业竞争大等。

2. 职业因素

（1）产业结构的升级与职业变化。产业结构的变化对社会分工产生革命性的影响。伴随着产业技术的发展，社会分工的基础从体力为主逐渐发展到以脑力（智力）为主。

从产业发展的历程来看，每一次产业的更新对原有产业的品质都会有革命性的影响。例如，第二产业的兴起带来了农业的机械化，提升了农业的生产效率，减轻了农业生产中的劳动强度；第三产业的兴起带来了农业技术革命和农工商一体化；信息产业的兴起给农业、工业带来了高科技和国际化的前景。产业的发展对行业、职业的影响较大，一是可能使一些行业和职业消失；二是使继续存在的行业内涵（产品和服务的内容、技术内核）发生变化，从而导致行业岗位分工依据的变化，以及人员内容工作的变化。

（2）未来能够提供较多的就业机会的职业。就业岗位的增加数额等于需要补充的工作岗位数与新增工作岗位数之和。我国未来就业机会较多的行业是未来需要补充（如职工退休、离职等）较多的行业和新增工作岗位较多的行业。

（3）社会职业发展对学生择业的影响。在生产力高速发展的今天，社会分工也逐渐细化，特别是在经济进一步发展的状态下，原有的人才结构已不适应现在的社会发展。除了学术型、工程型、技能型人才之外，当今社会还迫切需要大量从事生产管理第一线的技术型专业人才，这样就增加了技术型学生的就业机会。

目前，职业的更新速度不断加快，这就需要毕业生转变观念，以发展的眼光看待就业问题，正确看待初次就业，寻找有潜力有发展机会的职业，在工作中不断更新丰富自己的知识，提升能力，做到从容面对变化的职业市场。

未来社会对职业的知识含量和技术含量的要求将不断提高，对职业劳动者的素质要求也越来越高，是否具备获得知识、运用知识和创新知识的能力，是从业者在激烈的竞争环境中取得成功的关键。这就要求学生在学习过程中必须拓宽自己的知识面，提升个人素质，成为适应时代需要的专业型、复合型人才。

随着经济全球化和一体化，以及国际贸易的发展，国际事务转移也快速发展，用人单位从而产生了对国际型人才的需要。现代职业的发展变化无疑会对学生择业产生较大的影响，因此对学生而言，无论是在校学习，还是面临求职择业，都要联系本人实际情况，充分考虑职业发展的趋势，这是极其重要的。

除此之外，外界的影响力、各种潜在的职业机会等都不同程度地影响每个人的职业选择。

3. 环境因素

（1）社会环境。通过对环境的分析，使自己了解产业结构的发展、就业趋势、职业声望、就业政策、就业法规等，来选择符合未来社会发展需要的职业。社会环境因素是职业生涯规划的重要组成部分，主要包括以下四个方面。

第一，社会政策变化。了解社会政策的变化对自己的职业生涯规划具有很大影响。作为一名大学生，不但要了解社会政策，而且还要有一定的预见性，及时调整自身以适应社会政策的各种变化。

第二，社会变迁规律。社会变迁对人的职业生涯规划有着较大的影响。例如，知识经济是社会信息化的推动力，目前信息行业、电信行业均发展良好，这些行业的发展正是由于社会信息化和知识快速传播的结果。在信息化不断发展的进程中，社会变迁规律必然会对各行各业产生较大的影响。

第三，社会价值取向。价值观会随着社会的不断发展与进步而发生变化，进而会影响社会对人的认识和对职业的要求。有些职业可能现在还不被人们所接受，但却有发展潜力。如果想从事这方面的职业，就要在一定时期内承受来自传统社会价值观的压力。

第四，社会科学技术。科学发展对理论、观念和思维的改变都具有现实意义，而这些都是职业生涯规划过程中不可缺少的主要因素。科学技术的发展有时候直接决定一个行业的成败与兴衰，认清科学技术发展对不同行业可能产生的变化，会对职业选择有较大帮助。

（2）经济环境。经济环境对职业生涯发展的影响也较为重要。当经济发展繁荣时，就业市场、就业渠道、薪资提高或职业发展的机会就越多。反之，人的职业发展就会受到阻碍。可以从以下三个方面来把握经济环境。

第一，经济改革状况。我国的经济体制已经由计划经济转为社会主义市场经济，国家相关政策的调整会对企业产生直接影响。并且，随着经济改革的深入，任何经济状况的重大变革都可能影响中国整体经济和行业环境。

第二，经济发展速度。经济发展速度影响行业的经营状况。目前中国正处于经济快速发展的有利时期，这个时期为大学生提供了较好的就业环境。但是，由于地区不同，经济发展的状况存在不均衡现象，东部沿海地区和中心城市，如北京、上海、深圳等地对人才的需求量较大，中西部地区对人才的需求量则相对较小。

第三，经济建设状况。经济建设状况直接影响着对人才的需求。例如，西部地区经济建设的发展空间较大，尤其是在当前国家政策的扶持下，西部地区的经济将得到持续性发展。大学毕业生可以选择去西部地区就业，为西部地区的经济发展做出自己的贡献。

（3）教育环境。教育环境在大学生职业生涯中占有主要地位。获得不同程度教育的从业者在个人职业选择与被选择时具有不同的表现；从业者所接受教育的专业、职业种类对于其职业生涯有着决定性影响。人们所接受的不同等级教育、所学的不同学科门类、所在的不同院校及其接受的不同思想教育，会给受教育者带来不同的思维模式与意识形态，从而使人们以不同的态度对待职业选择与职业生涯发展。

第三节　培养职业意识

职业意识培养是大学生在就业创业前一项较为重要的任务。意识是人思维的核心，它指导人如何去行动，所以有什么样的意识就会有什么样的行动。大学生在就业创业时，良好的职业意识是成功的前提和基础，也是引导大学生走向一个又一个事业巅峰的必备"武器"。

一、责任意识

责任意识是职业意识的基础。无论大学生从事什么样的职业，首先必须具备责任意识。只有当一个人具备了责任意识，在内心深处激发起强烈的责任感，才会在行动中展示出对工作的负责与热爱。

1. 责任意识的内涵

不同的人对责任意识有不同的解读。在人们长期生产劳动建立起来的庞大社会系统中，责任意识充当着每层社会关系网的节点。每个人的责任不是单一的，而是随着社会角色的变化而变化，作为国家公民，履行社会义务是一种责任意识；作为儿女，赡养父母是一种责任意识；作为领导，关心下属是一种责任意识；作为职员，努力工作是一种责任意识。在这里，我们主要讨论的是责任意识在职业生活中的重要性。

对责任可以从两方面来理解，一方面是要做好自己的分内事，也就是我们常说的尽职尽责；另一方面是对自己没有做好的工作或没有履行的义务承担应有的后果或惩罚。相应地，责任意识是公民对自身应当承担社会责任的认知及自觉，其因为：一方面，个人须对他人负责；另一方面，个人须对自己负责。

在职业生活中，一个人如果具有责任意识，就能在工作中减少不必要的麻烦；如果不具有责任意识，再安逸的岗位也会出现意想不到的问题。一个人如果责任意识强，工作中遇到再大的困难也可以克服；如果责任意识差，很小的问题也可能酿成大祸。每个成功的人，都需要具有很强的责任意识。

2. 责任意识的表现

当今中国经济飞速发展，社会稳步前进，这正是无数具有责任意识的人在各自的工作岗位上努力奋斗而结出的硕果。这些在一线工作的精英是社会的楷模，他们用自己的实际行动，向我们诠释了什么是责任意识、什么是责任心。

最美女教师张丽莉在用自己的身体为学生挡住飞驰而来的大客车的一刹那，便向我们阐释了什么是教师的责任意识，那就是爱学生；最美司机吴斌在用自己的生命为乘客筑起一道生命防线时，便向我们阐释了什么是司机的责任意识，那就是要保证乘客的安全；桥吊工人许振超在自己平凡的岗位上经过艰苦而又卓绝的努力创造出了"振超效率"。

普通工人也做出了不普通的工作业绩并拥有较高的责任意识。乡村邮递员王顺友二十年如一日地翻山越岭将信息传达到大山深处的每户人家，他在用自己的心和双脚以及他走过的每一段崎岖的道路向我们阐释了一个乡村邮递员不一般的责任意识……在当代中国，这样的例子不胜枚举。从这些人的事迹中，我们无不感受到一种品格、一种境界，这就是对职业的高度责任感。

3. 责任意识的培养

（1）明确自己的工作目标和工作任务。目标和任务是无论从事什么样的工作，完成什么样的任务都必须要明确的。在大学生就业创业之初，需要做的第一件事就是明确自己所从事这份工作的性质、任务和宗旨。在工作岗位上，在接到上级指令或任务时，也要明确这项任务的期限、处理方式、涉及范围、预期目标等。只有明确工作的目标和任务，才能够在工作中保持清醒的头脑，拥有明确的方向，有条不紊地开展工作。

（2）培养敢于和勇于负责的精神。现在常常能听到企业事业单位实行负责制或责任制，一家制度体系较为完善的单位通常讲究责任到人，对于工作人员来说，敢于负责就成为一种职业精神，更是一种职业必备素质。作为一名即将走上工作岗位的大学生，在日常学习生活中，要注重培养自己敢于负责的精神，在接手任务后，要踏实、认真去做，遇到困难要勇往直前，通过各种有效可行的方法去克服困难，完成任务。在因疏忽或意外造成损失时，要敢于承担责任，积极思考，认真总结经验教训，增长人生阅历，积累工作经验。

（3）建立自我监督意识和习惯。无论在学习中还是在日常生活中，当代大学生都需要建立自我监督的意识和习惯。自我监督是完善自我的有效手段和途径。人是社会关系的总和，不能脱离社会而独自存在，人生存在于社会关系网络中，渴望成就事业，造就人生。在社会大环境中，从业者时刻感受到来自社会各方面的监督指导，但要提升自我、完善自身，则需要从个人角度对自己提出更高的要求，做到"慎独"，要把楷模作为学习的榜样，向他人学习，时刻检验自己。

（4）反省并及时总结工作得失。"吾日三省吾身"是一种生活态度，作为刚步入社会的大学生，需要及时反省自身的不足，不断涤荡自己的心灵，规范自己的行为。善于在总结中反省，在反省中思考，通过不断实践来改进自己的工作方法，提升工作效率，并在以后的工作中进一步检验，在循环上升的趋势下，推动自身健康发展、全面发展。

二、规划意识

规划意识是主体职业意识之源。大学生在就业创业过程中，规划意识是不可或缺的。一个成功之人，总是能够在行动之前做好规划，根据实际情况制定恰当的计划，合理分配时间，做到胸有成竹。

1. 规划意识的内涵

规划意识是主体根据自己的实际情况及对外部条件的分析，列出在不同时期渴望或计划完成的目标和任务的一种自我意识和自觉程度。规划意识要求从业者要对自己进行客观分析，并需要随时间和地点的变化而变化。每个人受环境氛围、认知水平、知识结构的制约，在不同的人生发展阶段中会制定不同的职业或人生规划。

人的理想可以分为远期理想、中期理想、短期理想，规划也可以分为长期规划、中期规划、短期规划。大学生在步入职场前要做到心中有数，罗列一份详细可行的规划表，并有计划性地付诸实践，避免盲目。规划意识可以分为四个部分，即定向、定点、定位和定心。定向是明确自身的未来发展方向，定点是明确未来职业发展的基点，定位是确定自己在职业群体中所处的相对位置，定心是控制好自己的情绪和心态。

2. 规划意识的作用

第一，克服盲目，心中有数。在工作岗位上，一个有规划意识的从业者会为自己列出一份详尽的计划表，由浅入深，在不同的时期解决不同的任务。其在采取行动、制定计划方案时，预期目标和结果早已在脑海中形成，这样就方便掌控局面，也便于在过程中及时对实施方案进行修正，对工作进度和工作成果做到心中有数。

第二，增强信心，激发斗志。规划意识拥有巨大的能动作用，它指引着人们前进的方向，并指导整个实践过程。在这个过程中，每完成一个目标，就离成功更近一步，对于行为主体来讲，其对胜利的渴望就更深入，对整个任务的完成就更有信心、更有斗志。前一个目标的顺利完成能够为后来的工作奠定基础、铺平道路，同时也激发起行为者的情感等因素，对成功起到积极的推动作用。

第三，循序渐进，胜利在望。规划意识对职业的一个重要作用就是将整个职业生涯划分为一个个阶段性的目标，然后循序渐进、有步骤、有缓急地去完成，提高工作效率，让从业者清楚地了解工作完成进度、工作效果及工作改进方向，引导从业者不断走向新的胜利。

3. 规划意识的培养

首先，善于分析。职业生涯规划中的分析包括职业分析和自我分析。职业分析大致包含家庭环境分析、学校环境分析、社会环境分析、职业环境分析等。自我分析包含职业兴趣分析、职业能力分析、个人特质分析、职业价值观分析、胜任能力分析（能力优势和能力劣势）等。从业者要有意识地发掘自己在各方面的能力和潜力，有意识地观察周围的就业形势和职业发展状况，客观分析和评价自己，这样做出的职业规划才能更客观、更符合自身的发展要求。

其次，注重实际。当今有部分大学生有眼高手低的不良习惯。在就业创业时一味追求优越的工作环境、较高的社会地位、可观的工资待遇等，忽视普通一线工作岗位，这也是造成当今社会就业难问题的主要原因之一。针对这一现象，大学生要把"注重实际"灌输到自己的意识中，在制定规划时要时常提醒自己注重实际、注重客观，择业目标要恰当可行，然后再付诸实施。

最后，着眼长远。要制定既有利于自身优势的发挥，又能适应社会需求的职业规划，就必须着眼长远。从人生发展的角度出发，制定符合个人发展的职业规划，这就要求既不能趋之若鹜，又不能脱离实际，正确处理好眼前利益和长远利益、个人利益和社会利益之间的关系，真正做到既顾及当前又着眼长远，既能充分发挥自身独特优势又能满足社会需求，只有这样，从业者才能在激烈的市场竞争中树立信心，沉着应对，焕发光彩。

三、质量意识

质量意识是职业意识之本。在日常生活中常常听到"要保质保量完成工作任务"的说法。在一项工作任务的执行过程中，如果不能保证工作质量，生产出"次品"，则会在生产过程中浪费物质资源、人力资源，在流通过程中不能很好地满足社会和消费的需要，甚至在一定程度上造成危害。

1. 质量意识的内涵

在 ISO 质量体系中，"质量"被理解为一组固有特性满足要求的程度。从广义上讲，质量包括过程的质量、产品的质量、组织的质量，体系的质量以及组合的质量等。从狭义上讲，质量有两层含义，一是产品的质量，即产品合格与否，二是生产产品过程的质量，即生产过程是否合理，是否与企业设定的管理基准相一致。

所谓质量意识就是在一家机构中，从领导层到每一位员工对质量的认识和理解。质量意识的主体是人，人与动物相区别的地方在于人具有主观能动性，人是有思维有意识的高级动物。质量意识不能用具体的物质来衡量，它是沉淀在人内心深处的意识，能够指导人的行为，能够反作用于物质，能够在人的参与下物化为具体可见的实际事物。质量意识的客体是人所作用的客观对象，这种客观对象的面貌受质量意识的直接影响。所以，从狭义上讲，质量意识就是要保证产品合格，符合产品的规格要求并且整个生产流程要遵守管理规定。从广义上讲，质量意识是每个人必须具备的品质之一，是一种完美人生需要达到的境界。

2. 质量意识的功能

（1）质量意识可以衡量一个人的工作质量。质量意识在产品质量形成过程中的作用是十分明显的，它直接决定产品质量的好坏，产品质量间接衡量着工作者的工作质量。工作者质量意识差是工作质量差的根本原因。虽然工作质量差可能是由多种原因造成的，例如，工作者的能力相对较弱等，但工作能力可以通过训练和学习来提高，但是如果缺乏质量意识，那么再容易的工作也不能保质保量地完成，当然也就不能让管理者满意。质量意识的高低，通常可以起到衡量员工工作质量和组织质量管理成效的作用。

（2）质量意识可以控制人的行为。质量意识对工作者的行为具有控制作用。一名质量意识强的工作者会严格要求自己的工作质量，尽量减少在实际操作过程中因误差而造成的不必要麻烦。特别是在外界干扰而出现质量问题的情况下，质量意识往往能够坚定员工信心，不会改变其认真工作的行为。质量意识又具有对工作质量的评价功能，质量意识能够对产品质量和工作质量等进行价值评价，这种价值评价又恰恰能够反映出工作者的价值观。

（3）质量意识可以调节人的工作态度。意识指导行为，能够驱使人趋向或逃离某种对象或事物，影响人对某事、某物或某人的判断。在职业生涯中，意识同样起着不可小觑的作用。如果工作者质量意识较强，对产品质量的重视程度则较高，对工作抱有积极态度，参加质量管理工作的意愿就会更加强烈；相反，如果工作者的质量意识较差，就会忽视工作质量，反感质量管理活动，那么其在实际工作过程中会频繁出现质量问题，不能顺利完成工作任务。

3. 质量意识的培养

首先，注重质量教育。质量教育从广义上讲，不仅是为了提高工作质量而参加各种课程、各种培训，更是一种潜移默化的教育，一种意识和观念的转变。质量意识的形成、巩固和发展都依赖于质量教育。质量教育的目的是促进工作者质量意识的形成、巩固和发展。质量意识的培养和增强需要两方面的共同努力。一方面是相关单位或机构提供平台，工作者需要在实际操作过程中逐步感受到注重质量的重要性；另一方面工作者要在现实生活中积累经验，从内心深处意识到质量对实现工作目标的重要性，只有保证了工作质量，才能为一项工作任务画上了完美的句号。

其次，端正工作动机。心理学告诉我们，工作者要有正确的工作动机，即要有"我要工作"的心理倾向，这样才能将工作完成好。工作者的各种行为是由工作动机促成的。工作动机推动工作者从事工作任务，它不仅决定着工作者的工作态度，同时也影响工作成效。在完成一项工作任务之前，正确的思想动机是先导。如果工作者一心想要把工作做好，那么即使遇到再大的困难和挫折也会想办法去克服。如果工作者有正确的思想动机，那么在工作过程中就不会投机取巧，不顾工作质量，也就相应地减少因工作中出现错误而造成不必要的损失。

最后，避免相互推诿。在日常工作中有很多时候需要与别人合作来完成某项具体工作。尤其在现代化的生产体系中，每个人只负责生产流程中的某一道具体工序，而不需要做到全盘负责，此时就会涉及个人与其他工作者、与整体利益的关系。如工作者 A 下一道工序的工作者 B 希望其能够保证产品的质量，以减少他的工作量，而工作者 A 也同样希望上一道工序的产品或工作不会给其带来麻烦，这样推理下去，每个工作者都希望别人能够给自己带来便利，那么就应该确保自己工作的质量给他人带来便利与高效，而不是互相推诿。

四、创新意识

创新意识是职业意识的升华。创新是学习实践发展观的重要内容，一个民族如果没有创新意识，就无法获得进步，更不会兴旺发达。创新是一种崇高的追求，包含着高昂的精神状态和高尚的精神境界。

1. 创新意识的内涵

创新就是创造对人类自身发展和社会发展有益的、能改造人们现实生活的、提高人们生活质量和生活品位的事物。创新的内涵有狭义和广义之分。狭义的创新指某种产品的创造过程；广义的创新则为一个系统网络，这个网络是由不同的行为主体相交互而发生作用的。创新意识指人在社会生活中产生了需要，从而引起创造从未出现过的事物的动机，并在创造活动中表现出意向、愿望和设想。它是人类意识活动中一种积极的、富有成果性的表现形式，是人进行创造活动的出发点和内在动力，是创造性思维和创造力的前提。

2. 创新意识的构成

创新意识由创新信念、创新兴趣、创新情感和创新意志四部分构成。创新信念是创新意识的原始动力，它最初迸发出的思维火花，点燃了人发动和维持创新性活动的激情。创新兴趣能促使人不断地去探索新奇事物，保持一颗积极乐观的心去全力研究。创新情感是创新过程中的非智力因素，但对整个创新活动起着至关重要的作用，它是必不可少的心理驱动力。创新意志是在创新过程中克服困难、冲破阻碍的心理因素，是维持创新活动持续进行的"定心丸"。

3. 创新意识的特征

（1）新奇性。创新意识是一种求新求异的意识。创新活动的宗旨是为了更好地满足人们生活的需求，更能符合人类自身和社会发展的需要，所以创新意识需要不断突破前人的成果、不断研发新技术、开发新成果、创造新纪录。

（2）历史性。创新意识也会受到阶级、经济状况、社会客观条件等的制约，具有明显的社会历史性。社会需要能够推动人的创新思维的发展。当社会和消费者新增需要时，创新活动就有了新的课题。

（3）差异性。创新意识也会受到个体差异性的影响，每个人的社会地位、认知结构、行为习惯、知识构成不同，看待问题和解决问题的方式也不同。创新意识是建立在人们已有的知识结构之上的，所以也会表现出一定的差异性。

4. 创新意识的作用

第一，创新意识决定人的创新行动以及创新成果的多少。意识指导行动，创新意识指导人的创新活动。一个人、一个社会、一个国家如果具有很强的创新意识，那么这个人、这个社会、这个国家则有很大的发展空间和发展前途。

第二，创新意识决定社会资源的合理分配，推动社会的全面进步。创新意识离不开社会生产力等社会条件，它建立在已有的社会生产力基础之上，又推动着社会生产力的发展。创新意识的合理运用能够提高社会生产效率、节约社会资源、推动社会全面进步。

第三，创新意识决定人的创新能力，是人才在新世纪达到合格标准的必备素质。创新实质上是一种人才的衡量标准，它代表着人才素质变化的含义和指向，社会需要有创新进取精神的人。当代大学生是新生社会的主力军，创新意识是其必不可少的素质之一。具有创新能力的人，会给自己的工作带来新的解决途径和方案。

5. 创新意识的培养及运用

首先，培养求知欲。创新需要已有的知识作为根基，就像建立大厦一样要先有地基。储备的知识越多，对事物的了解就会越深，眼界就会越开阔，看待问题就会越全面，进而产生的新奇想法就会越多。

其次，培养好奇欲。好奇是一种奇妙的心理倾向，培养好奇欲对创新意识的培养至关重要。好奇心会促使人不断探究、不断深入地解决新问题和新矛盾，当好奇心得到满足时，则会增加人的自信，激发下一轮更为深入研究的动力。

再次，培养创造欲。知识储备已经具有，再加上强烈的好奇心，会促使人的创造欲。知识在创造的过程中才能转化为现实力量，而好奇心只有在创造的过程中才能得到满足和展现，才会有现实意义。

最后，培养质疑欲。"学起于思，思源于疑"。在创造的过程中，不免要借鉴前人的观点，在看待别人观点时要批判地吸收，要勇于提出质疑，解决质疑，这样才能不断修正错误的观点，一步步接近真理，求得真理。

五、团队意识

团队意识是职业意识之魂。英国有句古老的谚语这样说："一个人做生意，两个人开银行，三个人搞殖民地。"这句谚语道出了团队意识的必要性，向我们直观阐述了团队意识的重要性。

1. 团队意识的内涵

团队意识就是个人所应具备的整体配合意识，它具有主动性，将个人融入整体，想团队之所需，达到整体作用大于个体作用之和的效果。团队成员致力于同一个目标，有共同的价值观和理想信念，能够相互配合、相互发生作用，通过沟通及协作，最终高效地完成工作任务，达到"共赢"的目标。

团队意识包括四个方面，即团队目标、团队角色、团队关系和团队运作过程。每个团队成员要想融入团队并为之做出贡献，都要从这四个方面出发，经过协商达成一致意见，形成整个团队的工作目标和工作方法，为取得最终胜利共同努力。

2. 团队意识的功能

（1）团队意识能够使团队形成强大的凝聚力。团队意识包含共同的工作目标，因此每位优秀的团队成员都会"心往一块想，劲往一处使"，这样就会形成一股强大的合力与凝聚力，为达到最终目的奠定基础。

（2）团队意识能够使成员产生强烈的归属感。团队成员会感受到自己是团队的一部分，感受到自己所背负的重大责任，从而将自己的情感态度价值观融入整个团队的整体意识中，并将团队作为实现自身价值的依托和归宿。

（3）团队意识能够促进成员能力的提升。当个人处理工作难题时，受自身思维及知识结构等的限制，所能提供的高效解决方案是有限的。但当个人置身于团队中时，其便能深刻感受到他人的思考角度和思维方式，从而提出多种解决问题的方案，随着时间的推移，个人的眼界和思维也会更加开阔。

3. 团队意识的培养

（1）做事要有明确的目标。团队目标是团队意识的重要方面。一个优秀的团队在工作之前就必须明确目标，甚至明确每位成员每项工作所要达到的具体目标，这样在实际操作过程中才能避免盲目，做到有的放矢。我们在培养团队意识时，也要有意地培养自己的目标感，学着制定阶段性目标，在具体的实施过程中逐一完成，最终实现终极目标。

（2）做人要有真诚的沟通。以团队的合力去完成一项工作任务，需要浓厚的合作气氛，而团队成员间沟通得越通畅，合作的氛围就会越好。团队是为了共同目标而凝聚在一起，虽然工作分工各有不同，但团队成员之间必须能够良好地沟通互动，充分了解与目标相关的信息，了解工作过程中可能遇到的困难和问题，同心协力、共同商讨、共铸辉煌。

（3）客观了解自身的能力。一个成功的团队与每位成员的努力密不可分。在分配工作任务时，要科学地运用每个人的才能和性格优势，"取各家之长"，优化资源配置，这就要求领导者要善于发掘成员的才能，团队成员要客观评价自己的能力，如哪些方面为优势，哪些方面为劣势，适合做什么类型的工作等。只有这样，才会在工作过程中做到扬长避短、务实高效。

（4）学会信任和支持别人。为了完成一个共同的目标，融合众人所长，相互学习支持，团队成员之间的合作是必不可少的。合作就会涉及团队成员之间如何相处以及相处得怎么样等一系列问题。在人与人相处的过程中，首先要学会信任和支持他人，在实际的团队合作中，要信任他人的能力，承认他人为了完成目标而做出的一系列努力，并要真诚地为他人加油鼓劲。

（5）真诚为他人的成功喝彩。一名优秀的团队成员，不仅会为自己在工作中取得的成就而感到高兴，而且也会为自己同伴的成功而喝彩。当你为他人的成功喜悦时，你也会赢得别人的尊重。爱和被爱是相互的，这样会传递给周围的每一个人，形成互敬互爱的合作氛围。

第五章　职业生涯规划的发展趋势

第一节　高等教育国际化

高等教育作为培养高级专门人才的一种社会活动，要想持久发展，必须向学生传递不同时期、不同地区的思想文化，开阔视野，解放禁锢思想，实现"百家争鸣"。高等教育的国际化、开放性正是满足这种发展需求，保持高等教育持续蓬勃发展的不竭动力。

高等教育国际化是一种持续的历史现象，世界主要国家大体都经历了"国际化—民族化—国际化"的发展过程。早期的高等教育就有趋向于国际化的现象，例如，在古印度时代，那烂陀聚集了大批来自亚洲各国的留学生和学者，并传授学术内容的知识。因此，那烂陀成为了东南亚乃至亚洲的高等学术中心。具有"大学之母"美誉的博洛尼亚大学，是西方最古老的大学，也是欧洲四大文化中心之首。在当时，世界各地的学生来到博洛尼亚大学求学。有学者称，中世纪的大学是"真正的国际性机构"，一切学习都能在全球范围内进行，每个人都有接受教育的自由，也拥有传授知识的权利。

经济全球化使人才在全球范围内流动，高等教育也在全球范围内蓬勃发展。文化的全球性融合是各国对高等教育重视的标志，其成为发达国家改革和发展高等教育的共同抉择和普遍战略。我国从改革开放以后，也深刻认识到国际交流对高等教育的重大意义，邓小平同志提出的"三个面向"（面向现代化、面向世界、面向未来），为我国高等教育的进一步发展奠定了理论基础和政策基础，使我国对外交流与合作更加顺畅。1998年我国提出建设世界一流大学目标，进一步推动了我国高等教育的国际化和现代化。

一、高等教育国际化的一些观点

对高等教育国际化的研究，有利于其进一步地长远发展。多年来，国内外学者一直致力于研究高等教育国际化进程。目前，对于这一内容的认识和理解，主要包括以下观点。

1. 高等教育国际化是一种行为

一种观点认为，高等教育国际化就是面向世界，参与国际活动，与各国开展密切交流与合作，进一步发扬和传播本国教育思想的活动；另一种观点认为，高等教育国际化是派遣和招收留学生、学者互访以及进行学术交流的活动。无论哪种观点，其共性是这种国际化的行为都要以国际化为载体，符合国际标准，与国际惯例接轨。所谓与国际接轨，指教育水平、办学质量、最终效果、潮流指向、教育惯例、评定标准等方面与世界同步与关联。

2. 高等教育国际化是一种模式

有些学者认为，理想的大学模式是高等教育国际化的最基本途径。这种模式在某种程度上可以衡量一个国家大学承办水平以及该国教育水平在国际中所处的相对位置。具体则表现为该种模式的认同度、交流度与开放度。

3. 高等教育国际化是一个相对完整的结构体系

它主要包含：一是对高等教育在国际上发展的认识与信念，是各国学术彼此间高度认同的内在体现，对于全球性高等教育的发展起到引领和整合的作用；二是处理高等教育国际化与知识技术、国家教育以及人民素质的关系，为高等教育国际化发展提供基本政策，起到引领作用；三是高等教育国际化的具体措施和活动，根据这些细化措施和活动，进行总结并及时调整适合时代发展的举措。

4. 高等教育国际化是一种发展过程

这种过程一方面包含思想认知、行为模式与教学课程、教材，以及教师与学生跨国之间的交流过程；另一方面也包含国际文化与本国教育教学以及学术研究的交汇融合。高等教育国际化的发展过程也受到社会政治、经济、科技、人文等因素的影响，但观念的国际化是教育面向世界发展的坚实基础。只有具备了国际化的意识，创造国际化的氛围，才能有效地进行高等教育的国际交流与合作。

5. 高等教育国际化是一种人才培养模式

还有一些学者从人才培养的角度来讨论高等教育国际化。这种观点侧重于对知识技能的培养模式进行讨论。经济全球化推动了人才在全球范围内的流动，即培养跨国人才是当务之急。所谓跨文化人才，指具有国际眼界、全球意识、国际人文精神，拥有适应国际行业发展趋势的知识、技能及意识的人才。

二、高等教育国际化的内涵研究

高等教育国际化是以跨国交流为媒介，以面向世界为前提，各国或各地区之间互相交流，并结合本国实际，兼容并蓄、取长补短的一种国际活动；是一种增强本国管理体制灵活性，推动人才培养全球化的过程。我国要积极参与国际交流与合作，使我国的高等教育国际化事业继续向多元化和特色化发展。高等教育国际化的内涵具有四大特征。

1. 高等教育系统价值和信念的趋同

高等教育对本国的作用和各国研究并模仿其他国家成功大学的办学经验，都体现了高等教育价值和信念的国际化趋同，这成为高等教育国际化发展的根本动力。

2. 教育机构特征和组织行为规范趋同

发达国家的教育体系和运作方式相比发展中国家来讲，体现得更加科学和完善，这些是发展中国家在本国高等教育国际化发展过程中需要吸纳和借鉴的，这主要体现在高等教育的发展水平、层次分类、表现形式和管理分布方面，也体现在领导体制、教育教学体制方面，发展中国家办学借鉴发达国家经验，其具体表现在课程设置及教学质量方面。

3. 发展政策为高等教育国际化的人才培养确定目标

发展政策为高等教育的具体实施提供方向性指导，高校制定既符合社会发展又符合国际化要求的相关政策，这样才能保证与国际化教育相配套的教学计划、专业和课程设置。

4. 学术评估、教育统计和质量认证等标准化、通用化

高等教育的国际交流与合作促进了一系列国际学术组织和国际通用准则的产生，如专业术语、统计方法和评价标准等。科学引文索引（SCI）、社会科学引文索引（SSCI）、工程索引（EI）等已成为国际权威性的引文索引系统。

三、高等教育国际化面临的挑战

高等教育国际化就像一把双刃剑，一方面能够加深彼此间的交流与沟通，从而加强国家之间的理解与合作；另一方面也给各国带来消极影响。此外，发达国家与发展中国家在国际合作与国际竞争中，都会碰到许多壁垒、矛盾与隔阂。

1. 本土化与国际化的对立统一

在高等教育国际化的过程中，本土化与国际化一直是既对立又统一的矛盾体。本土化注重本国高等教育的传统与特色；国际化则"努力使教育超出政治与文化的界限"。国际化要求各国高等教育彼此开放市场，融合交流，这容易使教育水平欠发达的国家过于重视国际化而忽视本土特色和实际情况，以至于削弱本国高等教育的功能，打乱本国教育的正常发展。

本土化和国际化都是高等教育的历史属性，共同推动着高等教育趋向多元化。国际的交流互助在教育国际化中占据着重要地位，国际文化要尊重和依附于本土文化，而本土文化也要选择性地吸收和借鉴国际文化。"只有民族的才是世界的"，我国高等教育国际化进程也应该遵循这一道理。

2. 从优秀生源到人才资源的竞争

我国在加入世界贸易组织之后，国际优秀生源的引进和输出方面主要表现为：政府积极采取措施扩大教育服务力度，鼓励学生走向国际；出台宽松的政策和营造轻松的文化氛围，吸引他国学生来中国求学。相比较而言，发达国家在吸引他国优秀生源方面的历史更加悠久，经验也更为丰富，因此，在吸引优秀生源方面，发达国家在国际竞争中占据优势地位。同时，到境外求学的优秀学生也有相当一部分选择留在他国，这造成了部分国家的人才流失。20世纪末，人才流动的主要方向仍以欧洲国家和美国为主。近年来，随着我国在国际舞台上的地位越来越高，海外回国人员有了明显增加，但是仍然达不到人才资源良性互动的标准。由此可见，高等教育国际化既为国内高校提供了合作伙伴，也为国内高校提供了竞争对手。对优秀生源的竞争已经升级到国家之间人才资源的竞争。因此，必须不断提高我国的综合国力和高等教育国际化水平，才能使我国在人才竞争中争取到合理的优势。

3. 高等教育国际化存在文化渗透的危险

在与西方发达国家开展交流与合作的过程中，一些不良思想在无形中被引入我国。这些思想通常不易被发现，其表面覆盖着极具迷惑性的面具，会对民众尤其是判断力较弱的青少年造成一定的干扰。对此，我国必须一方面加强对境外在中国设立的相关机构的监督管理和引导工作，尽最大努力杜绝各种形式的文化渗透；另一方面增强受教育者乃至全社会人员的辨别能力，多方面继续大力推进素质教育、政治教育、道德教育等。

4. 民办高等教育面临的机遇与挑战

民办高等教育在我国起步相对较晚，相较于公立学校而言，无论在招生体制方面还是在办学特色方面都不占优势。尽管如此，随着国家近些年对民办教育的扶持，民办教育也发展得较好。境外教育机构在国内的建立对民办教育而言既是机会也是挑战；境外教育机构既是其竞争对手，也是其合作伙伴。民办教育可以抓住高等教育国际化这一机会发展自己，吸收、借鉴其优势，同时政府也应该出台相应政策，大力鼓励、扶持民办高等教育机构同境外高等教育机构合作办学，丰富国内教育方法和形式，缓解目前生源扩张、教育资源紧张的局面，壮大我国本土高等教育的文化力量。

第二节　职业生涯规划国际化

一、生源国际化

高等教育国际化进程中的一项非常重要的内容是高等教育生源国际化，它是判断高等教育是否开放的标准之一。留学生的"进口"和"出口"是生源国际化的外在表现。出自中国社会科学院社会科学文献出版社的国际人才蓝皮书《中国留学发展报告（2018）》中表明，接受高等教育的留学生的人数增长迅速，这和进入 21 世纪以后全球化进程的不断深化有着密切关系。留学生的人数从 2000~2018 年飞速增长。从全球范围来看，国际上的留学生总人数占全世界在校高等教育学生总人数的 2% 左右，在一些国家这一比重或许更高。生源的国际化已经是不可阻挡的趋势，全球接受国际化高等教育的学生数量在不断增加，生源国际化的规模也在不断扩大。

二、课程国际化

1. 高等教育课程国际化的内涵

（1）课程国际化的含义。课程与专业的设置是高等教育教学的中心，其关系到教育教学能否顺利展开、全球化人才能否成功培养，所以课程国际化设置进而影响到教学能否实现国际化。因此，高等教育走向国际化的第一步是将课程与专业设置为国际化。

课程的国际化指学习国外的教学经验，并且充分结合我国的教学实际，然后自主设计出能够培养出国际化人才的课程。课程国际化主要有两方面的含义：一是鼓励本国学生学习国外优秀的经验，并且国家为其学习提供更多的渠道；二是提升我国的教育质量，从而达到吸引留学生的目的。这两方面含义的目的是提高我国高等教育的整体水准，深化我国高等教育的国际化程度。

（2）课程国际化的具体表现。课程国际化的具体表现有以下三种。

首先，按照国际化的要求对专业和课程进行设置。设立能够适应经济全球化发展的专业，并且开设培养学生素质与能力的课程，但是专业与课程的设置都要建立在各国实际情况的前提下，这样才能达到培养国际化人才的目的。

其次，在原有课程的基础上融入有关国际化的创新课程。当前国内的大学普遍都设有与国际方面有关的学院与主题课程，例如，设置国际经济、国际商务、国际贸易等课程。

最后，在原有教材的基础上加入国际化元素。国内高等教育的通用教材既有自己编撰的教材，也有从国际引入的教材和相关学术资料。从国际引入的教材包含兄弟院校的教材、研究人员的专著和国外教材，这些教材都是国际化教材的重要组成部分，随着时代的发展，这些教材与国际上各个学科的发展方向逐渐趋于一致。

2. 国外在推进课程国际化上的做法

（1）美国设立区域研究中心。美国的高等教育课程随着国际化程度的不断深入而不断发展和更新。特别是在第二次世界大战之后，知识成为国际竞争的核心，因此美国的各大高等院校以"国际理解"为宗旨，不断对课程进行更新、融入国际化元素。大量的研究中心应运而生，它们为高等教育国际化的发展提供了许多帮助，很多的研究中心被官方命名为"区域研究中心"。同时，值得注意的是各个研究中心都拥有各个国家的研究人员对其的发展做出指导。这些区域研究中心还设置多种外语培训，每年都会开设多次课程。美国印第安纳大学的国际化课程在拓展学生国际化视野的同时还丰富了国际化内涵，给学生之间的交流提供了巨大的帮助。

（2）英国引入欧洲维度课程。英国教育家认为拓展国际视野是促进课程国际化的重要方面。所以，英国在高等教育的课程中引入了"欧洲维度"，目的是使学生更加深入并且准确地获取国际信息，以便提升学生们的国际竞争力。

引入"欧洲维度"的概念，目的是对高等教育进行改革以便深化欧洲一体化的程度。与此同时，"欧洲维度"通过欧洲各国以及世界各国的交流与合作使其文化不断地传播。在课程设置方面，其更多融入了欧洲的文化，以便学生了解欧洲文化、认同欧洲文化，从而加强其自豪感。英国基本在所有的高等教育学校里都引入了这一概念，并以此概念作为指导高等教育改革的理论基础。

（3）德国推进课程国际化的做法。德国在推进课程国际化方面的做法有四点：

第一，在课程观念方面。德国提出要以积极的态度来适应社会的发展进步，其致力于提高高等教育课程的实用价值，以便提高德国高等教育对学生的吸引力，从而提升德国教育在国际上的竞争力。

第二，在课程设置方面。德国高等教育阶段的课程设置以实现国际化为根本目的，涉及多个领域、使用多种语言进行教育教学。同时，德国为学生在外学习提供帮助和引导，以便国内学生能够更好地适应国际化的学习环境。

第三，在课程实施方面。德国为了实现课程的国际化采取了许多举措。例如，积极加入对教育教学进行研究与改革的项目、改变授课方式、将课程教学的中心由教师转变为学生。同时，德国的高等教育学校设立了监督和改善机制，即对教学的各种情况进行评价、对学生的学习成果进行调查与反馈，以便保证不同层次的学生都能够较好地适应课程的国际化。这一系列的转变，对教师本身的要求则更高了。对此，德国进行了许多以培训教师为目的的活动，以便帮助教师尽快转变教学方式。

第四，在课程管理方面。德国采取了许多举措，例如，建立世界上普遍使用的课程管理方法、采用与国际上相同的学位体系以及各种与国际互相承认的学位制度。除此之外，1990 年之后，德国高效转变了管理方式，从以州为主体对高校负责转变为各个高校自行负责的管理体制，将对教学改进的权利授予各个高等院校。

三、ISEC 项目国际化

作为中外合作办学的新型突破口，ISEC 项目（国际本科学术互认课程）在其发展初期的职业规划教育中便存在一些问题，集中表现为无专门针对 ISEC 项目学生的职业规划教育、相关师资力量缺乏且质量参差不齐、职业规划教育持续时间较短、缺乏实践性等。因此，建立高校 ISEC 项目的专门职业规划与就业指导团队、对 ISEC 项目学生的就业指导和职业规划的时间进行合理安排、培养 ISEC 项目学生形成良好的就业忧患意识和对未来职业进行提前规划的意识，成为高等教育迫切需要解决的问题。

由国家留学基金管理委员会主办的 ISEC 项目是合作办学新的突破口，应充分发挥其自身项目的优势，主动与国外名牌大学进行学术交流，做到取其精华、去其糟粕，应不断地提升自身的综合能力。对 ISEC 项目学生进行关于职业规划的教育可以让学生更好地认识自身优势、了解职业兴趣、明确就业方向，明确这三点内容对学生非常重要。对学生进行关于职业规划的教育也有利于学生找准学习目标和方向、提升自身能力，使学生学有所成，同时有利于社会优秀人力资源的输入和更新，有利于社会的长远发展，是实现教育全球化、建立教育共同体的必然选择。对于设立 ISEC 专业的高等院校都应该针对 ISEC 专业设置相关的就业指导和规划课程，聘请高级就业指导针对 ISEC 项目学生就其就业观、择业观、职业规划观进行有针对性的指导。

四、ISEC 专业职业规划存在的问题

对于大学生职业规划的研究主要集中在大学生现状、存在问题以及对策的研究层面，但重点对 ISEC 项目进行的职业规划研究还是较少。一方面，在职业规划教育方面，许多文献进行了专业的研究，指出了人在职业规划的认知方面存在片面性，其片面性主要体现在把就业规划与就业指导当成一回事；另一方面，我国职业规划的现状及存在的相关问题多数文献已经进行了专业的分析，如缺乏职业规划的意识和能力等。此外，相关文献针对职业规划的连续性、系统性、前瞻性等特点提出了具体的解决意见、方法和策略。

国外一直注重培养学生的职业规划意识，从小学阶段开始，职业规划课程就被合理地安排在课表当中，鼓励学生进行兴趣开发和有针对性的职业探索。学校也为职业规划设立系统完备的教学大纲，针对不同的学生群体和个体设立不同的职业规划课程，使学生在儿童时期便确立了职业规划方向。对于 ISEC 项目来讲，在教学方式上采用双语教学、教学方式多样化、课程设置多元化等与国际接轨，但是在职业规划教育方面相对于国外来说，国内很多学校还存在很多不足。

ISEC 项目是正处于发展初期的新兴项目，没有太多的经验可以借鉴。并且，对于 ISEC 项目学生而言，对于其所学专业认识不够清晰明确，对于其未来

就业也没有明确的方向，这就导致对于 ISEC 项目的学生来讲，毕业之后面临各种各样的就业问题，这使许多学生毕业就面临着失业，所以在 ISEC 项目学生的课程中设置职业规划课程是十分必要的。ISEC 项目让学生尽早知道所学专业的内容，以及如何在专业领域进行更深入的研究，这能够促使学生尽早对职业进行合理规划，以及对自己未来的人生目标有一个更加明确的定位。

调查研究表明，许多学校的 ISEC 教育都存在许多问题，例如，课程安排在大学即将结束的时段、持续周期短、课程设置单一等。主要内容如下：

（1）缺少专业人员的指导。即使部分高校已经启动了 ISEC 项目，但是由于专业人员不足以及指导不及时，导致学生很难获得及时有效的指导，每个学生面临的问题又各不相同，因此需要专业而个性化的辅导，而学校通常无法满足这一需求。

（2）项目启动时间安排不合理。当前许多高校都将职业规划类课程安排在毕业班，他们认为这些内容是毕业班学生才需要的，但其实职业规划并非一朝一夕，而是需要长远的规划和深入地思考，学生需要充分考虑自身的优劣势、性格特征等，再综合得出结论。因此，职业规划类课程应该贯穿于学生学业生涯的始终。

（3）学生缺乏对自身职业发展的规划。学习该项目的学生认为所谓的职业规划是进入社会后才需要考虑的事情，只有在工作中才能对职业进行更合理的规划，而大学时期主要学习理论知识，所学的内容往往无法应用到职业中。因此，大学时期过早地接触职业规划内容是没有必要的。对于选择出国的学生，其并不充分了解国外学校、学科和相关专业情况；很多需要提前准备的工作并没有完成。

为了应对这些问题，我们应该：①尽早教授学生相关的理论知识，并且针对课程设置进行系统规划，不仅仅局限在理论层面上，更要设置相关的实践类课程，让学生在实践过程中运用所学的知识，提高自身的认知水平。②组建专业的师资团队，因缺乏个性化的辅导而无法对学生的问题进行精准定位，因此，引进专业的师资力量是非常必要的，通过专业人才的引领，让 ISEC 项目学生能够更加合理地规划自己的学习生涯和未来职业，帮助他们更好地步入社会。③针对职业教育时间进行系统规划。对 ISEC 项目学生的教育应该结合大学生每个阶段的身心发展以及面临的学习生活进行综合分析并设置课程。例如，在大学一年级，因为学生学习热情较高，且并未直接面临诸如就业等问题，所以这时可以从理论开始，为学生安排理论学习与专家讲座，并且培养学生职业规划的意识，带领学生拟定自己的职业规划。学生更需要理论之外的实践内容，因此可以安排一些竞赛、模拟等活动，帮助学生掌握求职、职业规划等方法。大学四年级学生要面临就业问题，需要结合之前所学的内容和实践进行综合分析，此时需要个性化辅导，要使专业的团队引导学生不断加强职业规划的意识，并且结合自身实际情况制定符合自己未来职业发展的规划路径。

第六章　ISEC 学生兴趣探索

第一节　霍兰德职业兴趣理论

作为美国霍普金斯大学的一名知名职业指导专家，霍兰德在 20 世纪 60 年代提出了职业兴趣理论。霍兰德将人格类型、兴趣与职业联系起来进行分析，只要人们对他们所从事的职业感兴趣，就可以在很大程度上提高人们从事劳动的主动性，使人们乐于工作，并且人格和人的职业兴趣具有很大的关联。霍兰德认为人格可分为现实型、研究型、艺术型、社会型、企业型和常规型六种类型。

一、理论来源

兴趣测验的研究起源于 1900 年前后，20 世纪初桑代克提出将兴趣和职业联系起来。1915 年詹穆士发布了一个兴趣调查问卷，这标志着兴趣测验的系统研究的开始。19 世纪 20 年代，斯特朗编制了最早的职业兴趣测验工具即"斯特朗职业兴趣调查表"。19 世纪 30 年代，库德编写了"库德爱好调查表"。

在霍兰德职业兴趣理论提出之前，关于职业兴趣与个体的人格特质的研究是相互独立的，并未有学者将两者关联起来，霍兰德在前人研究的基础上，首次提出了"人格特质与工作环境相匹配"的理论。

二、理论演变

随着对这一理论研究的不断深入，后人在霍兰德理论的基础上对其不断进行完善，1991 年 Gati 深入分析了霍兰德理论正六边形模型中有关相邻职业群距离相等这一假设的局限性，并提出了三层次模型，在接下来的两年中，Prediger 更是将人、物维度以及观念和数据的内容加入其中，使得职业的兴趣、类型与人格特征结合起来。目前我们所看到的世界工作图，是美国大学考试中心在 Prediger 研究的基础上进一步丰富得来的。

第二节　　六种类型坐标图

一、六种类型的主要内容

1. 社会型（S）

社会型从业者善于人际交往，性格外向，善言谈且愿意帮助他人。关注自身价值与社会问题，更加注重自身对社会发展所做的贡献，希望在发挥作用的同时建立起密切的关系网。

典型职业：与社会型从业者相匹配的职业通常聚焦在帮助他人，为社会做贡献的职业上，并且为了实现这一目标，这类人通常会有意识地培养相关能力。具体的职业有：教育工作者（教师、教育行政人员）、社会工作者（咨询人员、公关人员）等。

2. 企业型（E）

企业型从业者冲劲十足，对自身的发展和未来具有较强的规划性，具备一定的领导才能，喜欢竞争、冒险、敢为人先，对自身得失的衡量通常以金钱、利益以及与之相匹配的社会地位为标准，做事目标性极强。

典型职业：企业型从业者通常喜欢能够展现其领导才能的职业，喜欢指导、管理他人，并且能够在工作的过程中充分运用自身才能达到某种目标，如获得经济收益、社会地位等。与之相匹配的职业有项目经理、营销管理人员、企业高管等。

3. 常规型（C）

常规型从业者喜欢按照计划行事，做事非常细心，认可权威且不会轻易打破固有规则，做事保守，缺乏一定的创造性。这类人不喜欢领导他人，能够成为很好的执行者，更加关注细节层面的内容。

典型职业：常规型从业者习惯去做一些具体的事务性工作，尤其是一些对细节要求较高、需要条理清晰的人来做的工作。在这样的工作中，常规型从业者通常能够发挥出较好的职业素养。具体职位有秘书、办公室文员、会计、助理、图书管理员等。

4. 现实型（R）

现实型从业者动手操作能力极强，喜欢从事简单的、机械类的工作，尤其是可以借助具体工具进行的工作，这类人肢体灵活，喜欢从事制造类相关的工作，但是不喜欢交际，喜欢独立完成任务，不喜欢与他人合作。

典型职业：现实型从业者动手操作能力强，且喜欢并擅长如操纵机器、大型器械等内容的工作，因为其对器械组装、操作等方面具有兴趣，因此会着重发展自身这方面的才能以及学习相关方面的知识。适合的职位有硬件制造人员、机械操作人员、木匠、修理工等。

5. 调研型（I）

调研型从业者是典型的脑力劳动者，大脑运转速度极快，具有很强的抽象概括能力，善于思考，但是在具体的实践中却少有成果。他们喜欢从事具有指挥性和创造性的工作，凭借其观点和知识去征服他人，这类从业者逻辑推理能力非常强，但是在领导力方面却有所欠缺。

典型职业：调研型从业者通常喜欢与脑力劳动相关的工作，这样他们就可以充分施展其在分析和判断方面的才能，一些需要将抽象事物进行具象化的工作都是他们所擅长的。与这类从业者相匹配的职业有科学家、工程师、医生、分析员等。

6. 艺术型（A）

艺术型从业者对审美和艺术方面的造诣和追求是极高的，他们期待自身或者作品的与众不同，渴望脱颖而出，渴望展现自身的独特性，追求完美且容易陷入理想化的境地，不考虑外在实际情况的影响，清高且不务实。

典型职业：艺术型从业者通常喜欢从事富有创造性的工作，他们喜欢通过色彩勾勒出一个完美的世界，凭借其独特的审美和在艺术方面的造诣来获得社会的认可，展现自身的个性与价值。适合他们的职位有演员、歌唱家、画家、园艺师、指挥家、钢琴家、作家等。

霍兰德所划分的六大类型并非是相互独立的，它们之间是相互联系的，因此，霍兰德认为可以将这六种职业兴趣放在正六边形的每个角上，使得划分的内容更加具体。霍兰德认为，如果这些属性越趋向于一致，那么从业者选择职业时所面临的问题和困扰就会越少。

霍兰德所划分的六大类型是存在一定关系的，所以他用正六边形来表示六大类型之间的关系（见图 6-1）。

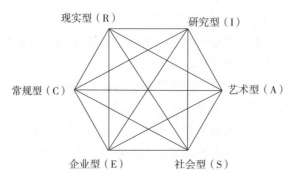

图 6-1 霍兰德的六种人格类型

（1）相邻关系。例如现实型—研究型（RI）、研究型—现实型（IR）、研究型—艺术型（IA）、艺术型—研究型（AI）、艺术型—社会型（AS）、社会型—艺术型（SA）、社会型—企业型（SE）、企业型—社会型（ES）、企业型—常规型（EC）、常规型—企业型（CE）、现实型—常规型（RC）和常规型—现实型（CR）。同在相邻关系中的两种类型的个体，它们之间有比较多的相似之处，现实型（R）、研究型（I）的个体均不擅长与他人进行沟通和交流，这两种职业所处的外部环境同样是与人沟通较少的。

（2）相隔关系。例如现实型—艺术型（RA）、研究型—常规型（IC）、现实型—企业型（RE）、社会型—研究型（SI）、艺术型—现实型（AR）、艺术型—企业型（AE）、研究型—社会型（IS）、社会型—常规型（SC）、企业型—艺术型（EA）、企业型—现实型（ER）、常规型—研究型（CI）和常规型—社会型（CS），在相隔关系范畴内的两者相对于相邻关系相似部分较少。

（3）相对关系，在六边形模型当中处于相对两个角的两者为相对关系，例如现实型—社会型（RS）、常规型—艺术型（CA）、艺术型—常规型（AC）、企业型—研究型（EI）、社会型—现实型（SR）和研究型—企业型（IE），在关系类型当中归属于相对关系的两者一致点非常少，所以，两个属于相对关系的两个职业能够吸引同一个人的情况是极为罕见的。在选择自己职业时，大多数人会选择和自己兴趣相关的职业或者是有交集的职业。如果在自己非常感兴趣的领域中工作，从业者能够在很大程度上发挥自身的才能。然而，在具体的职业选择时，不一定必须按照自己的兴趣来选择自己从事的行业或者工作领域，因为从业者通常是多种兴趣类型的聚合体，仅有单一兴趣类型的从业者十分罕见。所以，在综合分析一个人的兴趣类型时通常要综合其在六大兴趣类型中得分排在前三名的类型，在组合兴趣类型时会按照分数权重的高低进行组合，例如艺术型—研究型—社会型（AIS）、现实型—常规型—艺术型（RCA）等。导致一个人从事某种职业的原因有很多，在职业选择时还要考虑该职业的社会地位以及实现自身价值的可能性。所以，在真正选择职位时，其实是在向相邻兴趣领域不断地靠拢。但是，在相隔关系的岗位中，需要通过不断地去适应融入工作环境。但如果选择的是和自己兴趣领域完全相对的职业或者岗位，这就需要从业者去培养自己对这个行业的兴趣，如果从业者难以接受该职业，个体则会对当前的职业或者工作产生厌恶，在工作时会感到痛苦。

二、价值分析

霍兰德职业兴趣理论是以兴趣为出发点对职业指导中存在的问题进行探究的。霍兰德提出了职业兴趣人格观，让从业者能够更清楚、更准确地认识职业兴趣。霍兰德职业兴趣理论一大成功之处在于他将对职业环境的探究与对职业兴趣个体的不同巧妙地结合了起来，这依赖于他长期对别人进行职业指导的实践经验。霍兰德将职业兴趣理论作为研究的基本理论，编撰了职业偏好量表（VocationaI Preference lnventory）以及自我导向搜寻表（Self-directed Search），这两种职业兴趣量表是研究职业兴趣的工具。霍兰德致力于将每一种职业兴趣匹配到两种能力，对兴趣和能力的测试以及将两者的有机结合极大地促进了职业指导和职业咨询的顺利进行。

霍兰德依靠美国职业条目词典中有关职业分析的内容，将大量的不同职业赋予霍兰德人格类型代码，进而编撰了《霍兰德职业代码词典》（The Dictionary of Holland Occupational Codes），为有着不同职业兴趣的人寻找适合自己的职业提供了帮助。

霍兰德职业兴趣理论同时指出兴趣是对人格进行解释说明的一种途径，在人的职业选择中占有重要地位。在霍兰德的理论中，人格被当作兴趣、价值、需求、技巧、信仰、态度、学习和个性的综合体。兴趣是人在匹配自身适合的职业以及选择职业过程中的决定性因素，到目前为止，霍兰德职业兴趣理论是公认的最具代表性和实用性的职业发展理论和职业分类体系。

三、霍兰德职业兴趣理论对于企业招募人才的价值分析

员工所从事职业的多元化体现出其独特的心理特点和对职业的兴趣。就职业兴趣来讲，不同个体的职业兴趣是不同的，并且具有明显的差异。其主要原因是社会分工的细化，使得劳动过程和劳动方式也更加细致，因为劳动分工的细化；使职业之间的差异更加明显，所以根据个体的兴趣来选择职业就具有很大的可行性。每个人自身特点的不同也会导致其选择不同的工作，不同的工作领域有不同的管理特点、群体特点，这种职业的差异性直接对不同从业者的职业兴趣产生影响。对于人力资源部门来讲，要根据不同岗位的特点和不同从业者的性格特点进行岗位匹配，进而为公司选拔出合适的人才。一个人是否适合一个岗位主要体现在两个方面，即性格和能力。性格是企业人力资源部门考察应聘者是否与公司所需要招募岗位相匹配的一个重要内容，所以企业人力资源部门招募新员工时会对被招募对象进行性格测评，考察其是否适合公司的职业或者具体岗位。在进行性格测评时，霍兰德职业兴趣理论就成为对被招募者进行职业测评的重要理论指导。通过职业兴趣测评可以很好地测试员工的兴趣导向，使员工和本企业需要招募的岗位更加适合，也可以使企业了解员工最需要的工作环境，通过为员工提供更加舒适的劳动环境来提高企业员工的满意度和生产效率。

四、霍兰德职业兴趣理论对于职业选择和职业成功的价值分析

对一项职业是否有兴趣是选择从事这项职业的决定性因素，对一项职业感兴趣能够帮助员工更好地完成工作。所以，公司对职业兴趣进行测验是必不可少的，它可以帮助从业者明确自己的职业兴趣方向，找到适合自己的职业。霍兰德职业兴趣理论指出员工是否对其所从事的职业感兴趣可以影响到该员工对所从事的职业是否满意，当员工所从事的职业和他的职业兴趣一致时，他就可以最大限度地发挥其内在潜能，从而提升工作质量。员工可以通过霍兰德职业兴趣理论来明确自己适合的并且喜欢的职业。霍兰德职业兴趣理论可以被应用在应届毕业生中，大学应届毕业生对于社会、对于兴趣了解较少，如果他们能够通过霍兰德职业兴趣理论找到自身的职业兴趣点，那么大学应届毕业生就可以更好地结合自身兴趣和专业来规划更加适合自己的职业。通过调查获得的结论是在大学生毕业之后有超过一半的毕业生对于自己将要涉足的领域和从事的职业非常迷茫，这时候大学生就可以通过霍兰德职业兴趣量表去检测自身的职业兴趣倾向。通过检测得知自身的职业兴趣倾向，帮助自己找到适合的职业。

但是比较矛盾的一点是通过自我兴趣调查，大学生或许会发现自身的职业兴趣倾向和自己所学的专业并没有交集，所以学生对自己进行职业兴趣倾向的检测应该在高中选文理科时，那么就能较早地做出适合自己的选择，也不会出现职业兴趣和自己所学专业不存在交集的矛盾现象。

但是鉴于同学往往对自己所学专业不甚了解，因此，在大学入学后进行职业兴趣测试也为时不晚。ISEC 专业的学生应尽早明确自我认知，更好地为以后的学习打下基础。为了使自己在校期间能够明确需要发展和培养哪些技能才能胜任自己心仪的工作，学生应该对心仪工作所需要的技能进行了解，并不断提升自己的相关技能，为以后顺利胜任工作打下坚实的基础。

五、霍兰德职业兴趣测量表

人的个性与职业有着密切的关系，不同职业对从业者的人格特征要求是有差距的，如果通过科学的测试，可以预知自己的个性特征，这有助于选择适合自己发展的职业。《职业价格自测问卷》可以帮助自己进行个性自评，从而了解自己的个性特征更适合从事哪方面的工作。

请根据对每一题目的第一印象回答，不必仔细推敲，答案没有好坏、对错之分。具体填写方法是，根据自己的情况，如果选择"是"，请打"√"，否则请打"×"。

（1）我喜欢把一件事情做完后再做另一件事。　　　　　（　　　　）
（2）在工作中我喜欢独自筹划，不愿受别人干涉。　　　（　　　　）
（3）在集体讨论中，我往往保持沉默。　　　　　　　　（　　　　）
（4）我喜欢做戏剧、音乐、歌舞、新闻采访等方面的工作。（　　　　）
（5）每次写信我都一挥而就，不再重复。　　　　　　　（　　　　）
（6）我经常不停地思考某一问题，直到想出正确的答案。（　　　　）
（7）对别人借我的和我借别人的东西，我都能记得很清楚。（　　　　）
（8）我喜欢抽象思维的工作，不喜欢动手的工作。　　　（　　　　）
（9）我喜欢成为人们注意的焦点。　　　　　　　　　　（　　　　）
（10）我喜欢不时地夸耀一下自己取得的好成就。　　　（　　　　）
（11）我曾经渴望有机会参加探险。　　　　　　　　　（　　　　）
（12）当我一个独处时，会感到更愉快。　　　　　　　（　　　　）
（13）我喜欢在做事情前，对此事情做出细致的安排。　（　　　　）
（14）我讨厌做修理自行车、电器一类的工作。　　　　（　　　　）

（15）我喜欢参加各种各样的聚会。　　　　　　　　　（　　　　）

（16）我愿意从事虽然工资少，但是比较稳定的职业。（　　　　）

（17）音乐能使我陶醉。　　　　　　　　　　　　　　（　　　　）

（18）我办事很少思前想后。　　　　　　　　　　　　（　　　　）

（19）我喜欢经常请示上级。　　　　　　　　　　　　（　　　　）

（20）我喜欢需要运用智力的游戏。　　　　　　　　　（　　　　）

（21）我很难做那种需要持续集中注意力的工作。　　　（　　　　）

（22）我喜欢亲自动手制作一些东西，从中得到乐趣。（　　　　）

（23）我的动手能力很差。　　　　　　　　　　　　　（　　　　）

（24）和不熟悉的人交谈对我来说毫不困难。　　　　　（　　　　）

（25）和别人谈判时，我总是很容易放弃自己的观点　（　　　　）

（26）我很容易结识同性别朋友。　　　　　　　　　　（　　　　）

（27）对于社会问题，我通常持中庸的态度。　　　　　（　　　　）

（28）当我开始做一件事情后，即使碰到再多的困难，我也要执着地干下去。

（　　　　）

（29）我是一个沉静而不易动感情的人。　　　　　　　（　　　　）

（30）当我工作时，我喜欢避免干扰。　　　　　　　　（　　　　）

（31）我的理想是当一名科学家。　　　　　　　　　　（　　　　）

（32）与言情小说相比，我更喜欢推理小说。　　　　　（　　　　）

（33）有些人太霸道，有时明明知道他们是对的，也要和他们对着干。

（　　　　）

（34）我爱幻想。　　　　　　　　　　　　　　　　　（　　　　）

（35）我总是主动地向别人提出自己的建议。　　　　　（　　　　）

（36）我喜欢使用榔头一类的工具。　　　　　　　　　（　　　　）

（37）我乐于解除别人的痛苦。　　　　　　　　　　　（　　　　）

（38）我更喜欢自己下了赌注的比赛或游戏。　　　　　（　　　　）

（39）我喜欢按部就班地完成要做的工作。　　　　　　（　　　　）

（40）我希望能经常换不同的工作来做。　　　　　　　（　　　　）

（41）我总留有充裕的时间去赴约会。　　　　　　　　（　　　　）

（42）我喜欢阅读自然科学方面的书籍和杂志。　　　　（　　　　）

（43）如果掌握一门手艺并能以此为生，我会感到非常满意。

（　　　　）

（44）我曾渴望当一名汽车司机。　　　　　　　　　（　　　）

（45）听别人谈"家中被盗"一类的事，很难引起我的同情。

　　　　　　　　　　　　　　　　　　　　　　　　（　　　）

（46）如果待遇相同，我宁愿当商品推销员，而不愿当图书管理员。

　　　　　　　　　　　　　　　　　　　　　　　　（　　　）

（47）我讨厌跟各类机械打交道。　　　　　　　　　（　　　）

（48）我小时候经常把玩具拆开，把里面看个究竟。　（　　　）

（49）当接受新任务后，我喜欢以自己独特的方法去完成它。（　　　）

（50）我有文艺方面的天赋。　　　　　　　　　　　（　　　）

（51）我喜欢把一切安排得整整齐齐、井井有条。　　（　　　）

（52）我喜欢做一名教师。　　　　　　　　　　　　（　　　）

（53）和一群人在一起的时候，我总想不出恰当的话来说。（　　　）

（54）看情感影片时，我常禁不住眼圈泛红。　　　　（　　　）

（55）我讨厌学数学。　　　　　　　　　　　　　　（　　　）

（56）在实验室里独自做实验会令我寂寞难耐。　　　（　　　）

（57）对于急躁、爱发脾气的人，我仍能以礼相待。　（　　　）

（58）遇到难解答的问题时，我常常放弃。　　　　　（　　　）

（59）大家公认我是一名勤劳踏实、愿为大家服务的人（　　　）

（60）我喜欢在人事部门工作。　　　　　　　　　　（　　　）

职业人格的类型：（符合以下"是"或"否"答案的记 1 分，不符合的记 0 分）

常规型："是"（7、19、29、39、41、51、57），"否"（5、18、40）。

现实型："是"（2、13、22、36、43），"否"（14、23、44、47、48）。

研究型："是"（6、8、20、30、31、42），"否"（21、55、56、58）。

管理型："是"（11、24、28、35、38、46、60），"否"（3、16、25）。

社会型："是"（26、37、52、59），"否"（1、12、15、27、45、53）。

艺术型："是"（4、9、10、17、33、34、49、50、54），"否"（32）。

请将得分最高的三种类型从高到低排列，得出一个（或两个）三位组合答案，再对照《人格类型与职业环境的匹配》（见表 6-1）和《测试结果与职业匹配对照表》得出人格类型所匹配的职业。

表6-1　人格类型与职业环境的匹配

类型	人格倾向	典型职业
现实型（R）	具有顺从、坦率、谦虚、自然、坚毅、实际、有礼貌、害羞、稳健、节俭的特征，表现为： （1）喜爱实用性的职业或情境，以从事所喜好的活动，避免社会性的职业或情境 （2）用具体实际的能力解决工作及其他方面的问题，较缺乏人际关系方面的能力 （3）重视具体的事物，如金钱、权力、地位等	工人、农民、土木工程师
研究型（I）	具有分析、谨慎、批评、好奇、独立、聪明、内向、条理、谦逊、精确、理性、保守的特征，表现为： （1）喜爱研究性的职业或情境，避免企业性的职业或情境 （2）用研究的能力解决工作及其他方面的问题，即自觉、好学、自信、重视科学，但缺乏领导方面的才能	科研人员、数学、生物方面的专家
艺术型（A）	具有复杂、想象、冲动、独立、直觉、无秩序、情绪化、理想化、不顺从、有创意、富有表情、不重实际的特征，表现为： （1）喜爱艺术性的职业或情境，避免传统性的职业或情境 （2）富有表达能力、独立、具有创意、不顺从，并重视审美领域	诗人、艺术家
社会型（S）	具有合作、友善、慷慨、助人、仁慈、负责、圆滑、善社交、善解人意、说服他人、理想主义等特征，表现为： （1）喜爱社会型的职业或情境，避免实用性的职业或情境，并以社交方面的能力解决工作及其他方面的问题，但缺乏机械能力与科学能力 （2）喜欢帮助他人、了解他人，有教导他人的能力，且重视社会与伦理的活动与问题	教师、牧师、辅导人员
企业型（E）	具有冒险、野心、独断、冲动、乐观、自信、追求享受、精力充沛、善于社交、获取注意、知名度等特征，表现为： （1）喜欢企业性质的职业或环境，避免研究性质的职业或情境，会以企业方面的能力解决工作或其他方面的问题 （2）自信、善社交、知名度高、有领导与语言能力，缺乏科学能力，但重视政治与经济上的成就	推销员、政治家、企业家
常规型（C）	具有顺从、谨慎、保守、自控、服从、规律、坚毅、实际稳重、有效率等特征，但缺乏想象力，表现为： （1）喜欢传统性质的职业或环境，避免艺术性质的职业或情境，会以传统的能力解决工作或其他方面的问题 （2）顺从、规律、有文书与数字能力，并重视商业与经济上的成就	出纳、会计、秘书

六、测试结果与职业匹配对照表

RIA：牙科技术员、陶工、建筑设计员、模型工、细木工、制作链条人员。

RIS：厨师、林务员、跳水员、潜水员、染色员、电器修理、眼镜制作、电工、纺织机器装配工、服务员、装玻璃工人、发电厂工人、焊接工。

RIE：建筑和桥梁工程技术人员、环境工程技术人员、航空工程技术人员、公路工程技术人员、电力工程技术人员、信号工程技术人员、电话工程技术人员、一般机械工程技术人员、自动工程技术人员、矿业工程技术人员、海洋工程技术人员、交通工程技术人员、制图员、家政经济人员、计量员、农民、农场工人、农业机械操作员、清洁工、无线电修理、汽车修理工、手表修理工、管工、线路装配工、工具仓库管理员。

RIC：船上工作人员、接待员、杂志保管员、牙医助手、制帽工、磨坊工、石匠、机器制造工、机车（火车头）制造工、农业机器装配工、汽车装配工、缝纫机装配工、钟表装配和检验员、电动器具装配工、鞋匠、锁匠、货物检验员、电梯机修工、装配工、托儿所所长、钢琴调音员、印刷工、建筑工、卡车司机。

RAI：手工雕刻人员、玻璃雕刻人员、制作模型人员、家具木工、制作皮革品人员、手工绣花人员、手工钩针纺织人员、排字工、印刷工、图画雕刻工、装订工。

RSE：消防员、交通巡警、警察、门卫、理发师、房间清洁工、屠夫、锻工、开凿工人、管道安装工、出租汽车驾驶员、货物搬运工、送报员、勘探员、娱乐场所服务员、起卸机操作工、灭害虫者、电梯操作工、厨房助手。

RSI：纺织工、编织工、农业学校教师、某些职业课程教师（诸如艺术商业、技术、工艺课程）、雨衣上胶工。

REC：抄水表员、保姆、实验室动物饲养员、动物管理员。

REI：轮船船长、航海领航员、大副、试管实验员。

RES：旅馆服务员、家畜饲养员、渔民、渔网修补工、水手长、收割机操作工、搬运行李工人、公园服务员、救生员、登山导游、火车工程技术员、建筑工、铺轨工人。

RCI：测量员、勘测员、仪表操作者、农业工程技术员、化学工程技师、民用工程技师、石油工程技师、资料室管理员、探矿工、煅烧工、烧窑工、矿工、炮手、保养工、磨床工、取样工、样品检验员、纺纱工、漂洗工、电焊工、锯木工、刨床工、制帽工、手工缝纫工、油漆工、染色工、按摩工、木匠、建筑工、电影放映员、勘测员助手。

RCS：公共汽车驾驶员、一等水手、游泳池服务员、裁缝、建筑工、石匠、烟囱修建工、混凝土工、电话修理工、爆炸手、邮递员、矿工、裱糊工人、纺纱工。

RCE：打井工、吊车驾驶员、农场工人、邮件分类员、铲车司机、拖拉机司机。

IAS：普通经济学家、农场经济学家、财政经济学家、国际贸易经济学家、实验心理学家、工程心理学家、心理学家、哲学家、内科医生、数学家。

IAR：人类学家、天文学家、化学家、物理学家、医学病理学家、动物标本剥制者、化石修复者、艺术品管理者。

ISE：营养学家、饮食顾问、火灾检查员、邮政服务检查员。

ISC：侦察员、电视播音室修理员、电视修理服务员、验尸室人员、编目录者、医学检验技师、调查研究者。

ISR：水生生物学者、昆虫学者、微生物学家、配镜师、矫正视力者、细菌学家、牙科医生、骨科医生。

ISA：实验心理学家、普通心理学家、发展心理学家、教育心理学家、社会心理学家、临床心理学家、目标学家、皮肤病学家、精神病学家、妇产科医师、眼科医生、五官科医生、医学实验室技术专家、医务人员、护士。

IES：细菌学家、生理学家、化学专家、地质专家、地理物理学专家、纺织技术专家、医院药剂师、工业药剂师、药房营业员。

IEC：档案保管员、保险统计员。

ICR：质量检验技术员、地质学技师、工程师、法官、图书馆技术辅导员、计算机操作员、医院听诊员、家禽检查员。

IRA：地理学家、地质学家、声学物理学家、矿物学家、古生物学家、石油学家、地震学家、气象学家、原子和分子物理学家、电学和磁学物理学家、设计审核员、人口统计学家、数学统计学家、外科医生、城市规划家、气象员。

IRS：流体物理学家、物理海洋学家、等离子体物理学家、农业科学家、动物学家、食品科学家、园艺学家、植物学家、细菌学家、解剖学家、动物病理学家、作物病理学家、药物学家、生物化学家、生物物理学家、细胞生物学家、临床化学家、遗传学家、分子生物学家、质量控制工程师、地理学家、兽医、放射性治疗技师。

IRE：化验员、化学工程师、纺织工程师、食品技师、渔业技术专家、材料和测试工程师、电气工程师、土木工程师、航空工程师、行政官员、冶金专家、原子核工程师、陶瓷工程师、地质工程师、电力工程量、口腔科医生、牙科医生。

IRC：飞机领航员、飞行员、物理实验室技师、文献检查员、农业技术专家、生物技师、动植物技术专家、油管检查员、工商业规划者、矿藏安全检查员、纺织品检验员、照相机修理者、工程技术员、程序者、工具设计者、仪器维修工。

CRI：会计、记时员、铸造机操作工、打字员、按键操作工、复印机操作工。

CRS：仓库保管员、档案管理员、缝纫工、讲述员、收款人。

CRE：标价员、实验室工作者、广告管理员、自动打字机操作员、电动机装配工、缝纫机操作工。

CIS：记账员、顾客服务员、报刊发行员、土地测量员、保险公司职员、会计师、估价员、邮政检查员、外贸检查员。

CIE：打字员、统计员、支票记录员、订货员、校对员、办公室工作人员。

CIR：校对员、工程职员、海底电报员、检修计划员。

CSE：接待员、通讯员、电话接线员、卖票员、旅馆服务员、私人职员、商学教师、旅游办事员。

CSR：运货代理商、铁路职员、交通检查员、办公室通讯员、出纳员、银行财务职员。

CSA：秘书、图书管理员。

CER：邮递员、数据处理员。

CEI：推销员、经济分析家。

CES：银行会计、记账员、法人秘书、速记员、法院报告人。

ECI：银行行长、审计员、信用管理员、地产管理员、商业管理员。

ECS：信用办事员、保险人员、各类进货员、海关服务经理、售货员、购买员、会计。

ERI：建筑物管理员、工业工程师、护士长、农场管理员、农业经营管理人员。

ERS：仓库管理员、房屋管理员、货栈监督管理员。

ERC：邮政局长、渔船船长、机械操作领班、木工领班、瓦工领班、驾驶员领班。

EIR：科学、技术和有关周期出版物的管理员。

EIC：专利代理人、鉴定人、运输服务检查员、安全检查员、废品收购人员。

EIS：警官、侦察员、交通检验员、安全咨询员、合同管理者、商人。

EAS：法官、律师、公证人。

EAR：展览室管理员、舞台管理员、播音员、驯兽员。

ESC：理发师、裁判员、政府行政管理员、财政管理员、工程管理员、售货员、职业病防治员、商业经理、办公室主任、人事负责人、调度员。

ESR：家具售货员、书店售货员、公共汽车驾驶员、日用品售货员、护士长、自然科学和工程的行政领导。

ESI：博物馆管理员、图书馆管理员、古迹管理员、饮食业经理、地区安全服务管理员、技术服务咨询者、超级市场管理员、零售商品店店员、批发商、出租汽车服务站调度员。

ESA：博物馆馆长、报刊管理员、音乐器材售货员、广告商售画营业员、导游、（轮船或班机上的）事务长、飞机上的服务员、船员、法官、律师。

ASE：戏剧导演、舞蹈教师、广告撰稿人、报刊作者、专栏作者、记者、演员、英语翻译。

ASI：音乐教师、乐器教师、美术教师、管弦乐指挥、合唱队指挥、歌星、演奏家、哲学家、作家、广告经理、时装模特。

AER：新闻摄影师、电视摄影师、艺术指导、录音指导、丑角演员、魔术师、木偶戏演员、骑士、跳水员。

AEI：音乐指挥、舞台指导、电影导演。

AES：流行歌手、舞蹈演员、电影导演、广播节目主持人、舞蹈教师、口技表演者、喜剧演员、模特。

AIS：画家、剧作家、编辑、评论家、时装艺术大师、新闻摄影师、男演员、文学作者。

AIE：花匠、皮衣设计师、工业产品设计师、剪影艺术家、复制雕刻品大师。

AIR：建筑师、画家、摄影师、绘图员、雕刻家、环境美化工、包装设计师、绣花工、陶器设计师、漫画工。

SEC：社会活动家、退伍军人服务官员、工商会事务代表、教育咨询者、宿舍管理员、旅馆经理、饮食服务管理员。

SER：体育教练、游泳指导。

SEI：大学校长、学院院长、医院行政管理员、历史学家、家政经济学家、职业学校教师、资料员。

SEA：娱乐活动管理员、国外服务办事员、社会服务助理、一般咨询者、宗教教育工作者。

SCE：部长助理、福利机构职员、生产协调人、环境卫生管理人员、戏院经理、餐馆经理、售票员。

SRI：外科医师助手、医院服务员。

SRE：体育教师、职业病治疗者、体育教练、专业运动员、房管员、儿童家庭教师、警察、引座员、传达员、保姆。

SRC：护理员、护理助理、医院勤杂工、理发师、学校儿童服务人员。

SIA：社会学家、心理咨询者、学校心理学家、政治科学家、大学或学院的系主任、大学或学院的教育学教师、大学农业教师、大学法律教师、大学工程和建筑课程的教师、大学数学教师、大学医学教师、大学物理教师、大学社会科学教师、大学生命科学教师、研究生助教、成人教育教师。

SIE：营养学家、饮食学家、海关检查员、安全检查员、税务稽查员、校长。

SIC：描图员、兽医助手、诊所助理、体检检查员、娱乐指导者、监督缓刑犯的工作者、咨询人员、社会科学教师。

SIR：理疗员、救护队工作人员、手足病医生、职业病治疗助手。

第七章　ISEC 学生能力探索

第一节　能力与生涯发展的关系

在对个体工作适应问题进行多年研究后，心理学家罗圭斯特与戴维斯提出了明尼苏达工作适应论。他们认为：感到"内在满意"的条件是工作环境能够满足个人的需要；感到"外在满意"的条件是个人能够满足工作的要求。如果个人能够同时感到内在满意和外在满意时，那么个人与环境之间的关系就比较协调，个人对工作的满意度也会比较高，在自己的工作领域中也能长久发展。能力在衡量"内在满意"和"外在满意"这两个指标中占有非常重要的地位。通过衡量个人职能与工作技能要求之间的配合程度来对"外在满意"进行评估；在"内在满意"方面，则主要通过衡量个人价值观与企业文化及奖惩制度之间的配合程度来评估。我们可以看到，个人选择职业时希望能够得到满足的需求就是做自己可以胜任的工作、在工作中培养自己的才能、将自己的潜力发挥到最大化。由此可见，能力与个人的职业满意度、工作适应性以及职业稳定性具有直接的关系。

第二节　能力的分类

当一个人所拥有的能力和工作的要求相匹配时，则这个人就很容易将自己的才能表现出来，并获得满足感。相反，如果一个人去做自己能力达不到的工作时，他就会感到厌烦，对工作失去信心和耐心，最后会产生强烈的挫败感。但当一个人的能力远远超出工作的要求时，就会觉得工作缺乏挑战性。这就提醒我们在选择职业时，要寻找个人能力与职业技能要求相匹配的岗位。我们需要清楚能力有哪些分类，从而清楚自己具备什么样的能力与职业要求什么样的能力。

一、能力倾向和技能

能力倾向指每个人与生俱来的特殊才能，如音乐、运动能力等。不过这些才能也可能因为未被开发而消失。因此，这种特殊才能是一种潜能。例如，有的人天生就对音乐敏感、节奏感很好，但这些人并不都可以像贝多芬、莫扎特一样成为著名的音乐家。这是因为他们没有机会去培养这方面的能力，没有条件支持他们去发展该能力。因此，遗传、环境和文化都可以影响天赋的发展。

技能（Skill）则指经过后天学习和练习培养而成的能力，如阅读能力、人际交往能力、表达能力等。在成长的过程中，其实我们每个人都在不断地学习技能并且获得技能，我们从一名什么也不懂的小孩儿成长到一名可以自己照顾自己、能够与他人合作交流的成年人。

在现实生活中，能力倾向和技能水平共同决定了个人的能力水平。例如，郭晶晶能获得奥运会冠军，这中间既有她先天良好的个人身体素质，也离不开她后天勤奋刻苦的技能训练。但要注意的是，不能将能力与勤奋刻苦混为一谈。例如，我们常常听到某人说"我这方面的能力不行"，那么，这个人是真的不具备这方面的天赋，还是缺乏机会培养和练习该方面的能力。事实上，像人际交往能力、沟通能力等，主要依赖于后天的练习。许多人由于少年时期家庭教育匮乏、家长只注重学习成绩而忽视了其他的技能导致人际交往技能不佳。在成年以后，这些人可以通过听讲座、看书、向人请教乃至心理咨询等方式改善自己这些方面的技能。正如"勤能补拙"一样，先天的不足可以通过后天的努力而得到弥补。如邓亚萍，虽然作为乒乓球运动员其先天条件并不好，但邓亚萍通过后天的刻苦训练还是取得了惊人的成就。很多人在成年之后就不愿意去挑战、学习新鲜事物，在自己的舒适圈中不愿意尝试，但其实每个人都有学习、成长的能力。如果我们敢于不断挑战、刻苦学习，并且勇敢无畏，不惧怕挫折与失败，那么我们也可以通过后天的勤奋练习获得很多技能。

与能力相关的还有一个重要概念，就是自我效能感（Self-Efficacy）。所谓自我效能感，指个人对自己是否有能力完成某一行为所进行的推测与判断。

研究发现，在实际生活和工作中，对个人行为起决定作用的往往不是个人实际能力的高低，而是个人的自我效能感。例如，一份关于男女薪酬差异的调查指出，男女两性在薪酬上的差异部分来自于女性的数学水平普遍低于男性，通常薪酬高的职业要求从业者拥有比较高的数学能力。而女性在数学学习上的弱势并非由于女性天生不擅长数学，更主要的原因是相对男性而言的，女性对自身学习数学的能力缺乏信心，从而倾向于在该科目上花费更少的时间。同样，成人学习人际交往技能或学习英语并不比孩子学习走路更难，唯一的区别可能在于：我们认为孩子都能学会走路，但我们却常常怀疑自己能否学会与人交往。在心理咨询中我们也常看到有些人能力不错，也得到他人的很多肯定，但由于自卑的原因而束缚了自己，从而导致做事畏首畏尾，不能充分发挥自己的才能。这些都充分说明了自我效能感对个人发展的影响。

二、知识技能

知识技能指那些需要通过教育或者培训才能获得的知识和能力，也就是个人所学习的科目、所懂得的知识。例如，你是否掌握外语、中国古代历史、电脑编程或化学元素周期表等知识？知识技能一般用名词来表示。知识技能是不能被转移的，是通过有意进行学习才能掌握的技能。通常这些知识技能与我们的专业或从事的工作有直接的联系。也正是因为存在这样的联系，许多大学生在找工作时就容易陷入一种困境：一方面，他们不喜欢自己学习的专业，但又认为从事的工作必须与所学专业相关；另一方面，如果从事自己喜欢的行业，但与专业并不相符，自己缺少基本的专业学习，与该专业的人相比缺少竞争力，即便能够进入该行业内也需要经过艰苦的学习。

实际上，并不是只有通过针对性的教育才能获得知识技能。除了系统地学习课程，一些课外学习，例如专业会议讲座、研讨会、资格认证考试等都是个人获得知识技能的有效途径。此外，很多公司会对新入职的员工进行必要的岗前培训，例如，某著名会计师事务所其第一年培训的主要内容是帮助非专业学生补充财会知识。由此可见，即使是一些类似会计师等专业要求较高的职业技能，也可以通过就职后的岗位培训获得。实际上，越是大规模的公司，越是重视员工的个人综合素质（"自我管理技能"与"可迁移技能"），而并不过度在意员工是否已经具备专业知识。因此，不少外企在校园招聘时不会将专业背景作为选择的首要条件。

因此，如果希望从事非本专业的工作而又不愿进行专门的学习，仍然能够通过多种途径获得相关的知识技能。在实际招聘中，专业知识技能并不是用人机构看重的唯一要素。事实上，知识技能的重要性被人们过度夸大，以至于许多学生在校内选修多种课程，并因要通过资格考试而参加各种类型的培训班，这些努力只为了能够在简历上写下自己的学习成绩、获得的证书、拿到的奖学金，从而希望通过这些成绩来证明自己具备的知识技能。然而在简历上大量堆砌一些知识技能不仅会给人一种庞杂的感觉，也不能让招聘人员直接获取自己想要得到的信息。实际上，有机会进入面试的应聘者大部分因为简历上表述的知识技能基本达到了应聘职位的要求；能够进入最后一轮面试的应聘者实际上都是能够胜任职位所需专业技能的人；最终获得工作机会，并能够在工作中得到长远发展的人是依靠自我管理技能和可迁移技能。

现实中，出现大学生就业难的问题在一定程度上是因为大学生在校期间忽视了对自我管理技能和可迁移技能的提升。从专业知识这一方面来看，大部分接受过正规高等教育、合格毕业的大学生都能够达到工作的要求。那么是什么原因让用人单位对刚毕业的大学生普遍不满呢？在 2005 年发布的一份名为《应对中国隐现的人才短缺》的报告中，著名咨询公司麦肯锡指出，中国今年的大学毕业生将达 310 万名，是美国毕业生的两倍之多。但众多的毕业生中具备从事服务行业必须技能的只有极少数；工程类求职者在学习中偏重理论，但缺少项目参与或团队协作的经验；英语表达能力较弱，求职者中能够满足跨国公司要求的不足 10%。从用人单位在招聘过程中的反馈中可以得出，大学生具备基础的知识技能，但缺少敬业精神和沟通能力等自我管理技能和可迁移技能。因此，大学生在校期间除了学习专业知识外，还应该加强自我管理技能和可迁移技能的培养。

我们可以发现，现在对于复合型人才的需求越来越多，而复合型人才正是那些同时拥有多项不同专业技能的人，这种技能的组合让求职者在市场上更具有竞争力。所以从这个方面而言，你所学的任何一项技能在未来都有可能派上用场。例如，小李是英语专业的学生，他的理想是成为一名出色的市场营销人员，如果他在市场营销过程中遇到外籍人员，那么他的英语专业一定能帮助他脱颖而出。

1. 专业技能的发现

（1）你在大学时期系统学习过的专业是什么？

（2）你的大学开设了哪些专业课？

（3）除专业课外，你是否还选修了其他课程？

（4）你参加过哪些相关培训？

（5）你最近在看什么书？

2. 专业知识技能的获得

专业知识技能并不是只有通过正规专业教育才能获得。专业知识技能能够通过以下途径获得：

（1）学校课程。

（2）课外培训班、辅导班、资格认证考试。

（3）专业会议、讲座或研讨会。

（4）自主学习。

（5）爱好、娱乐休闲。

（6）社会实践、社团活动。

（7）上岗培训。

三、自我管理技能

自我管理技能常常被认为是一种个人特质而不是个人技能，所以会被用来描述或说明某个人具备的一些特质。它一般被用来描述在不同的情境下个体会怎样管理自己，即创新还是循规蹈矩，认真还是敷衍了事，在压力下能否依旧保持镇定、对工作富有热情，是否自信等。一个拥有自我管理技能的人能更好地适应周围的环境，应对工作中出现的突发情况，因此自我管理技能也被称为"适应性技能"。一个人如何运用自己的专业知识、怎样开展工作，这些与工作内容本身相比更为重要。这样的品质和态度能够让求职者在同类竞争者中脱颖而出，最终获得工作机会，在工作中做出成绩，实现加薪和晋升。所以，这种品质也被称作"成功所需要的品质，个人最宝贵的财富"。

事实上，很多被解雇离职的员工不是因为专业能力不足，而是因为自我管理技能缺乏。经常能在用人单位听到管理者对刚毕业的大学生的评价，即缺少敬业精神、没有服务意识、眼高手低、不认真不踏实等，而这些内容恰恰属于自我管理技能范畴。很多大学生因为从小被父母、老师呵护，从而缺乏自我管理意识，在面对工作和处理人际关系上往往不够成熟，习惯以自我为中心。而企业要求员工理性、有担当、能独立解决问题的成年人。可以说，大学生能够在进入社会之前培养出优秀的自我管理技能是至关重要的。

自我管理技能无论是天生的还是后天习得的，都需要不断地加以练习。无论是在生活领域中还是在工作领域中，诸如耐心、负责、热情等自我管理能力是要在日常生活中加以培养和训练的。

1. 自我管理技能的发现

（1）请用五个形容词来描述你的优点。

（2）在老师眼里，你是一名什么样的学生？

（3）你的同学通常怎么评价你？

（4）通常，你给人留下的最深印象是什么？

（5）你觉得自己身上最明显的特征是什么？

2. 自我管理技能的关键词

自我管理技能的关键词如表 7-1 所示。

表 7-1　自我管理技能的关键词

学术的——知识渊博的、博学的	机敏的——富有应变能力的、警觉的
精确的——准确的、正确的	好分析的——逻辑的、批判的
精通的——娴熟的、内行的、熟练的	艺术的——美学的、优雅的
胆大的——勇敢的、冒险的	随和的——放松的、随意的
坚持己见的——强调的、坚持的	雄辩的——鼓舞人心的、精神饱满的
留心（细节）的——观察敏锐的	同情的——理解的、关心的
吸引人的——漂亮的、英俊的	着重的——强调的、有力的、有把握的
平衡的——公平的、公正的、无私的	进取的——冒险的、努力的
心胸开阔的——宽容的、开明的	热情的——热切的、热烈的、兴奋的

四、可迁移技能

　　一个人所掌握的事就是他所拥有的可迁移技能，例如计算、活动组织、设计等。可迁移技能可以在生活的各个方面中得到发展，然后迁移应用于不同的工作情景中。例如，宿舍内产生矛盾时，宿舍长可以组织室友们共同讨论，协商解决。宿舍长在解决问题时就用到了组织、商讨、管理等可迁移技能。这些技能或多或少都能运用在各种工作中，因此也被称为通用技能，是一个人能够持续运用和依靠的技能。

　　随着信息时代和新技术的飞速发展，知识加速更新，个体只有不断学习新的知识技能才能跟上时代的发展。而可迁移技能没有所谓的更新换代，无论你的需求和工作环境怎样变化，它们都能够被运用。而且随着我们工作和生活经历的不断丰富，可迁移技能还会不断地得到发展。所以，可迁移技能是不容忽视的重要能力。索尼技术中心会计部经理曾说："我在聘用一个人时，最为看重的是他的人际沟通能力。这项能力极其重要，因为与人交谈才能获得重要的信息。我把80%的时间用在与索尼其他部门打交道上，我的员工也花费了大量时间与本部门之外的人打交道。"

实际上，对知识技能的运用也是建立在可迁移技能的基础上的。例如，你通过专业学习得到了动物学相关的知识技能，但怎样才能运用到实际生活、工作中呢？是成为一名教师"讲授"动物学，还是当一名宠物医生"治疗"宠物，或在流浪动物协会帮助"照料"小动物？这些加双引号的词所指的能力都是可迁移技能。你以前可能没有从事过教师的职业，但是通过给他人当家教或在课堂上汇报讲解小组科研项目等经历而具备"教学"技能。当你把"教学"技能与"动物学"知识结合在一起时，你就可以去应聘相关的职位了。

从这个意义上讲，在求职的时候，尽管你从来没有从事过某个职务，但只要你具备岗位要求的各项技能，你就能够证明自己是有能力胜任这个岗位的。因此，即便你并不是专业"科班"出身，仍然有可能跨越专业的局限进入自己喜欢的行业，特别是那些对知识技能要求不高而对可迁移技能要求高的职业。

1. 可迁移技能的发现

（1）你通常会做哪些事情？

（2）你有过社会实践的经历吗？请简述。

（3）你认为有哪些词汇能准确描述你的工作能力呢？

（4）你觉得自己相对突出的工作能力有哪些？

（5）你是凭借哪些能力胜任这项工作的？

2. 获取可迁移技能的途径

（1）进行实践、总结反思。

（2）参加针对性训练。

（3）业余爱好、休闲娱乐、社团活动、家庭职责。

3. 可迁移技能描述词汇

预测、收集、联络、训练、申请、着色、咨询、驾驶、评价、交流、声称、编辑、决定、忍耐、评估、完成、定义、加强、协助、构成、促进、领导、生产、分享、喂养、学习、编程、运送、感受、搬运、提升、演出、填充、倾听、校对、简化、融资、装载、保护、唱歌、调整、定位、提供、绘图、装配、维修、证明、交际、追随、制造、宣扬、分类、预见、伪造、操纵、提问、拼写、构成、阅读、阐述、测量、推理、激励、募捐、调停、推荐、精简、会见、调解、研究、记忆、记录、建议、给予、指导、招聘、总结、统治、减少、监督、示范、仲裁、支持、种植、恢复、审视、引导、修改、讲述、合成、处理、教导、收获、回忆、激发、前进、移动、遵守、指示、治愈、航行、修理、交谈、帮助、商讨、报告、传授、识别、描绘、趋向、举例、观察、测验、想象、获得、改造、适时、执行、操作、解决、贸易、改进、组织、修复、培训、创造、找回、翻译、增加、战胜、回顾、旅行、影响、包装、治疗、通知、绘画、改写、解决、问题、发起、参加、冒险、教导、发明、感觉、打字、检查、坚持、打磨、理解、鼓舞、说服、安排、更新、互动、倡导、拍摄、升级、解释、放置、雕塑、使用、计划、挑选、描述、介绍、发明、玩耍、设想、招待、调查、准备、建立、洗涤、判断、展示、编织、加工、塑造、写作、精确。

4. 能力与职业匹配

能力与职业匹配如表7-2所示。

表7-2　能力与职业匹配详细内容

能力	能力特点	适合职业
语言能力	理解能力和表达能力，能够准确、清晰地表达出自己的观点并和他人交流	教师、律师、咨询师等
计算能力	能够快速、准确地运算	会计、建筑师、药剂师等
空间想象能力	能够发现物体在空间运动中的联系，解决几何问题	建筑师、制图人员、数学家、裁缝等
感知能力	能够敏锐地发现物体或图像的相关细节	生物学家、医生、测量员、画家等
手眼协调能力	通过观察，能准确、快速地做出动作	驾驶员、运动员、网络游戏玩家、舞蹈演员等

第八章　对 ISEC 学生价值观的探索

在墨西哥海岸边有一个小渔村，村中有个美国商人坐在码头，看到一个划着小船的渔夫正在靠岸，船内有几条黄鳍金枪鱼。商人对渔夫能抓到这么高档的鱼称赞了一番，商人问渔夫："抓这么多鱼需要多久？"渔夫说："用不了多久就抓到了。"商人又问："那你为什么不再多待一会，多抓一些鱼呢？"渔夫说："这些鱼已经足够我们一家人的生活需要了！"商人又问："那么你一天剩下那么多时间都用来干什么呢？"渔夫回答道："我呀？每天都睡到自然醒，然后出海打鱼，回来后陪着孩子们玩耍；到了中午再睡个午觉，黄昏时溜达到村子里喝点小酒，跟哥儿们一起弹弹吉他。我的日子过得忙碌而充实呢！"

商人不以为然，给渔夫出主意，他说："我毕业于美国哈佛大学，是企业管理硕士，我可以帮忙让你更加富有。你每天多用些时间抓鱼，慢慢地你就有钱买条大渔船，就能抓更多的鱼，然后就能买更多的渔船，最后你就可以拥有一支船队。那么你就可以把大量的鱼直接卖给加工厂而非鱼贩子，你也可以自己开一家罐头工厂。这样你就可以控制从生产、加工到行销的整个产品链。你就可以离开这个小渔村，搬到墨西哥城、洛杉矶甚至是纽约，不断经营、扩充你的企业。"渔夫问："实现这些又需要花多少时间呢？"商人回答："15～20年。"渔夫问："然后呢？"商人大笑着说："然后你就能在家享福啦！时机一到，你就可以宣布公司上市，把公司的股份卖给其他人，到时候你就可以赚很多钱！然后你就可以退休，住到海边的小渔村。每天都睡到自然醒，然后出海，抓几条鱼，回来后陪着孩子们玩耍；到了中午再睡个午觉，黄昏时溜达到村子里喝点小酒，跟哥儿们一起弹弹吉他。"渔夫疑惑地说："我现在过的不就是这样的生活吗？"

这个广泛流传的故事体现了价值观对我们人生的主导作用：你想过什么样的生活？你想要的是什么？什么东西对你而言是有价值的、有意义的？什么样的原因打动你，让你坚持所从事的职业呢？

第一节　价值观概念

一、价值观的定义

价值观是一个人基于特定思维方式的认知，并以此做出理解、判断或选择，即人们认识事物并确定是非的一种思想或价值取向，从而反映出人、事、物价值或作用；在阶级社会中，不同阶级的人会有不同的价值观。

任何一种思想在没有被绝对否认之前，这种思想所形成的视角、背景、判断以及它所表明的意义，在一定程度上都有它的客观价值所在，而这种思想的价值则在于它被认可的程度跟意义，就是人对于这种思想的理解感知，这是人性思维里最简单、最真实的评定，人通过评定来判断一种思想是否伟大，并且这种思想又是否可以成为价值观。

舒伯认为，职业价值观是个人追求的与工作有关的目标，其也是个人在从事满足自己内在需求生活时所追求的工作特质或属性，它是个体价值观在职业问题上的反映。一方面表现为价值取向、价值追求，凝结为一定的价值目标；另一方面表现为价值尺度和准则，成为人们判断价值事物有无价值及价值大小的评价标准。如果个人的价值观一经确立，就会具有相对稳定性。但对于社会和群体来讲，随着人员和环境的变化，它们的价值观念会不断变化。传统的价值观念也会受到新价值观的冲击。价值观体系是由对事物的看法和评价在心中按照主次、轻重的排列次序构成的。价值观和价值观体系是决定人行为的心理基础。

二、价值观的基本特点

1. 稳定性和持久性

价值观具有相对的稳定性和持久性。人们的价值观在特定的时间、地点、条件下总是相对稳定和持久的。例如，对某一事物好或坏的看法和评价，在条件不变的情况下是不会发生改变的。

2. 历史性与选择性

在不同时代、不同社会生活环境下形成的价值观是不同的。一个人的价值观是从出生开始，在家庭和社会的影响下而逐渐形成的。一个人所运用的社会生产方式及其所处的经济地位，对其价值观的形成具有决定性影响。当然，媒体的宣传以及他人的观点与行为也会对一个人的价值观产生不容忽视的影响。

3. 主观性

主观性指用以区分好与坏的标准，是根据个人内心的尺度进行衡量和评价的标准，这些标准都可以称为价值观。

三、价值观的基本作用

1. 价值观对行为动机有导向作用

价值观能够支配和制约个人的行为动机，对动机模式产生深刻的影响。价值观不同的人，其动机模式、行为即使在同样的客观条件下也是不同的，只有那些经过价值判断被认为是可取的，才能转换为行为动机，并以此为目标引导人们的行为。

2. 价值观能够反映出人的认知和需求状况

价值观是人对客观世界及行为结果的评价和看法，因而，它也是个人人生观和价值观的反映，展示了人的主观认知世界。

第二节　价值观的研究

一、奥尔波特-弗农-林德西量表

奥尔波特-弗农-林德西量表的价值观研究，用以测量 6 种基本价值观的相对力量。该测验是根据德国哲学家施普兰格尔区分的 6 种理想价值型编制的。它们是：理论的（重经验、理性）、政治的（重权力和影响）、经济的（重实用、功利）、审美的（重形式、和谐）、社会的（重利他和情爱）及宗教的（重宇宙奥秘）。施普兰格尔认为，人们的生活方式朝着这 6 种价值观方向发展。6种价值观念的绝对划分并不表示有这 6 种典型人物存在，分类只是为了更好地理解。事实上，每个人都或多或少地具有这 6 种价值观，只是核心价值观因人而异。

二、莫里斯生活方式问卷

莫里斯于 1956 年提出包含 13 种生活方式的问卷，分别用 13 段长短相近的文字描述，各种生活方式所强调的内容不同，其重点是：

（1）保存人类最高的成就。个人参加社区群体生活是为了了解、学习和保留代表人类最高成就的东西，而非对其进行改变。

（2）培养独立性。一个人自主、独立、减少甚至避免依赖他人或外物，在自身的切实体验中领会生命的真谛。

（3）同情和关怀他人。时常对他人葆有同情和关怀，以温情的方式对待生活。

（4）体验欢乐与孤独。在生活中，群居与独处都是不可缺少的部分。

（5）在团体活动中实践和享受人生。参加社群团体，享受其中的友谊与合作，为实现共同目标而不断努力。

三、罗基奇价值系统理论

罗基奇于 1973 年提出价值调查表。罗基奇价值系统理论认为，各种价值观是按照一定的逻辑意义联结在一起的，它们按照一定的结构层次或价值系统而存在，价值系统是沿着价值观的重要性程度而形成的层次序列。罗基奇提出了两类价值系统。

1. 终极性价值系统

终极性价值系统用以表示存在的理想化终极状态或结果，其中包含的内容有：舒适的生活、振奋的生活、成就感、和平的世界、美丽的世界、平等、家庭保障、自由、幸福、内心平静、成熟的爱、国家安全、享乐、灵魂得到拯救、自尊、社会承认、真正的友谊、智慧。

2. 工具性价值系统

工具性价值系统是达到理想化终极状态所采用的行为方式或手段，其中包含的内容有：有抱负、心胸宽广、有才能、快活、整洁、勇敢、助人、诚实、富于想象、独立、有理智、有逻辑性、钟情、顺从、有教养、负责任、自控、仁慈。

罗基奇的价值调查表在 18 项终极性价值项目和 18 项工具性价值项目后都有一段简短的描述。在进行测试时，被测者需要按照这些价值对自己的重要程度进行排序，第 1 位到第 18 位按照最重要到最不重要依次排列。通过这个量表，可以测得对于不同的人、不同的价值在他们心中的相对位置和重要程度。由于该量表是在一定理论框架指导下得出的，其中包含较多价值项目且简洁清晰，所以能够让被测者轻易地掌握，也便于进行测试。这种研究方法是将各种价值观置于整个系统中，更能体现价值观的系统性和整体性。

四、格雷夫斯价值观七等级理论

由于个人的背景、经历不同，也形成了多种价值观。行为科学家格雷夫斯通过对企业组织人员进行调查，分析他们的价值观和生活作风，最终将复杂的价值观概括为七个等级：

第一级为反应型。这种人按照基本的生理需求做出反应，不考虑其他条件是否适合，认为自己和周围的人并不是作为人类而存在的。相当于婴儿，在生活中非常少见。

第二级为部落型。这种人具有很强的依赖性，习惯于服从传统和权势。

第三级为自我中心型。这种人奉行冷酷的个人主义，自私和爱挑衅，服从于权力。

第四级为坚持己见型。这种人难以忍受模糊的意见，很难接受不同于自己的价值观，更希望自己的价值观能够被别人接受。

第五级为玩弄权术型。这种人为了达到自己的目的，选择操纵别人，更改事实，为获得地位和提高社会影响力不断努力，十分现实。

第六级为社交中心型。这种人更看重自己能够被他人喜欢和与他人相处，被坚持现实主义、权力主义的人所反感。

第七级为存在主义型。这种人能够很大程度地容忍不明确的意见和不同的观点，对工作中存在的一些问题也敢于直接说明。

自这个等级分类发表后，管理学家迈尔斯等在 1974 年就美国企业的现状进行了对照研究。他们认为，一般企业人员的价值观分布于第二级到第七级之间，而对于管理人员来说，从过去的第四级和第五级逐渐向第六级、第七级变化。

价值的含义是非常复杂的，在不同的语境中具有不同的含义。在哲学中，价值的一般本质在于，它是现实的人的需要与事物属性之间的一种关系。某种事物或现象具有价值，就是该事物或现象能够满足人们的某种需要，并成为人们的兴趣和目标所在。在日常生活中，我们会经常遇到关于价值的问题，例如做出某种行为时要考虑"值不值得",这当中就存在价值判断。人们的认识和实践与价值判断密切相关,人们在开展工作、生活时,头脑中就包含着对于这些活动的价值判断。

价值观是人关于什么是价值、怎样判断价值、如何创造价值等问题的根本观点。价值观的内容,一方面表现为价值取向、价值追求,凝结为一定的价值目标,另一方面表现为价值尺度和价值准则,成为人判断事物有无价值及价值大小的评价标准。思考价值问题并形成一定的价值观,是人使自己的认识活动和实践活动达到自觉的重要标志。

价值观作为一种社会意识,集中反映一定社会的经济、政治、文化,代表了人们对生活现实的总体认识、基本理念和理想追求。在实际生活中,社会价值观十分复杂,在经济社会深刻变革、思想观念深刻变化的条件下,往往会呈现出多元化、多样性、多层次的格局。

然而,任何一个社会在一定的历史发展阶段上都会形成与其根本制度和要求相适应的、主导全社会思想和行为的价值体系,即社会核心价值体系。社会核心价值体系是社会基本制度在价值层面的本质规定,其体现着社会意识的性质和方向,不仅作用于经济、政治、文化和社会生活的各个方面,而且对每个社会成员价值观的形成都具有深刻的影响。

人生价值是一种特殊的价值,是人的生活实践对于社会和个人所具有的作用和意义。选择什么样的人生目的,走什么样的人生道路,如何处理生命历程中个人与社会、现实与理想、付出与收获、身与心、生与死等一系列矛盾,总会有一定的标准。人生价值就是人从价值角度考虑人生问题的根据。

在关于人生的思考中,回答"为什么"的问题,即人生目标的问题,要以人生的价值特性和对于人生的价值评价为根据。一个人自觉地追求着自己认定的人生目的,是因为他对自己选择的生活做了肯定的价值判断,认为这样的生活具有价值或者能够创造价值。回答"怎么样"的问题,即人生态度问题,同样要以对人生的价值判断为根据。

一个人以这样或那样的方式对待生活、处理生活实践中遇到的各种问题,是因为在他看来,他所选择的这样或那样的生活方式是有意义的。个人对人生价值的看法,在整个人生观中具有重要地位,它在深层次上影响、制约和指导个人的实践活动,为个人的人生目的和人生态度的选择提供依据。当代大学生只有正确地理解人生价值的内涵,明是非、辨善恶、知荣辱,才能在实践中最大限度地创造人生价值,成就人生辉煌。

第三节 职业价值观

一、职业价值观的定义

职业价值观指人生的目标和态度在职业选择方面的表现，也就是我们对职业的认识和对职业的态度以及对职业目标的追求和向往。价值观测评有利于职业决策和提高个人对工作的满意度。

人的理想、信念和世界观对于职业的影响，都集中表现在职业价值观上面。

古人云："人各有志，出处异趣。"这个"志"字，就是在职业选择方面的职业价值观，它是拥有明确的目的性、自觉性和坚定性的态度和行为，对人在职业方面制定目标和选择工作的动机起着决定作用。

因为每个人的自身条件、年龄阅历、受教育程度、家庭环境影响、兴趣喜好等方面不同，所以人们对各种职业有着各不相同的评价。从社会角度来讲，由于社会分工的发展和各行业生产力水平的差异，各个职业在劳动内容上、难度上和强度上，在劳动条件和待遇上，都存在着不同。再加上人们受传统思想的影响，各类职业在人们心中的声望地位有好坏高低之分，这些观念都形成了人的职业价值观，并影响着人们对自己就业方向和职业岗位的选择。

每一种职业都有各自的特点，不同的人对职业意义的认识都有自己不同的评价和取向，这就是职业价值观。职业价值观决定着人们的职业期望，影响着人们对职业方向和目标的选择，决定着人们成功就业后的工作态度和劳动绩效水平，因此职业价值观决定了人们的职业发展状况。哪个职业更好、哪个岗位更适合自己，从事某一项工作的目的是什么，这些问题都是职业价值观的具体表现。

二、价值观在选择职业过程中的地位

价值观是人们在考虑问题时的原则和标准，也是人们内在的动力。因此，在人们的生涯发展中，价值观起到了非常重要的作用，其作用很可能已经超过了个人兴趣和性格对其的影响。例如，著名歌星席琳·迪翁在她歌唱事业的巅峰时期退出乐坛，在她丈夫生病住院后，她才深刻地明白，其实与家人在一起的时光是有限的，而且这个时光要比事业更加宝贵。这成为她的价值观，所以导致她做出了这样的选择。

　　在我们生活中，同样可以看出价值观对我们的影响，例如你的父母是不是也常常用他们自己的价值标准来衡量你在职业方面的选择。当你的观点与他们的意见发生冲突时，这种冲突是否因价值观不同所导致的。

三、工作中职业价值观的改变

　　从舒伯的生涯发展理论和马斯洛的需求层次理论可以看出，个人所处的生涯发展阶段、社会环境等方面的不同，将导致他的需求会发生改变，从而可能导致其价值观发生变化。例如，许多刚毕业的大学生都希望自己可以进入外企，并且把挣钱当作自己的首要目标。因为在这个阶段，这些刚毕业的大学生所面临的问题是买房、成家，而这些都需要经济来支持。但在工作十余年后，就会有很多人意识到，为了挣钱而去从事自己不喜欢的工作是一件多么痛苦的事。因此在考虑职业的时候，薪酬金钱就不再是排第一位的了，此时寻找一个和自己兴趣爱好相同的、能够兼顾家庭的工作，成为了这部分人的职业目标，他们的需求也发生了改变，他们在职业上所重视的东西（工作价值观）也随之改变。

　　此外，由于我们身处在多元化的时代，多种价值观上的冲击也会导致原有价值体系的混乱乃至改变。从个人的职业发展来看，在计划经济体制时期，人们所奉崇的是"干一行，爱一行""我是革命的一块砖，哪里需要往哪里搬"；而现在则是"尊重个体的差异和独特性，充分发挥个人才能"已经成为大家的理念。

　　由于时代发生了巨大变化，多元价值体系的冲击及个人成长和发展所带来的影响，个人的价值观因此常常变得混乱，所以个人需要对自己的价值观进行探索，一个人越清楚了解自己的价值观，明白自己究竟想要什么，什么对自己而言是最重要的，那么这个人的职业生涯发展目标就会越清晰明确，当现实环境与理想发生冲突时，他也将更容易做出决策，他清楚地明白哪些东西是可以放弃不要的，哪些又是必不可少的。不同的价值观会导致人们产生不同的行动选择，而价值观不明确的人，一般会陷入混乱、进退两难的困境中。

第四节　职业价值观自测

请您根据自己的实际情况，回答下列问题：

请自行针对每一个问题打分，5分表示非常重要、4分表示比较重要、3分表示一般、2分表示较不重要、1分表示不重要（请在括号内写上分数）。

第一部分

（1）您的工作能给社会福利带来很明显的效果。（　）

（2）您的工作使您可以经常帮助他人。（　）

（3）在您为他人服务时，他人满意的同时您自己也感到很高兴。（　）

（4）由于您的工作，经常会有许多人来感激您。（　）

总分（　）。

第二部分

（1）您从事的是一份具有艺术性的工作。（　）

（2）您的工作能使世界更加美丽。（　）

（3）您的工作结果是艺术品。（　）

（4）您的工作与电影、音乐、美术、文学等艺术相结合。（　）

总分（　）。

第三部分

（1）您从事的是需要经常解决新问题的工作。（　）

（2）您从事的是一项对智力具有挑战性的工作。（　）

（3）您从事的是需要敏锐思考的工作。（　）

（4）在工作过程中经常需要您提出许多新的想法和观点。（　）

总分（　）。

第四部分

（1）您从事的工作使您有不断取得成功的感觉。（　）

（2）您能从工作的成果中了解到自己做得不错。（　）

（3）您可以预知自己努力工作后的成果。（　）

（4）别人经常认可你的工作成果。（　）

总分（　）。

第五部分

（1）在工作范围内您可以自由发挥。（　）

（2）您能在工作中运用一些自己的想法和观点。（　）

（3）工作中不会经常有人来打扰您。（　）

（4）在工作中您不受别人差遣。（　）

总分（　）。

第六部分

（1）您的朋友和同事非常羡慕您的工作。（　）

（2）在别人看来，您从事的工作是非常重要的。（　）

（3）因为您的工作作风使您得到了别人的尊重。（　）

（4）您从事的工作，常常在报刊、电视媒体中被提到，因此在人们的心目中很有地位。（　）

总分（　）。

第七部分

（1）因为您的工作，您拥有了比别人高的权力。（　）

（2）您的工作需要您把一些事务管理得井然有序。（　）

（3）您的工作需要您计划和组织他人来进行合作。（　）

（4）在工作中，您会做一个负责人，您信奉"宁做兵头，不做将尾"这一俗语。（　）

总分（　）。

第八部分

(1) 您的薪酬奖金很高。（　　）
(2) 只要努力你的工资会高于其他人，同时升级加薪的可能性也将更大。
（　　）
(3) 您的工作使您获得更多的额外收入。（　　）
(4) 您的工作有夜班费、加班费、保健费或营养费等。（　　）
总分（　　）。

第九部分

(1) 在工作中您可以接触到不同的人。（　　）
(2) 在工作中，您需要经常外出，参加各种集会和活动。（　　）
(3) 您的工作使您很有可能结识各行各业的精英。（　　）
(4) 您的工作会使更多人认识知道您，使您更有知名度。（　　）
总分（　　）。

第十部分

(1) 不论您工作进度完成得如何，您依旧可以和大多数人一样晋级和加薪。
（　　）
(2) 在工作中您不会因为身体或体力等因素，被人看不起。（　　）
(3) 只要您干上这份工作，就不会再被轻易调换到其他的岗位上去。（　　）
(4) 在工作中不必担心会因为所做的事情领导不满意而受到训斥或经济处罚。
（　　）
总分（　　）。

第十一部分

(1) 您的工作对上下班时间没有固定的要求，比较随便、自由。（　　）
(2) 您的工作单位有舒适的休息室、更衣室、浴室及其他设备，工作环境
和条件都比较好。（　　）

(3) 您的工作场所环境整洁、灯光适度、空间宽敞、温度适宜。( )

(4) 您从事的工作在体力上比较轻松，精神上也不紧张。( )

总分（ 　 ）。

第十二部分

(1) 您的工作可以使您感觉到您是团体中的一分子。( )

(2) 在工作中您可以和同事之间建立良好的关系。( )

(3) 您工作单位的同事和领导人品较好，相处比较随和。( )

(4) 在您的工作中您能与领导有和睦的关系。( )

总分（ 　 ）。

第十三部分

(1) 您的工作内容经常更换。( )

(2) 在工作过程中，您经常变换工作地点、工作场所或工作方式。( )

(3) 您在工作中经常接触到没有接触过的事物。( )

(4) 您在工作单位中，经常变换工种。( )

总分（ 　 ）。

职业价值观自测结果：

请您找出最高分数的两组，这两组代表了您的职业价值观倾向。

第一组：职业价值观倾向是利他主义，您认为工作的目的和价值在于为社会大众尽一分贡献。

第二组：职业价值观倾向是美感，您认为工作的目的和价值在于去追逐美的事物，进而享受美感。

第三组：职业价值观倾向是智力刺激，您认为工作的目的和价值在于不断进行动脑、学习和智力上的开发，并且去寻找新事物，解决新问题。

第四组：职业价值观倾向是成就感，您认为工作的目的和价值在于创新、取得成就，同时得到领导和同事的赞许或实现自己的目标，完成自己想做的事情。

第五组：职业价值观倾向是独立性，您认为工作的目的和价值在于能充分发挥自己的独立性和主动性，以自己的方式、步调或想法去做，不会因外界的环境而被干扰。

第六组：职业价值观倾向是社会地位，您认为工作的目的和价值在于所从事的工作在大多数人眼中有较高的社会地位，因此使自己得到他人的器重与尊敬。

第七组：职业价值观倾向是管理，您认为工作的目的和价值在于获得企业的管理权，可以在一定范围内指挥和调遣人或事物。

第八组：职业价值观倾向是经济报酬，您认为工作的目的和价值在于获得丰厚的薪酬，可以使自己获得自己想要的东西，并且使自己的生活过得更为富足。

第九组：职业价值观倾向是社会交际，您认为工作的目的和价值在于人与人之间的交往，建立广泛的社会联系和关系，甚至还可以和知名人物相结识。

第十组：职业价值观倾向是安全感，您希望无论自己的能力如何，在工作中要有一个安稳的局面，不因工作而经常提心吊胆、心烦意乱。

第十一组：职业价值观倾向是舒适，您希望将工作作为一种消遣、舒适或享受的形式，追求比较舒适、轻松、自由和工作条件和环境。

第十二组：职业价值观倾向是人际关系，您希望大多数一起工作的同事和领导人品较好，大家在一起相处愉快、自然，认为这就是很有价值的事，是一种极大的满足。

第十三组：职业价值观倾向是变异性，您希望工作的内容应该经常变化，这样可以使工作和生活显得丰富多彩，不单调枯燥。

第九章　ISEC 人格探索 MBTI

第一节　人格的定义

人格（Personality）一词起源于古希腊语中"Persona"，"Persona"一词，起初指在舞台演出时演员戴的面具，与我国的京剧脸谱很像。后来才用该词指演员本人，一个具有特殊性质的人。现代心理学沿用 Persona 的含义并引申为人格的意思。该词在心理学中有两个意思：一是指在人生舞台上一个人所表现的一言一行，根据社会文化习俗的要求而做出的各种反应，即人格的"外壳"，就像在舞台上演员依据角色的要求而佩戴不同的面具，反映出一个人外在的表现；二是指由于某种原因，一个人不愿展现出自己的某种人格成分，即面具后才是真实的自己，这是人格的内在特征。在心理学中，"个性"一词经常被用来表达人格的概念，指在社会化过程中一个人形成和发展的思想、情感及行为的特有统合模式，这个模式包含了个体自身独有的、区别于他人的、稳定而统一的各种特质或特点的总体。

第二节　人格的特征

人格的特征主要有四个，它们分别是人格的独特性、统合性、功能性和稳定性。

一、独特性

在不同的遗传、环境、教育等因素的交互作用下形成各不相同的人格特性。不同的遗传、生存及教育环境，形成了各自独特的心理特点。人和人之间没有完全一样的人格特点。所谓"人心不同，各如其面"，这就是人格的独特性。但是，人格的独特性也并不意味着人与人之间的个性毫无相同之处。在人格形成与发展中，会受到生物因素的制约和社会因素的影响。人格作为一个人的整体特质，既包括每个人与其他人在心理上的不同方面，也包括人与人之间在心理上的相同方面，例如每个民族、阶级和集团的人都会有相同的心理特点。人格是共同性与差别性的统一，是生物性与社会性的统一。

二、统合性

人格是一个由多种成分构成的有机整体，具有内在的一致性，并且还会受到自我意识的调控。心理健康的重要指标也是人格综合性。当一个人在各方面的人格结构都彼此和谐统一时，他的人格就是健康的；否则可能会出现适应困难，甚至是人格分裂。

三、功能性

人格决定着人的生活方式，甚至还决定一个人的命运，因而它也是人生成败的原因之一。当人们面临挫折与失败时，坚强者能发奋拼搏，懦弱者则会一蹶不振，这就是人格功能的表现。

据此特征我们可以在心理学上将人格定义为：人在适应环境的过程中所表现出来的系统的具有独特性的反应方式，它是由个人在其遗传、环境、成熟、学习等因素交互作用下形成的，并具有较强的稳定性。

四、稳定性

人格拥有稳定性。个体在行为中偶然表现出来的心理倾向和特征并不能代表其人格。俗话说"江山易改，本性难移"，这里的"本性"就是人格。当然，人格的稳定性并不意味着人的一生中会一成不变，随着生理和环境等因素的变化，人格也可能发生变化，这是人格可塑性的表现，由于人格具有可塑性，所以才能培养和发展人格。人格是稳定性与可塑性的统一。

第三节　职业人格评估理论 MBTI

一、MBTI 人格理论的形成过程及理论基础

1921 年，心理学家卡尔·荣格，在他经典的心理学类型学说中设计了一套性格差异理论。该理论认为性格差异会决定并限制一个人的判断。卡尔·荣格把性格差异分为三种类型，分别是：内向型/外向型、直觉型/感受型、思考型/感觉型。同时，他认为这些差异是与生俱来的，并且在人的一生中相对固定。

卡尔·荣格认为，脑的两大基本功能是感知和判断，前者帮助人们从外部世界获取信息，后者则使人们以特定的方式做出决定。在大脑活动中，受人生活方式和精力来源的约束，感知和判断会对人的外部行为和态度产生各不相同的影响。正是在这个意义上，性格被视为一种与生俱来的天性。

20 世纪 40 年代，在卡尔·荣格心理学研究成果的基础上，美国一对母女提出了一套个性测验模型。这套理论模型以伊莎贝尔·迈尔斯（Isabel Myers）和凯瑟琳·布里格斯（Katharine Briggs）的名字命名，叫作 Myers-Briggs 类型指标 MBTI。MBTI（Myers-Briggs Type Indicator）是一种对个性进行判断和分析的理论模型。MBTI 在层次错落的个性特征中，总结凝练出 4 个关键要素，即动力、信息收集、决策方式、生活方式。对这四个关键要素进行分析判断，可以区别出不同个性的人。该人格分类模型和理论有利于解释人与人之间的差异现象、优化决策、理性地干预决策流程。

心理学家大卫·凯尔西（David Keirsey）发现，这些由不同文化背景和不同历史时期的人各自独立研究得出的 4 种不同性情的划分，对性格的描绘有着惊人的相似。同时，凯尔西发现，MBTI 性格类型系统中的四种性格倾向组合与古老智慧所归纳的四种性情恰好吻合。这四种组合如下：

（1）直觉（N）+思维（T）= 概念主义者。

（2）触觉（S）+知觉（P）= 经验主义者。

（3）直觉（N）+情感（F）= 理想主义者。

（4）触觉（S）+判断（J）= 传统主义者。

二、MBTI 理论的应用

MBTI 不仅能够让人们更好地认识自我，深入了解自我，还可以帮助人力资源部门对不同类型的员工进行更好的配置与组合。MBTI 主要用于了解受测者的特点、潜质、处事风格、职业适应性等，从而提供合理的工作及人际决策建议。MBTI 有利于解释不同的人对不同的事物感兴趣、擅长不同的工作并不能互相理解的原因。近 30 年间，MBTI 被人们广泛应用。夫妻之间利用它增进夫妻情谊，学校利用它提高学生学习、教师授课效率，青年人利用它进行择业选择，组织利用它加强团队沟通、改善人际关系、推动组织建设和组织诊断等多个方面。可以说，MBTI 目前已成为世界上应用最广泛的识别人与人差异的测评工具之一。有 80% 的世界 500 强企业拥有 MBTI 的使用经验。

1. 外界相互作用的程度以及自己的能量被引向何处

外向型（Extroversion）关注自己如何影响外部环境，将心理能量和注意力聚集于外部世界和与他人的交往上。例如，聚会、评论、聊天。

内向型（Introversion）关注外部环境的变化对自己的影响，将心理能量和注意力聚集于内部世界，注重自己的内心体验。例如，独立思考、看书、避免成为注意的中心、听的比说的多。

2. 我们自然注意到的信息类型

感觉型（Sensing）关注由感觉器官获取的具体信息，看到的、听到的、闻到的、尝到的、触摸到的事物。例如，关注细节、喜欢描述、喜欢使用和琢磨已知的技能。

直觉型（Intuition）关注事物的整体和发展变化趋势，灵感、预测、暗示、重视推理。例如，重视想象力和独创力、喜欢学习新技能、容易厌倦、喜欢使用比喻和跳跃性地展现事实。

3. 我们做决定和得出结论的方法

思考型（Thinking）重视事物间的逻辑关系，喜欢通过客观分析做出决定评价。例如，理智、客观、公正。

情感型（Feeling）以自己和他人的感受为重，将价值观作为判定标准。例如，对他人的情感变化较为敏感，认为圆滑和坦率同样重要。

4. 我们喜欢以一种较固定的方式生活，还是以一种更自然的方式生活

判断型（Judging）喜欢做计划和决定，愿意进行管理和控制，希望生活井

然有序。例如，重视结果（重点在于完成任务）、按部就班、有条理、尊重时间期限、喜欢做决定。

感知型（Perceiving）试图去理解、适应环境，倾向于留有余地，任凭事情自由发展。例如，重视过程，随着信息的变化不断调整目标。

三、16 种性格和偏好的简单介绍

1.16 种性格介绍

（1）内向感觉思考判断型（ISTJ）。这种类型的人喜欢可以控制且需要重视细节的工作，在重视责任和生产力效率、需要依靠事实解决问题的工作环境中会表现得很好。

（2）内向感觉感受判断型（ISFJ）。这种类型的人喜欢奉献型和服务型的工作，他们最适合做幕后工作。

（3）内向直觉感受判断型（INFJ）。这种类型的人喜欢改善或帮助他人，适合在团体或社区中工作。他们希望在世界上树立一个关心他人、乐于助人的形象。

（4）内向直觉思考判断型（INTJ）。这种类型的人是梦想者。他们是有创意的人，最适合重视多种可能性的工作。

（5）内向感觉思考感知型（ISTP）。这种类型的人喜欢需要速度的工作，而且他们经常以非常自主的方式快速完成任务。他们最适合自主性强的工作。

（6）内向感觉感受感知型（ISFP）。这种类型的人喜欢能够帮助和支持他人的工作。他们的工作低调，最适合辅助和促进协调的工作。

（7）内向直觉感受感知型（INFP）。这种类型的人喜欢能够体现个人价值的工作。他们最适合需要经常反省、想象和沉思的工作。

（8）内向直觉思考感知型（INTP）。这种类型的人是抽象思考者，他们喜欢将想法概念化，最适合具有创造性和挑战性、需要深思的工作。

（9）外向感觉思考感知型（ESTP）。这种类型的人喜欢进取和有风险的工作。在需要做大量决策而后果又不能确定的职位上，这些人会表现得很好。

（10）外向感觉感受感知型（ESFP）。这种类型的人喜欢将自己投入社会冲突中。他们很适合那些需要经常出差、参与和社交，而且需要充沛精力的职位。

（11）外向直觉感受感知型（ENFP）。这种类型的人比较关注人。在需要用创造性和直觉解决问题的岗位上，这些人会表现出色。

（12）外向直觉思考感知型（ENTP）。这种类型的人精力充沛、富有创造性和挑战精神。他们最善于将看起来完全不同的事物联系起来。

（13）外向感觉思考判断型（ESTJ）。这种类型的人是实用型的、具有多种能力的问题解决者。在需要组织成员研究或者开发系统的岗位上，这些人会工作得很出色。

（14）外向感觉感受判断型（ESFJ）。这种类型的人是优秀的仲裁员。他们最适合需要协调人际关系的工作。由于他们具有出色的调停能力，所以经常被别人请来帮助处理冲突。

（15）外向直觉感受判断型（ENFJ）。这种类型的人是优秀的说服者，他们擅长影响和说服他人，最适合激励别人采取行动。

（16）外向直觉思考判断型（ENTJ）。这种类型的人是天生的领导者。他们喜欢承担大量而广泛的责任，最适合管理工作。

2. MBTI 职业性格测试题

测试前须知：

第一，参加测试的人员请务必诚实、独立地回答问题。否则，将会影响测试结果的效度。

第二，《性格分析报告》展示的是被测试者的性格倾向，而不是知识、技能、经验。

第三，MBTI 提供的性格类型描述仅供被测试者确定自己的性格类型之用。性格类型没有好坏，只有不同。每一种性格特征都有其价值和优点，也有缺点和需要注意的地方。清楚地了解自己的性格优劣势，有利于更好地发挥自己的特长，从而尽可能地在为人处世中避免自己性格中的劣势，更好地和他人相处，更好地做重要的决策。

第四，本测试分为四部分，共93题；需时约18分钟。所有题目没有对错之分，请根据自己的实际情况选择。将你选择的A或B所在的位置涂黑。

只要你是认真、真实地填写了测试问卷，那么通常情况下你都能得到一个确实和你的性格相匹配的类型。希望你能从中或多或少地获得一些有益的信息。

第一部分：哪一个答案最能贴切地描绘你一般的感受或行为？

表9-1　**MBTI 职业性格测试题迈尔斯·布里格斯类型指示（一）**

序号	问题描述	选项	E	I	S	N	T	F	J	P
1	当你要外出一整天，你会 A. 计划你要做什么和在什么时候做 B. 说去就去	A							○	
		B								○
2	你认为自己是一个 A. 较为有条理的人 B. 较为随兴所至的人	A							○	
		B								○
3	假如你是一位老师，你会选教 A. 以事实为主的课程 B. 涉及理论的课程	A			○					
		B				○				
4	你通常 A. 与人容易混熟 B. 比较沉静或矜持	A	○							
		B		○						
5	一般来说，你和哪些人比较合得来 A. 现实的人 B. 富于想象力的人	A			○					
		B				○				
6	你是否经常让 A. 你的情感支配你的理智 B. 你的理智主宰你的情感	A						○		
		B					○			
7	处理许多事情上，你会喜欢 A. 凭兴所至行事 B. 按照计划行事	A								○
		B							○	
8	你是否 A. 容易让人了解 B. 难于让人了解	A	○							
		B		○						
9	按照程序表做事 A. 合你心意 B. 令你感到束缚	A							○	
		B								○

续表

序号	问题描述	选项	E	I	S	N	T	F	J	P
10	当你有一份特别的任务，你会喜欢 A. 开始前小心组织计划 B. 边做边找须做什么	A							○	
		B								○
11	在大多数情况下，你会选择 A. 顺其自然 B. 按程序表做事	A								○
		B							○	
12	大多数人会说你是一个 A. 重视自我隐私的人 B. 非常坦率开放的人	A		○						
		B	○							
13	你愿意被人认为是一个 A. 实事求是的人 B. 机灵的人	A			○					
		B				○				
14	在一大群人当中，通常是 A. 你介绍大家认识 B. 别人介绍你	A	○							
		B		○						
15	你会跟哪些人做朋友 A. 常提出新主意的人 B. 脚踏实地的人	A				○				
		B			○					
16	你倾向 A. 重视感情多于逻辑 B. 重视逻辑多于感情	A						○		
		B					○			
17	你比较喜欢 A. 坐观事情发展才做计划 B. 很早就做计划	A								○
		B							○	
18	你喜欢花很多的时间 A. 一个人独处 B. 和别人在一起	A		○						
		B	○							

续表

序号	问题描述	选项	E	I	S	N	T	F	J	P
19	与很多人一起会 A. 令你活力倍增 B. 常常令你心力交瘁	A	○							
		B		○						
20	你比较喜欢 A. 很早便把约会、社交聚集等事情安排妥当 B. 无拘无束，看当时有什么好玩就做什么	A							○	
		B								○
21	计划一个旅程时，你较喜欢 A. 大部分的时间都是跟当天的感觉行事 B. 事先知道大部分的日子会做什么	A								○
		B							○	
22	在社交聚会中，你 A. 有时感到郁闷 B. 常常乐在其中	A		○						
		B	○							
23	你通常 A. 和别人容易混熟 B. 趋向自处一隅	A	○							
		B		○						
24	哪些人会更吸引你 A. 一个思维敏捷及非常聪颖的人 B. 实事求是，具有丰富常识的人	A				○				
		B			○					
25	在日常工作中，你会 A. 颇为喜欢处理迫使你分秒必争的突发事件 B. 通常预先计划，以免在压力下工作	A								○
		B							○	
26	你认为别人一般 A. 要花长时间才认识你 B. 用很短的时间便认识你	A		○						
		B	○							

第二部分：在下列每一对词语中，哪一个词语更合你心意？请仔细想想这些词语的意义，而不要理会他们的字形或读音。

表 9-2　MBTI 职业性格测试题迈尔斯·布里格斯类型指示（二）

序号	问题描述	选项	E	I	S	N	T	F	J	P
27	A. 注重隐私　B. 坦率开放	A		○						
		B	○							
28	A. 预先安排的　B. 无计划的	A							○	
		B								○
29	A. 抽象　B. 具体	A				○				
		B			○					
30	A. 温柔　B. 坚定	A						○		
		B					○			
31	A. 思考　B. 感受	A					○			
		B						○		
32	A. 事实　B. 意念	A			○					
		B				○				
33	A. 冲动　B. 决定	A								○
		B							○	
34	A. 热衷　B. 文静	A	○							
		B		○						
35	A. 文静　B. 外向	A		○						
		B	○							
36	A. 有系统　B. 随意	A							○	
		B								○
37	A. 理论　B. 肯定	A				○				
		B			○					
38	A. 敏感　B. 公正	A						○		
		B					○			
39	A. 令人信服　B. 感人的	A					○			
		B						○		

续表

序号	问题描述	选项	E	I	S	N	T	F	J	P
40	A. 声明　 B. 概念	A			○					
		B				○				
41	A. 不受约束　 B. 预先安排	A								○
		B							○	
42	A. 矜持　　 B. 健谈	A		○						
		B	○							
43	A. 有条不紊　 B. 不拘小节	A							○	
		B								○
44	A. 意念　　 B. 实况	A				○				
		B			○					
45	A. 同情怜悯　　 B. 远见	A						○		
		B				○				
46	A. 利益　　 B. 祝福	A					○			
		B						○		
47	A. 务实的　 B. 理论的	A			○					
		B				○				
48	A. 朋友不多　 B. 朋友众多	A		○						
		B	○							
49	A. 有系统　　 B. 即兴	A							○	
		B								○
50	A. 富想象的　 B. 以事论事	A				○				
		B			○					
51	A. 亲切的　 B. 客观的	A						○		
		B					○			
52	A. 客观的　 B. 热情的	A					○			
		B						○		
53	A. 建造　　 B. 发明	A			○					
		B				○				

续表

序号	问题描述	选项	E	I	S	N	T	F	J	P
54	A. 文静　　B. 爱合群	A		○					。	
		B	○							
55	A. 理论　　B. 事实	A				○				
		B			○					
56	A. 富同情　B. 合逻辑	A						○		
		B					○			
57	A. 具分析力　B. 多愁善感	A					○			
		B						○		
58	A. 合情合理　B. 令人着迷	A			○					
		B				○				

第三部分：哪一个答案最能贴切地描绘你一般的感受或行为。

表9-3　MBTI职业性格测试题迈尔斯·布里格斯类型指示（三）

序号	问题描述	选项	E	I	S	N	T	F	J	P
59	当你要在一个星期内完成一个大项目，你在开始的时候会 A. 把要做的不同工作依次列出 B. 马上动工	A							○	
		B								○
60	在社交场合中，你经常会感到 A. 与某些人很难打开话匣子和保持对话 B. 与多数人都能从容地长谈	A		○						
		B	○							
61	要做许多人都做的事，你比较喜欢 A. 按照一般认可的方法去做 B. 构想一个自己的想法	A			○					
		B				○				

续表

序号	问题描述	选项	E	I	S	N	T	F	J	P
62	你刚认识的朋友能否说出你的兴趣？ A. 马上可以 B. 要等他们真正了解你之后才可以	A	○							
		B		○						
63	你通常较喜欢的科目是 A. 讲授概念和原则的科目 B. 讲授事实和数据的科目	A				○				
		B			○					
64	以下哪种人具有较高的赞誉，或称许为？ A. 一贯感性的人 B. 一贯理性的人	A						○		
		B					○			
65	你认为按照程序表做事 A. 有时是需要的，但一般来说你不大喜欢这样做 B. 大多数情况下是有帮助而且是你喜欢做的	A								○
		B							○	
66	A. 和一群人在一起，你通常会选 跟你很熟悉的个别人谈话 B. 参与大伙的谈话	A		○						
		B	○							
67	在社交聚会上，你会 A. 是说话很多的一个 B. 让别人多说话	A	○							
		B		○						
68	把周末期间要完成的事，列成清单，这个主意会 A. 合你的心意 B. 使你提不起劲	A							○	
		B								○
69	以下哪种人应有较高的赞誉 A. 能干的人 B. 富有同情心的人	A					○			
		B						○		

续表

序号	问题描述	选项	E	I	S	N	T	F	J	P
70	你通常喜欢 A. 事先安排你的社交约会 B. 随兴之所至做事	A							○	
		B								○
71	总的说来，要做一个大型作业时，你会选 A. 边做边想该做什么 B. 首先把工作按步细分	A								○
		B							○	
72	你能否滔滔不绝地与人聊天 A. 只限于跟你有共同兴趣的人 B. 几乎跟任何人都可以	A		○						
		B	○							
73	你会 A. 跟随一些证明有效的方法 B. 分析还有什么毛病，及针对尚未解决的难题	A			○					
		B				○				
74	为乐趣而阅读时，你会 A. 喜欢奇特或创新的表达方式 B. 喜欢作者直话直说	A				○				
		B			○					
75	你宁愿替哪一类上司（或者老师）工作 A. 天性淳良，但常常前后不一的 B. 言辞尖锐但永远合乎逻辑的	A						○		
		B					○			
76	你做事多数是 A. 按当天心情去做 B. 照拟好的程序表去做	A								○
		B							○	
77	你是否 A. 可以和任何人按需求从容地交谈 B. 只是对某些人或在某种情况下才可以畅所欲言	A	○							
		B		○						

序号	问题描述	选项	E	I	S	N	T	F	J	P
78	要做决定时，你认为比较重要的是 A. 据事实衡量 B. 考虑他人的感受和意见	A					○			
		B						○		

第四部分：在下列每一对词语中，哪一个词语更合你心意？

表9-4　MBTI职业性格测试题迈尔斯·布里格斯类型指示（四）

序号	问题描述	选项	E	I	S	N	T	F	J	P
79	A. 想象的　B. 真实的	A				○				
		B			○					
80	A. 仁慈慷慨的 B. 意志坚定的	A						○		
		B					○			
81	A. 公正的　B. 有关怀心的	A					○			
		B						○		
82	A. 制作　B. 设计	A			○					
		B				○				
83	A. 可能性　B. 必然性	A				○				
		B			○					
84	A. 温柔　B. 力量	A						○		
		B					○			
85	A. 实际　B. 多愁善感	A					○			
		B						○		
86	A. 制造　B. 创造	A			○					
		B				○				
87	A. 新颖的　B. 已知的	A				○				
		B			○					
88	A. 同情　B. 分析	A						○		
		B					○			

续表

序号	问题描述	选项	E	I	S	N	T	F	J	P
89	A. 坚持己见 B. 温柔有爱心	A					○			
		B						○		
90	A. 具体的　B. 抽象的	A			○					
		B				○				
91	A. 全心投入　B. 有决心的	A						○		
		B					○			
92	A. 能干　B. 仁慈	A						○		
		B						○		
93	A. 实际　B. 创新	A			○					
		B				○				

第四节　MBTI 理论的应用

在心理学中，性格指一个人在一定情况下所做行为反应的特质，即人在生活、工作中独特的行为表现，其中包括思考方式、决策方式等。关于性格理论的划分多种多样，本书测评采用目前国际上最流行、在企业中应用最广泛的 MBTI 理论。

MBTI 是人类性格的外在状态模式。MBTI 的人格类型分为四个维度，每个维度有两个方向，共计八个方面，即共有八种人格特点。

一、四个维度

四个维度的主要内容如下：

（1）态度倾向（我们与世界相互作用方式）：外向。

　　（E）<———>内向（I）

（2）接受信息（我们获取信息的主要方式）：感觉。

　　（S）<———>直觉（N）

（3）处理信息（我们的决策方式）：思考。

（T）＜——＞情感（F）

（4）行动方式（我们的做事方式）：判断。

（J）＜——＞感知（P）

在以上四个维度中，每个人都会有自己天生就具有的倾向性，也就是说，处在两个方向分界点的这边或那边，我们称之为"偏好"。例如，如果你落在外向的那边，称为"你具有外向的偏好"；如果你落在内向的那边，称为"你具有内向的偏好"。

在现实生活中，每个维度的两个方面你都会用到，只是其中的一个方面你用的更加频繁、更加舒适，就好像每个人都会用到左手和右手一样，习惯用左手的人是左撇子，习惯用右手的人是右撇子。同样，在四个维度上你用得最频繁、最熟练的那种方式就是你在这个维度上的偏好，而这四个偏好加以组合，就形成了你的人格类型，它反映了你在一系列心理过程和行为方式上的特点。

二、八个方面

八个方面表现在：

（1）外向（E）。关注自己如何影响外部环境，将心理能量和注意力聚集于外部世界和与他人的交往上。例如，聚会、讨论、聊天。

（2）内向（I）。关注外部环境的变化对自己的影响，将心理能量和注意力聚集于内部世界，注重自己的内心体验。例如，独立思考、看书、避免成为注意的中心、听的比说的多。

（3）感觉（S）。关注由感觉器官获取的具体信息，看到的、听到的、闻到的、尝到的、触摸到的事物。例如，关注细节、喜欢描述、喜欢使用和琢磨已知的技能。

（4）直觉（N）。关注事物的整体和发展变化趋势，灵感、预测、暗示、重视推理。例如，重视想象力和独创力、喜欢学习新技能、容易厌倦、喜欢运用比喻的语言和跳跃性的思维展现事实。

（5）思考（T）。重视事物之间的逻辑关系，喜欢通过客观分析做出决定评价。例如，理智、客观、公正、认为圆滑比坦率更重要。

（6）情感（F）。以自己和他人的感受为重，将价值观作为判定标准。例如，有同情心、善良、和睦、善解人意，考虑行为对他人情感的影响，认为圆滑和坦率同样重要。

（7）判断（J）。喜欢做计划和决定，愿意进行管理和控制，希望生活井然有序。例如，重视结果（重点在于完成任务）、按部就班、有条理、尊重时间期限、喜欢做决定。

（8）感知（P）。试图去理解、适应环境、倾向于留有余地，喜欢宽松自由的生活方式。例如，重视过程、随着信息的变化不断调整目标、喜欢有多种选择。

三、十六大类型

将人们在四个维度上的偏好加以组合，排列组合一共可以组成 16 种人格类型（外在状态模式），16 类型包括：①ESTJ 大男人型；②ESTP 挑战型；③ESFJ 主人型；④ESFP 表演型；⑤ENTJ 将军型；⑥ENTP 发明家；⑦ENFJ 教育家；⑧ENFP 记者型；⑨ISTJ 公务型；⑩ISTP 冒险家；⑪ISFJ 照顾型；⑫ISFP 艺术家；⑬INTJ 专家型；⑭INTP 学者型；⑮INFJ 作家型；⑯INFP 哲学家。

1. ISFJ（内向+感觉+感受+判断）

ISFJ 型的人沉静、友善、有责任感和谨慎、能坚定不移地承担责任、做事贯彻始终、不辞劳苦和准确无误；忠诚、替人着想、细心，往往记着他所重视的人的种种微小事情，关心别人的感受；努力创造一个有秩序、和谐的工作环境和家居环境。

ISFJ 型的人忠诚、有奉献精神和同情心，理解别人的感受。他们意志坚定而有责任心，乐于助人。ISFJ 型的人十分务实，他们喜欢平和谦逊的人、喜欢利用事实说明对于细节情况，有很强的记忆力、有持久的耐心处理问题，头脑清晰。ISFJ 型的人具有强烈的职业道德，所以他们如果知道自己的行为真正有用时，会对需要完成的事承担责任。准确系统地完成任务。他们具有传统的价值观，做事十分保守。利用符合实际的判断标准做决定，注重实际的态度增加稳定性。ISFJ 型的人平和谦虚、勤奋严肃。他们温和、圆滑，支持朋友和同伴。他们乐于协助别人，真心实意地帮助他人。他们热情与人交往，在困难中与他人和睦相处。ISFJ 型的人不喜欢表达个人情感，但对大多数的情况都具有强烈的个人反应。他们关心、保护朋友，愿意为朋友献身，有为他人服务的意识，愿意承担他们的责任和义务。

ISFJ 型的人可选择的领域：医护领域、消费类商业、服务业领域。

ISFJ 型的人适合的职业有：内科医生、营养师、图书管理员、档案管理员、室内装潢设计师、顾客服务代表、记账员、特殊教育教师、酒店管理人员、人事管理人员、电脑操作员、信贷顾问、零售业主、房地产代理或经纪人、艺术人员、商品规划师、语言病理学者、审计师、会计、财务经理、办公室行政管理人员、中层经理、公务执行人员、银行信贷员、成本估价师、保险精算师、税务经纪人、税务检查员、机械工程师、电气工程师、计算机程序员、数据库管理员、地质气象学家、法律研究者、律师、外科医生、药剂师、实验室技术人员、牙科医生、医学研究员。

2. ENTJ（外向+直觉+思考+判断）

ENTJ 型的人坦诚、果断，有天生的领导能力；能很快看到公司/组织程序和政策中的不合理性和低效能性，发展并实施有效和全面的系统来解决问题；善于制定长期的计划和目标；通常见多识广、博览群书，喜欢拓展自己的知识面，并将此分享给他人；在陈述自己的想法时非常生动且有力。

ENTJ 型的人是伟大的领导者和决策人。他们能轻易地看出事物具有的可能性，很高兴指导别人，使他们的想象成为现实。他们是头脑灵活的思想家和伟大的长远规划者。因为 ENTJ 型的人具有较强的分析能力，所以他们通常对需要推理的任何事情都很擅长。为了完成工作，通常会很自然地看出所处情况中可能存在的缺陷，并且知道该如何改进。他们力求精通整个体系，而不是简单地把它们作为现实来接受。ENTJ 型的人乐于完成一些需要解决的复杂问题，他们力求掌握自己感兴趣的任何事情。ENTJ 型的人把事实看得高于一切，只有通过严格的推理才会确信。ENTJ 型的人渴望不断地增加自己的知识，系统地计划和研究新情况。他们乐于钻研复杂的理论性问题，力求精通任何自己认为有趣的事物。他们对行为的未来结果更感兴趣，而不是事物现存的状况。ENTJ 型的人是热心而真诚的天生领导者，往往能够控制自己所处的任何环境，因为他们具有预见能力，并且向别人传播自己的观点，所以他们是出色的群众组织者。他们往往按照一套相当严格的规律生活，并且希望别人也是如此。

ENTJ 型的人适合的领域有：工商业、政界、金融和投资领域、管理咨询、培训、专业性领域。

ENTJ 型的人适合的职业有：各类企业的高级主管、总经理、企业主、社会团体负责人、政治家、投资银行家、风险投资家、股票经纪人、公司财务经理、财务顾问、经济学家、企业管理顾问、企业战略顾问、项目顾问、专项培训师、律师、法官、知识产权专家、大学教师、科技专家、房产开发商、教育咨询顾问、投资顾问 、（人事、销售、营销）经理、技术培训人员、（后勤、电脑信息服务和组织重建）顾问、国际销售经理、特许经营业主、程序设计员、环保工程师。

3. INTJ（内向+直觉+思考+判断）

INTJ 型的人在实现自己的想法和达成自己的目标时有创新的想法和非凡的动力；能很快洞察到外界事物间的规律，并形成长期的远景计划；一旦决定做一件事就会立刻规划，直到完成为止；多疑、独立，对于自己和他人的能力和表现要求都非常高。

INTJ 型的人是完美主义者。他们强烈要求个人自由和能力，同时在自己独创的思想中，不可动摇的信仰促使他们达到目标。INTJ 型的人思维严谨、有逻辑性、足智多谋，他们能够看到新计划实行后的结果。他们对自己和别人都很严苛，往往强硬地逼迫别人和自己。他们并不受冷漠与批评的干扰，作为所有性格类型中最独立的，INTJ 型的人更喜欢以自己的方式行事。面对相反意见，他们通常持怀疑态度，十分坚定。权威本身不能强制他们，只有他们认为这些规则对自己的目标有用时才会去遵守。INTJ 型的人是天生的谋略家，具有独特的思想、伟大的远见和梦想。他们天生精于理论，对于复杂而综合的概念运转灵活。他们是优秀的战略思想家，通常能清楚地看到局势的优势和缺陷。对于感兴趣的问题，他们是出色的、具有远见和见解的组织者。如果是他们自己形成的看法和计划，他们会投入不可思议的注意力、能量和积极性。其决心和毅力，使他们获得许多成就。

INTJ 型的人适合的领域有：科研、科技应用、技术咨询、管理咨询、金融、投资领域、创造性行业。

INTJ 型的人适合的职业有：首席财政执行官、知识产权律师、设计工程师、精神分析师、心脏病专家、媒体策划、网络管理员、建筑师、管理顾问、经济学者、国际银行业务职员、金融规划师、综合网络专业人员、各类科学家、研究所研究人员、系统分析员、计算机程序师、研究开发部经理、各类技术顾问、技术专家、投资专家、法律顾问、医学专家、经济学家、投资银行研究员、证券投资和金融分析员、投资银行家、财务计划人、企业并购专家、各类发明家、建筑师、社论作家、艺术家。

4. INFP（内向+直觉+感受+感知）

INFP 型的人是理想主义者，坚定自己的价值观及忠于自己所重视的人。其外在的生活与内在的价值观一致，有好奇心，能够很快看到事情的局势，能够加速对理念的实践。这类人试图了解别人、协助别人发展潜能。其适应力强，有弹性，如果和他们的价值观没有抵触，往往能包容他人。

INFP 型的人敏感、理想化、忠诚，对于个人价值具有一种强烈的荣誉感。他们个人信仰坚定，能够为有价值的事业而献身。INFP 型的人对于已知事物之外的可能性很感兴趣，精力集中于他们的梦想和想象。他们思维开阔、有好奇心和洞察力，常常具有出色的长远眼光。在日常事务中，他们通常灵活多变，具有忍耐力和适应性，但是他们非常坚定地对待内心的忠诚，为自己设定了很高标准。INFP 型的人具有许多的理想，十分坚定地完成自己所选择的事情。虽然对外面世界自己显得冷淡，但 INFP 型的人很注重内在。他们富有同情心、理解力，对于别人的情感较为敏感。除了他们的价值观受到威胁外，总是避免冲突，没有兴趣强迫或支配别人。INFP 型的人常常喜欢通过书写而不是口头来表达自己的感情。当INFP 型的人劝说别人相信自己的想法时，可能是最有说服力的。INFP 型的人很少显露强烈的感情，常常显得沉默而冷静。然而，一旦他们与你认识后，就会变得热情友好。他们珍视那些花费时间去思考目标与价值的人。

INFP 型的人适合的领域有：创作类，艺术类，教育、研究、咨询类等。

INFP 型的人适合的职业有：心理学家、心理辅导和咨询人员、人力资源管理、翻译、大学教师（人文学科）、社会工作者、图书管理员、服装设计师、编辑、网站设计师、团队建设顾问、艺术指导、记者、口笔译人员、娱乐业人士、建筑师、社科类研究人员、教育顾问、艺术家、画家、诗人、小说家。

第五节　16 种人格和偏好的简单介绍

一、ISTJ

ISTJ 型的人详尽、精确、系统、勤劳和关注细节。致力于改善组织程序与过程，无论组织处在发展的顺境还是逆境，都对组织保持忠诚。

1. 对组织的贡献

（1）平稳地按计划完成组织任务。

（2）重视细节并慎重处理。

（3）做事尽量完美。

（4）重信用，并具有坚持性。

（5）在组织中工作倍感舒适。

2. 领导模式

（1）以事实和经验做决定。

（2）建立可靠、稳定、持续的工作绩效。

（3）尊重传统和等级制度。

（4）奖励遵循规则并完成任务的员工。

（5）关注组织的即时性和实际性需要。

3. 学习模式

（1）采用具体、有序的学习方式。

（2）采用对目前有实际应用的学习模式。

4. 倾向性顺序

（1）感觉。

（2）思维。

（3）情感。

（4）直觉。

5. 解决问题模式

（1）喜欢完全依据事实并在逻辑框架中分析问题。

（2）为获得理想结果，需考虑对人们的影响，然后寻找更多的可能性和其他含义。

6. 工作环境倾向性

（1）喜欢与现实、工作努力、关注事实和结果的人共事。

（2）能长期提供安全性的环境。

（3）喜欢稳步发展和按期完成任务的环境。

（4）偏爱使用系统工作方法的环境。

（5）倾向于任务型定向和鼓励坚定意志的环境。

（6）喜欢安静、设施齐备的环境。

（7）倾向于有不被打扰工作的个人空间的职业。

7. 潜在的缺点

（1）因受限于日常工作而忽视具有长远意义的目标。

（2）可能忽视人际交往的细节。

（3）工作方法刻板、不灵活，对变革持保守态度。

（4）期望他人和自己一样注意细节和服从管理程序。

8. 发展建议

（1）除了关注现实问题，需关注更长远的、定向于未来的问题。

（2）需要考虑他人的因素，向他人表达其应得的赞赏。

（3）为避免陈规，尝试寻找新的选择。

（4）需培养耐心来对待那些需要用不同方式沟通或忽视规则和程序的人。

二、ISTP

ISTP 型的人注重实用性，尊重事实，寻求有利方法，具有现实性，只信服被论证的结果；喜欢独立工作，依靠逻辑和足智多谋解决组织问题。

1. 对组织的贡献

（1）在需要的场合，是解决问题的能手。

（2）在感兴趣的领域，发挥行走的"信息库"作用。

（3）计算出克服障碍、完成任务的最实际的途径。

（4）在危机中保持镇定，发挥安抚他人情绪的作用。

（5）在规划中增加其专业领域的知识和技能。

2. 领导模式

（1）以身作则。

（2）一视同仁，尊重每个人的价值。

（3）面临麻烦时，采用最有利的方法做出快速反应。

（4）宽松管理员工。

（5）采用明晰、理性的管理原则。

3. 学习模式

（1）采用生动性、娱乐性的学习模式。

（2）对有用的内容和有实际应用的学习内容感兴趣。

4. 倾向性顺序

(1) 思维。

(2) 感觉。

(3) 直觉。

(4) 情感。

5. 问题解决模式

(1) 喜欢依据事实以自身具有的内部逻辑构建问题和解决问题。

(2) 为获得理想结果，需要考虑其他可能性和对人们的影响。

6. 工作环境倾向性

(1) 喜欢与行为定向、关注即时情境的人共事。

(2) 喜欢以计划定向和任务定向为主的环境。

(3) 喜欢重视理性分析的环境。

(4) 喜欢对问题做出快速反应的环境。

(5) 喜欢允许间接经验的环境。

(6) 喜欢提供合适的工作自由度的环境。

(7) 喜欢培养独立性和自主性的环境。

7. 潜在的缺点

(1) 只关注与自己有关的事而对其他事漠不关心。

(2) 在努力获得成果前，缺少坚持性。

(3) 努力不足，过度注重有利性而走捷径。

(4) 犹豫不决，欠缺兴趣、活力和坚持性。

8. 发展建议

(1) 需要增强开放性，关心他人，与他人共享信息。

(2) 需发展坚持性，改变沟通模式。

(3) 加强计划性，付出更多努力获取想要的成功。

(4) 需发展设置和保持目标的方法。

三、ESTP

ESTP 型的人讲究实效、足智多谋、注重现实，以最有效的途径解决问题；喜欢处理突发事件，然后在复杂的情境中找到解决问题的方法。

1. 对组织的贡献

（1）采用协商的方式使任务顺利完成。

（2）保持组织运作的活跃状态，促使变化发生。

（3）运用直接和现实的工作方式。

（4）评估风险。

（5）注意和记忆事实信息。

2. 领导模式

（1）对危机中的管理有充分准备。

（2）说服他人接受自己的观点。

（3）采用直率、自信的领导方式。

（4）按最有利的路径进行组织工作。

（5）重视行动和即时结果。

3. 学习模式

（1）主动型、间接经验型、尝试错误型的学习方式。

（2）实际型，注意力集中在即刻能应用的学习内容方面。

4. 倾向性顺序

（1）感觉。

（2）思维。

（3）情感。

（4）直觉。

5. 问题解决模式

（1）喜欢现实、具体地评估环境，然后在逻辑分析后采取步骤。

（2）为获得理想结果，会考虑措施对他人的影响，寻找其他可选择的可能性。

6. 工作环境倾向性

（1）喜欢与活泼、结果定向型、重视直接经验的人共事。

（2）喜欢有规则，但承认差异性的环境。

（3）喜欢允许有开玩笑时间的环境。

（4）喜欢能够提供工作灵活性的环境。

（5）喜欢技术定向型、提供最新设备的环境。

（6）喜欢舒适的环境。

（7）喜欢对即刻需求做出反应的环境。

7. 潜在的缺点

（1）当快速行动时显得迟钝。

（2）过分集中于即时行为，从而失去更深层次的目标。

（3）当转移到下一个待解决的问题时便不能坚持到底地解决目前的问题。

（4）会被工作以外的活动吸引，如体育运动和其他娱乐活动。

8. 发展建议

（1）需要抑制自己的任务型定向，分析他人的情绪感受。

（2）需在行动前计划，考虑更多的因素。

（3）需完成眼前的任务。

（4）需以适当的观点看待工作和娱乐。

四、ESTJ

ESTJ 型的人理智、善于分析、果断、意志坚定，以系统化的方式组织具体事实；喜欢事先分析细节并能与他人一起完成任务。

1. 对组织的贡献

（1）事先察觉、指出、修正不足之处。

（2）以逻辑的、客观的方式评价规划。

（3）组织规划、生产、人力要素，实现组织目标。

（4）监督工作以确保任务正确完成。

（5）以逐步进行的方式坚持到底。

2. 领导模式

（1）直接领导，快速管理。

（2）运用过去经验解决问题。

（3）直接、明确地识别问题的核心。

（4）迅速制定决策和执行决策。

（5）传统型领导，尊重组织内部的等级和珍惜组织获得的成就。

3. 学习模式

（1）积极主动型，学习间接经验，采用结构化的学习方式。

（2）实际型，关注其能运用的学习内容。

4. 倾向性顺序

（1）思维。

（2）感觉。

（3）直觉。

（4）情感。

5. 问题解决模式

（1）喜欢根据相关的事实和细节进行逻辑分析，从而控制情境。

（2）为达到理想结果，会考虑更广阔的前景以及对人们和自己的影响。

6. 工作环境倾向性

（1）喜欢与努力工作、有坚定决心把工作做好的人共事。

（2）喜欢任务型定向的环境。

（3）喜欢组织结构健全的环境。

（4）喜欢有团队计划的环境。

（5）喜欢能够提供稳定性和预测性的环境。

（6）喜欢致力于绩效和生产性的环境。

（7）喜欢以目标激励的环境。

7. 潜在的缺点

（1）决策过于迅速，也给他人施以同样的压力。

（2）不能察觉变革的需要，因为相信一切都在正常运作。

（3）在完成任务的过程中，忽视人际间的小细节。

（4）长期忽视自己的感受，可能被自己的情感击垮。

8. 发展建议

（1）决策之前需要考虑各种因素，包括人的因素。

（2）需要促使自己看到他人要求变革而获得的利益。

（3）需要做特别的努力学会赞赏别人。

（4）需要从工作中抽点时间考虑和识别自己的情感和价值观。

五、ISFJ

ISFJ 型的人仁慈、忠诚、体谅他人、善良，不怕麻烦帮助需要帮助的人；

喜欢充当后盾，提供支持和鼓励。

1. 对组织的贡献

（1）考虑组织中每个人的实际需要。

（2）采用坚持到底的工作方式实现组织的目标。

（3）对细节和日常惯例非常有耐心，甚至不辞辛苦，责任感强。

（4）付出努力，自愿为他人提供服务。

（5）做事力求完美。

2. 领导模式

（1）开始可能不愿担任领导，但当需要承担领导任务时便会接受。

（2）希望自己和他人服从组织的安排。

（3）以个人的影响力作为后盾。

（4）认真遵守传统程序和规则。

（5）观察细节以获得现实的结果。

3. 学习模式

（1）花费充足的时间以结构化的方式记忆知识。

（2）注重实用性，关注做什么可以为他人提供帮助。

4. 倾向性顺序

（1）感觉。

（2）情感。

（3）思维。

（4）直觉。

5. 解决问题模式

（1）喜欢完全依据事实，尤其是当应用于人和准则方面时。

（2）为获得理想结果，需要退一步思考问题的逻辑，然后寻找更多的可能性和其他含义。

6. 工作环境倾向性

（1）喜欢与认真、从事组织性任务的人共事。

（2）喜欢能够提供安全性和预测性的工作环境。

（3）喜欢组织结构明晰的环境。

（4）喜欢能够保持安静、有一些个人空间的环境。

（5）喜欢与做事坚持到底的人共事。

（6）喜欢充满个人化、友好、体谅氛围的环境。

（7）喜欢服务型定向的环境。

7. 潜在的缺点

（1）过于谨慎小心，尤其是对待未来的发展。

（2）向他人表明自己观点时，显得意志不太坚定。

（3）因安静、忘却自我的特性而低估自己。

（4）过度依赖自己的经验，不能根据环境和其他需要灵活调整。

8. 发展建议

（1）在工作中需要估计风险，以积极、全面的观点看待未来。

（2）需要培养更多的自信。

（3）学会宣扬自己的成就。

（4）对其他形式的做事方式需要保持开放态度。

六、ISFP

ISFP 型的人温和、体贴、灵活、具有开放性；富有同情心，尤其对那些需要帮助的人；喜欢在合作和充满和谐气氛的环境中工作。

1. 对组织的贡献

（1）对组织中每个人的需要都做出反应。

（2）以实际行动保证他人获得福利。

（3）对自己的工作显得特别热情。

（4）因具有合作的天性，把人与任务很好地匹配起来。

（5）关注员工。

2. 领导模式

（1）不喜欢担任领导，喜欢在团队中担任协调者的角色。

（2）用自己对企业的忠诚激发他人工作的积极性。

（3）常常更多地采用表扬和支持的方式，较少批评他人。

（4）随环境所需而进行调整。

（5）通过了解他人良好的意图温和地说服他人。

3. 学习模式

（1）学习直接经验。

（2）学习实际的、能帮助他人的知识。

4. 倾向性顺序

（1）情感。

（2）感觉。

（3）直觉。

（4）思维。

5. 问题解决模式

（1）喜欢从实用的角度考虑对自己和他人真正重要的事物。

（2）为获得理想结果，需要考虑其他人际关系和其他可能性，然后更客观地决定事情。

6. 工作环境倾向性

（1）喜欢与合作的、享受工作的人共事。

（2）喜欢允许有个人空间的工作环境。

（3）喜欢与温和的人共事。

（4）喜欢能够提供灵活性和安全感的环境。

（5）喜欢具有艺术感染力的环境。

（6）喜欢与礼貌的同事共事。

（7）喜欢追求实际效果的环境。

7. 潜在的缺点

（1）可能太信任他人，不愿持怀疑态度。

（2）为避免冲突而不批评他人。

（3）只关注眼前的损失。

（4）过度自我批评，容易受伤害。

8. 发展建议

（1）需要发展以怀疑的态度分析他人提供的信息。

（2）需要学会处理好冲突。

（3）需要发展更广阔、更长远的观念。

（4）需要对他人更果断，对自己有更多的赞赏。

七、ESFP

ESFP 型的人友好、开朗、爱开玩笑、活泼、喜欢与他人相处；喜欢与活泼、快节奏的人一起工作，同时也会根据判断做出不同的选择。

1. 对组织的贡献

（1）为组织创造具有活力、热情、合作的氛围。

（2）为组织提供积极发展的规划。

（3）具有行动力，营造热情、轻松的气氛。

（4）协调人、信息、资源的关系。

（5）以接纳和尊重他人的方式与人相处，温和宽容地对待他人。

2. 领导模式

（1）采用合作的领导方式。

（2）喜欢从开头管理某个工程。

（3）消除紧张气氛，把职工带入轻松的情境里。

（4）关注解决即时出现的问题。

（5）促进人际间有效的交流。

3. 学习模式

（1）利用充裕的时间通过讨论获取新知识。

（2）学习事实性的知识，搞清楚这些知识发挥作用的机制。

4. 倾向性顺序

（1）感觉。

（2）情感。

（3）思维。

（4）直觉。

5. 解决问题模式

（1）喜欢对情境进行现实和具体的评估，对人更是如此。

（2）从长远的眼光看待不同事物。

6. 工作环境倾向性

（1）喜欢与有活力的、轻松愉快的、关注现实的人共事。

（2）喜欢活跃、行为型定向的工作环境。

（3）喜欢以快节奏做事的环境。

（4）喜欢与适应性强、喜爱自由的人共事。

（5）喜欢强调和谐、友好、赞赏别人的环境。

（6）喜欢乐观的、注重交往的工作环境。

（7）喜欢丰富多彩的环境。

7. 潜在的缺陷

（1）为保持和谐，过度强调主观性论据。

（2）行动前不太考虑眼前的事实。

（3）可能花太多的时间在社会关系上，从而忽视任务本身。

（4）常常有始无终。

8. 发展建议

（1）为减少非个体性冲突，在决策时需要理智分析决策的意义。

（2）进行管理工作前应事先制定计划。

（3）需要平衡花费在任务和社会性交往上的时间。

（4）因致力于完成计划，需要对时间进行管理。

八、ESFJ

ESFJ 型的人乐于助人、机智、富有同情心、注重秩序；把与他人相处和谐看得很重要；喜欢组织成员和制定计划完成眼前的任务。

1. 对组织的贡献

（1）密切关注组织中每个人的需要，并使他们满意。

（2）以及时、精确的工作方式完成任务。

（3）尊重规则和权威。

（4）有效处理日常的管理任务。

2. 领导模式

（1）采用关心他人的领导方式。

（2）以良好的人际关系赢得合作。

（3）让成员活跃起来。

（4）承担繁重的工作，坚持到底。

（5）发扬组织的传统精神。

3. 学习模式

（1）采用系统性、参与性、个体性的学习方式，用较多的时间讨论新知识。

（2）学习早已有实践应用的知识。

4. 倾向性顺序

（1）情感。

（2）感觉。

（3）直觉。

（4）思维。

5. 解决问题模式

（1）喜欢考虑准则以及对他人的影响，也关注相关的事实和有用的细节。

（2）为获取理想的结果，需要识别其他人际关系，然后理智、冷静地分析。

6. 工作环境倾向性

（1）喜欢与诚恳、具有合作性、乐于帮助他人的人共事。

（2）喜欢目标定向型的工作环境，提供有益的、合适的工作程序。

（3）喜欢奖励组织行为和个体工作绩效的环境。

（4）喜欢鼓励人际间友谊的工作环境。

（5）喜欢开朗的工作氛围。

（6）喜欢关心成员的工作环境。

（7）喜欢关注事实和价值观的环境。

7. 潜在的缺点

（1）避免和回避冲突。

（2）因致力于令他人满意而忽略自己。

（3）提供自己认为是对组织和对他人最好的建议。

（4）不经常客观地反思过去、展望未来。

8. 发展建议

（1）需要学会注意差异性和处理冲突。

（2）需要学会分离出自己的需要。

（3）需要学会更客观地听取他人真正需要的是什么。

（4）在做决策时，需要考虑决策的全局性意义。

九、INFJ

INFJ 型的人相信自己的眼光，具有同情心和洞察力，善于运用自身的影响力；喜欢独立工作或与那些热衷于关注成员成长与发展问题的小群体共同工作。

1. 对组织的贡献

（1）提供服务于人类需要的远见卓识。

（2）恪守职责。

（3）完善、始终如一地工作。

（4）可以集中精力提出具有创造性的观点。

（5）在人与工作间建立复杂的相互作用关系。

2. 领导模式

（1）以使个体和组织获得最大利益的远见来从事领导工作。

（2）能够从合作中获益。

（3）采取平稳、认真、持续性的行为实现战略目标。

（4）通过工作实现自己的理想和抱负。

（5）意志坚定地激发他人实现他们的理想。

3. 学习模式

（1）采用极具个体化的学习方式。

（2）强调复杂、结构性的概念。

4. 倾向性顺序

（1）直觉。

（2）情感。

（3）思考。

（4）感觉。

5. 解决问题模式

（1）喜欢识别自己的内在观点，尤其是与人和社会准则有关的问题。

（2）为成功实现目标，对关于未来的客观性和现实的细节问题同样重视。

6. 工作环境倾向性

（1）喜欢与把为人类创造未来作为理想的人共事。

（2）喜欢提供展示自我价值的环境。

（3）喜欢和谐气氛和体谅他人的环境。

（4）喜欢尊重他人且管理机制顺畅的工作环境。

（5）喜欢奖励个体的远见卓识的环境。

（6）喜欢提供独立空间的工作环境。

（7）喜欢有组织、有计划的工作环境。

7. 潜在的缺点

（1）发现自己的远见被忽视和低估。

（2）面对批评不太坦率。

（3）因不太愿意强迫别人而过度保守。

（4）仅从单一维度考虑他们认为对将来最有益的事。

8. 发展建议

（1）在提出自己的观点时，需要发展政治领悟力和自主性决策能力。

（2）需要学会及时给他人建设性的反馈。

（3）需要不断征求他人的建议和获得他人的反馈。

（4）需要以更放松和更开放的态度面对现状。

十、INFP

INFP 型的人具有开放性，是理想主义者，具有洞察力，做事灵活；希望自己的工作被重视；喜欢独立工作或在能发挥创造性的小团体里工作。

1. 对组织的贡献

（1）以自己的方式与他人沟通和说服他人。

（2）以组织共同的目标把成员团结起来。

（3）致力于为组织中的成员寻求匹配的岗位。

（4）为组织提供新的理念和各种发展的可能性。

（5）平稳地推进组织发展，建立组织的价值观。

2. 领导模式

（1）采用便利的领导方式。

（2）倾向发挥独特的领导能力而不是担当传统性的领导角色。

（3）独立工作。

（4）更可能表扬成员而不是批评成员。

（5）鼓励员工以行动实现理想。

3. 学习模式

（1）安静地专注于自己的兴趣，展示出丰富的想象力。

（2）做事灵活，专注自己和他人的发展。

4. 倾向性顺序

（1）情感。

（2）直觉。

（3）感觉。

（4）思考。

5. 解决问题模式

（1）思考真正对他人和自己重要的问题，找出具有创造性的可能性。

（2）为获得最佳结果，注意收集事实资料以客观地做出决策。

6. 工作环境倾向性

（1）喜欢与具有正确价值观、令人愉悦、效忠组织的人共事。

（2）喜欢和谐、轻松的环境。

（3）喜欢既允许单独工作又允许合作的环境。

（4）喜欢提供灵活、有弹性的工作的环境。

（5）喜欢非官僚主义的环境。

（6）喜欢安静的环境。

（7）喜欢提供独立思考空间的工作环境。

7. 潜在的缺点

（1）因追求完美而延误任务进度。

（2）总想一劳永逸。

（3）没有调整好理想与现实。

（4）思考多于行动。

8. 发展建议

（1）需要学会怎样工作而不是只注重实现理想。

（2）需要发展更坚强的意志，并愿意说"不"。

（3）需要用自己的准则分清事实和逻辑。

（4）需要建立和执行行动计划。

十一、ENFP

ENFP 型的人热情、富有洞察力和创新性，多才多艺，不知疲倦地寻求新的希望和前景；喜欢在团队中工作，致力于从事能给他人带来更好改变的事情。

1. 对组织的贡献

（1）能察觉改革的需要并发起变革。

（2）关注前景的发展，尤其是成员的未来发展。

（3）以富有感染力的热情激励和说服他人。

（4）把创造性和想象力融入制定的计划和贯彻的行为中。

（5）欣赏和认同他人。

2. 领导模式

（1）采用富有活力、热情的领导方式。

（2）喜欢进行首创性管理。

（3）经常是重要事件的发言人。

（4）工作中提倡和支持成员的自主性。

（5）关注如何激励他人，如何鼓励他人并让他人付诸行动。

3. 学习模式

（1）积极主动型、经验型、想象型。

（2）对学习内容感兴趣，不管它们是否实际有用。

4. 倾向性顺序

（1）直觉。

（2）情感。

（3）思维。

（4）感觉。

5. 解决问题模式

（1）喜欢根据自己的价值观和准则探索创造性发展的各种可能性和前景。

（2）为获得最佳结果，冷静理智分析，考虑相关的事实资料和各种细节。

6. 工作环境倾向性

（1）喜欢与想象力丰富、致力于成员未来发展的人共事。

（2）喜欢允许表现交际能力和智力才能的环境。

（3）喜欢与不同的人分享不同的观点。

（4）喜欢变化和具有挑战性的环境。

（5）喜欢鼓励提出观点和想法的环境。

（6）喜欢有弹性、自由度大、限制少的环境。

（7）喜欢气氛愉悦和随意的环境。

7. 潜在的缺点

（1）在没完成已经提出的计划之前又转移到新的想法和计划中。

（2）忽视相关的细节和事实资料。

（3）过分扩展，尝试做的事情太多。

（4）因寻求可能的最佳结果而拖延工作。

8. 发展建议

（1）需要根据重要性事先做好安排，先做最重要的任务，然后坚持到底。

（2）需要关注重要的细节。

（3）需要学会筛选任务，不要试图去做所有具有吸引力的任务。

（4）为达成目标，需要使用制定计划和管理时间的技巧。

十二、ENFJ

ENFJ 型的人关注人际关系，理解、宽容和赞赏他人，是良好沟通的促进者；喜欢与他人一起工作，致力于完成与成员发展有关的各种任务。

1. 对组织的贡献

（1）有强烈的关于组织该如何对待成员的观念。

（2）喜欢领导和促进团队的建立。

（3）鼓励合作。

（4）传播组织的价值观和准则。

（5）致力于获得丰硕的组织成果。

2. 领导模式

（1）采用富有热情和赞扬他人的领导方式。

（2）以参与的态度管理员工和工作。

（3）满足员工的需要，努力使每个员工满意。

（4）促使组织的行为与组织的价值观一致。

（5）鼓励实施给成员带来利益的变革。

3. 学习模式

（1）在相互交流和合作中学习重要的内容。

（2）有良好的学习习惯，在学习中能获得更多鼓励。

4. 倾向性顺序

（1）情感。
（2）直觉。
（3）感觉。
（4）思维。

5. 解决问题模式

（1）先判断发展计划是否能取得成果和对成员的影响。
（1）为获得最佳结果而注意更多的事实资料，然后进行理智、冷静的分析。

6. 喜欢的工作环境

（1）喜欢与那些关注变革并通过变革改变他人的人共事。
（2）喜欢人际定向型和社会型的环境。
（3）喜欢鼓励支持和称赞他人的环境。
（4）喜欢富有同情心和和睦气氛的环境。
（5）喜欢鼓励自我表现的环境。
（6）喜欢稳定和做事果断的环境。
（7）喜欢注重反馈和秩序的环境。

7. 潜在的缺点

（1）可能会理想化他人，容易被他人表面的忠诚所被蒙蔽。
（2）可能回避有冲突的问题。
（3）因重视人际关系而忽视任务。
（4）过度自我批评。

8. 发展建议

（1）需要认识成员的局限性，捍卫真正的忠诚。
（2）需要学会处理冲突。
（3）需要学会同时关注任务中的细节问题和完成任务的人。
（4）需要认真听取客观的评价，少一些自我批评。

十三、INTJ

INTJ 型的人独立而极具个性化，具有专一性和果断性，相信自己的眼光，漠视众人的怀疑；喜欢独自完成复杂的工程。

1. 对组织的贡献

（1）为组织提供理论观点和设计技术。

（2）把想法变成行动计划。

（3）为达成目标排除障碍。

（4）有强烈的关于组织应该成为什么样组织的理念。

（5）促使组织中的每个人明白组织是由许多复杂、相互作用的部分组成的整体系统。

2. 领导模式

（1）促使自己和他人完成组织目标。

（2）坚定有力地贯彻执行组织的理念。

（3）要求自己和他人具有顽强意志。

（4）构思、创造新的模型。

（5）必要时，意志坚定地重建整个组织系统。

3. 学习模式

（1）采用个性化、思考式学习方式，深入其感兴趣的领域。

（2）采用智慧型、理论型学习方式，提供宏伟蓝图。

4. 倾向性顺序

（1）直觉。

（2）思维。

（3）情感。

（4）感觉。

5. 解决问题模式

（1）喜欢以其内在的认识制定战略、系统和结构，然后客观地做出决定。

（2）为获得最佳结果，会接纳他人想法和那些使自己的认识更加接近现实的细节资料。

6. 工作环境倾向性

（1）喜欢与有果断、理智接受挑战、致力于完成远期理念的人共事。

（2）喜欢允许独立思考和个体性的工作环境。

（3）喜欢强调效率的环境。

（4）喜欢与有竞争力和创造力的人共事。

（5）喜欢鼓励和支持自主性的环境。

（6）喜欢提供创造机会的环境。

（7）喜欢任务定向型和重视思考的环境。

7. 潜在的缺点

（1）可能显得强硬，他人不敢接近。

（2）长时间不告诉他人自己的想法，认为他人也和自己一样认同某种想法。

（3）可能很难实际操作理想化的想法。

（4）过度关注任务而忽视他人的贡献。

8. 发展建议

（1）自己的个性化方式和想法可以征求他人的反馈和建议。

（2）与参与任务的人早一些沟通及讨论自己的想法和战略计划。

（3）当事实资料不支持自己的想法时，应面对现实。

（4）明白他人的贡献应该受到鼓励和承认。

十四、INTP

INTP 型的人讲究合理性，喜欢理论和抽象的事物，好奇心重，更喜欢构建思想，不太关注环境和人；喜欢单独工作，强调对自己的观点和方法拥有最大的自主权。

1. 对组织的贡献

（1）为组织设计理性、复杂的系统。

（2）在处理错综复杂的问题中显示出其专业性。

（3）同时拥有理智的短期目标和长期目标。

（4）提供理智的、分析的、批评的思维方式。

（5）关注核心问题。

2. 领导模式

（1）在概念上分析问题和目标。

（2）提供逻辑思维模式。

（3）在追求自主性的同时，也关注他人独立的领导模式。

（4）依据他人的专业知识而非职位与其交往。

（5）追求与他人智慧上的交流而非情感上的交流。

3. 学习模式

（1）采用个体化学习方式，不设置开始与结束，只根据自己感兴趣的内容进行学习。

（2）采用广泛的、概念性的、能挑战智慧的学习方式。

4. 倾向性顺序

（1）思维。

（2）直觉。

（3）感觉。

（4）情感。

5. 解决问题模式

（1）在寻求各种可能的选择时，喜欢以自身内部的逻辑建构问题和解决问题。

（2）为获取最佳结果，需要同时关注现实状况和他人的需求。

6. 工作环境倾向性

（1）喜欢与独立的思考者、关注解决复杂问题的人共事。

（2）喜欢允许个体有充足的时间和空间进行思考的环境。

（3）喜欢能够培养思维独立性和创造性的环境。

（4）喜欢能够提供灵活的政策和程序的环境。

（5）喜欢安静、尽可能少开会的环境。

（6）喜欢非结构化和非官僚作风的环境。

（7）喜欢奖励自我决定的环境。

7. 潜在的缺点

（1）过于抽象，因而总是坚持不太符合现实的任务。

（2）过于理性化，解释起来太理论化。

（3）过多注意团队中一些小的不一致的地方。

（4）可能以批评的方式对待成员，不考虑个体感受。

8. 发展建议

（1）需要关注现实中的细节，确立完成任务的具体步骤。

（2）需要简单地陈述事实。

（3）为获得他人的合作，需要放弃细小的问题。

（4）需要更好地认识他人，更多地表达对他人的赞赏。

十五、ENTP

ENTP 型的人富有创新力，具有战略眼光，多才多艺；喜欢与他人一起从事需要非凡智慧的创始性活动。

1. 对组织的贡献

（1）把限制看成是挑战并加以排除。

（2）提供完成任务的新方法。

（3）把问题放在理论框架中进行考虑。

（4）提倡创新，激励他人创新。

（5）喜欢接受适应未来发展需要的复杂挑战。

2. 领导模式

（1）制定理论体系满足组织的需要。

（2）鼓励他人的独立性。

（3）运用逻辑分析寻找变革的模式。

（4）对于自己想做的事会使用强制性的理由。

（5）在人与组织之间扮演促进者的角色。

3. 学习模式

（1）采用主动型、概念型的学习方式，喜欢从专家那里学习知识。

（2）接受挑战型知识，定向于未来的发展蓝图。

4. 倾向性顺序

（1）直觉。

（2）思维。

（3）情感。

（4）感觉。

5. 解决问题模式

（1）喜欢探索未来的前景和发展模式，理智地分析每一个正向和反向的结果。

（2）为获得最理想结果，关注成员的需要和相关的事实与细节。

6. 工作环境倾向性

（1）喜欢与独立的、按理论模型解决复杂问题的人共事。
（2）喜欢提供灵活性和挑战性的工作环境。
（3）喜欢变革型和非官僚作风的工作环境。
（4）喜欢与具有竞争力的个体共事。
（5）喜欢奖励挑战风险行为的工作环境。
（6）喜欢鼓励行为自主性和自由性的环境。
（7）喜欢关注未来发展远景的工作环境。

7. 潜在的缺点

（1）过多依赖模型而忘记现实状况。
（2）因竞争心而不会赞赏他人的付出。
（3）因过分扩展自己而筋疲力尽。
（4）可能抵制正规的程序和准则。

8. 发展建议

（1）需要注意各个方面的因素和基本的事实。
（2）需要承认他人贡献的有效性。
（3）需要设立任务开始与结束的期限，知道何时结束。
（4）需要学会怎样在组织里工作。

十六、ENTJ

ENTJ 型的人具有逻辑性、组织性、客观性、果断性；喜欢与他人一起工作，喜欢从事管理工作和制定战略计划。

1. 对组织的贡献

（1）制定经过深思熟虑的组织计划。
（2）为组织建立组织结构。
（3）制定具有远大目标的战略规划。
（4）快速管理，迅速解决需要解决的问题。
（5）即刻处理因混乱和效率低引起的问题。

2. 领导模式

（1）富有活力的行为定向型领导模式。

（2）为组织制定长远规划。

（3）必要时，采用直接的、强硬的管理方式。

（4）喜欢复杂问题并足智多谋地解决这些问题。

（5）尽可能多地参与组织管理。

3. 学习模式

（1）喜欢由专家传授知识。

（2）对挑战和问题持开放态度。

4. 倾向性顺序

（1）思维。

（2）直觉。

（3）感觉。

（4）情感。

5. 解决问题模式

（1）根据内在的理解进行逻辑分析从而控制局面。

（2）为获得理想结果，对事实资料进行现实性决策，同时考虑决策对成员和自己的影响。

6. 工作环境倾向性

（1）喜欢与结果定向型、独立的、有能力的、注重解决复杂问题的人共事。

（2）喜欢目标型定向的工作环境。

（3）喜欢与有效率的员工共事。

（4）喜欢即刻奖励做出努力的员工的工作环境。

（5）喜欢与果断的人共事。

（6）喜欢与意志坚定的人共事。

（7）喜欢有组织计划的工作环境。

7. 潜在的缺点

（1）关注任务而忽视成员的需要和对组织的贡献。

（2）忽略对现实的考虑和对现实局限性的认识。

（3）做事决策太迅速，缺乏耐心、盛气凌人。

（4）忽视和抑制自己和他人的情感。

8. 发展建议

（1）需要考虑人的因素，赞赏他人对组织的贡献。

（2）行动前先检查现实的、人力的、环境的资源是否可获得。

（3）决策前应慎重考虑各方面的因素。

（4）需要学会鉴别和重视自己和他人的情感。

第十章　职业探索

　　杨某，吉林师范大学管理学院 2016 级人力资源 ISEC 专业学生，已为自己的未来工作确定了两个目标：①要进好企业最好是世界 500 强的企业；②要进医药行业、互联网行业、汽车行业。目前在北京负责医疗器械营销。杨某工作积极主动，其在大学期间对基础专业的学习，培养了她的学习能力；在学校学生会 3 年的锻炼，培养了她的人际交往能力和组织管理能力；明确的就业目标让她对工作的学习动力更强；积极主动的处事风格让她在众多竞争对手中脱颖而出，对工作内容更加热情。

　　我国社会飞速发展，经济发展日新月异，信息化速度突飞猛进，工作世界也发生着巨大的改变。共享经济、人工智能、物联网等新兴行业给传统行业带来了巨大的冲击和挑战，职业种类日趋复杂多样。如何凭借自身的一技之长在职业中占据一席之地并成长发展和取得成就，是值得每一位青年关注和思索的问题。就业难、失业率高、职业倦怠等当代大学生在职业发展中所面临的问题，都与就业主体未能认清内部因素（自身发展条件、综合素质等）和外部因素（职业发展前景、职业探索等）有一定的关系。本章将通过"职业探索"增加大学生对内外部因素的认识和了解，给予学生启发，推动学生职业探索，促进学生职业发展与成长。

第一节　职业探索理论

　　长期以来，职业探索在职业选择、职业发展理论中占据着举足轻重的地位。现如今，对职业的探索被认为是贯穿整个人生的任务。职业探索演变过程、影响因素及结果可以充分表明与它相关的研究已经与心理学内容相互融合，关于它的研究方法也越来越成熟。

一、职业探索的概念演变

职业探索的概念在 1960 年以后开始发展。起初，学术界仅了解职业探索是探案行为中的一种。后来，关于职业探索的定义就越来越多。现在关于职业探索的界定，有四种主要看法：第一种界定是把职业探索看作是一种处理职业问题的行为或寻找信息的行为；第二种界定认为职业探索（包括确认和评估各种可能的选择以及信息收集）被视为职业决策过程中的一个重要阶段；第三种界定认为职业探索是 15~24 岁的青年探索各种可能的职业选择，最后做出选择并予以实施，并且认为这是人生的一个重要的阶段；第四种界定认为职业学习和发展的每个阶段都与职业探索密切相关，其伴随人的一生。以上四种不同的界定在内容上相互补充，向我们清楚地展现了职业探索概念演变发展的过程。总之，在职业探索中，我们需要寻找信息，对自我和环境进行分析认识，从而实现职业目标，这是复杂的心理历程。职业探索涉及的是一系列的认知活动和情感活动，即"要想实现目标，就要面向未来"，就需要对过去和现在的经验进行解释和重新建构，就需要让个体感受到内在动机和外在动机的激励。

二、职业探索的影响因素

找出能够促进探索行为的先决条件或影响因素（包括个体因素和环境因素）是职业探索研究的重要内容。早期学术界主要从社会学习的观点出发对个体因素进行研究，研究成果表明职业探索与模仿和间接学习等因素有关；近期的研究成果则揭示了如动机、自我同一性、自我效能感等个体差异变量的重要性。自我决定理论认为内在动机可能驱动个体做出职业探索，即一些职业探索活动是自我决定的。有关实证研究表明，职业探索活动与自我效能期望和发展水平均有关联。例如，如果某人职业探索水平较高，那么可以说明其同一性发展水平和个人自我效能水平都较高。关于影响职业探索的环境因素主要有家庭因素和经济地位因素。实证研究发现，个体的职业探索得益于安全的亲子依恋，对父母的依恋程度越高，自我探索的水平也就越高。而受非安全依恋影响长大的个体，其探索活动往往会显得焦虑，并且职业探索对他们来讲是不具有吸引力的。个体职业探索的内容和过程还受到个体经济地位的影响。研究发现，受社会经济地位的影响，青少年职业探索的内容和过程也会相应改变。高经济地位的青少年具有更高水平的自我探索，科学和艺术领域中的各种职业选择往往不在低收入家庭选择范围内。

三、职业探索的积极影响

分析职业探索对个体职业发展和职业决策的影响是职业探索研究的另一重要内容。研究表明，首先，职业探索能够促进个体关于职业观点和自我概念的成熟；其次，通过职业探索，个体将认识到自己的主观能动性并将之转化为主体力量，从而在职业决策过程中保持自信。此外，如果推动个体自我同一性发展，使个体看待自我和未来的视野更加宽广，那么也就可以表明个体在职业探索的同时也提高了其总体探索水平。

第二节 工作世界的宏观现状

通过对兴趣、性格、价值观等自我探索，每个人会对自己有更深入的了解与认识，认识自己是我们一生都想要达到的一种境界。马克思曾说"人类是社会的产物"，社会中的人都会有角色与职业，面对纷繁复杂的社会和未知世界，只探索自我和增强自己的知识技能显然是不够的，还应该探索工作世界。下面，让我们共同来思考以下三个问题：

（1）我们未来想找什么样的工作？

（2）怎样才能找到心仪的工作？

（3）你了解你所喜欢的职业吗？

我们会发现大家对工作的要求趋同，都想找到一份赚钱多、责任小、离家近、自己喜欢的工作，对自己未来的工作层次和待遇要求也较高。但对自己未来的规划程度不高，甚至抱有盲目乐观或者过度悲观的态度，并且对未来工作世界了解程度不够，甚至部分学生不喜欢现在专业，不知道为什么而学习，为什么要学习等情况。那么我们未来的工作世界真的如我们想象的那么美好与理想吗？让我们带着各自的疑惑学习生涯规划课程的职业探索部分。

首先让我们找出一张纸，画一张你眼中的工作世界是什么样的（它可以是一个工作场景），如图10-1所示。

通过同学们的画我们能够看出，有些人对工作感到有压力，有些人却抱有积极乐观的态度；有些人对自己的未来很明确，有很翔实的计划；有些人却对未来很迷茫甚至恐慌；有些人自己不一定适合研究或并不喜欢继续读书，但是

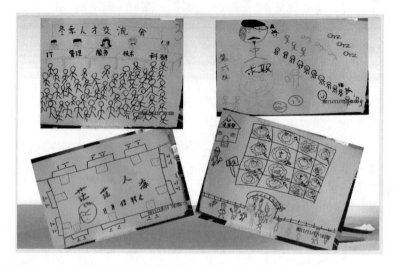

图 10-1　学生们想象中的工作世界

因为找不到工作而陷入绝望，怀着"反正找不到好工作，那就不找工作了直接考研吧"的想法，做出了错误的生涯决策。但是如果我们能够清晰、全面地了解工作世界，知道尽管毕业生众多，竞争激烈，但在清楚企业的用人要求、工作发展路径和规律等基础上，结合自身的特点在社会上找到适合自己的工作是可以实现的。

一、劳动人口变化

随着高等院校毕业生人数的逐年增多，找工作的压力也逐渐加大。截至2017 年 5 月 31 日，全国高等学校共有 2914 所；2019 年高校应届毕业生人数已达到 834 万人，再加上未就业的往届生，2019 年的高校毕业生的就业人数将是一个庞大的数字。作为还未踏出校门的大学生，面对未来的就业形势具有学校优势吗？具有专业优势吗？具有自身优势吗？其了解未来的工作世界吗？面对一个心仪的工作岗位，面临学历高、名校出身、专业证书多的竞争对手，有胜算的把握吗？答案一定是肯定的。

例如，吕某，吉林师范大学教育科学学院 2008 级心理学专业硕士研究生，其 2011 年毕业便面临心理学专业就业面窄等不利形势，吕某在网上投递简历，参加吉林师范大学、东北师范大学、辽宁师范大学、哈尔滨师范大学等应届毕业生招聘会。吕某在没有签约后主动来到北京，参加北京市高校就业招聘会与国内的名校毕业生竞争就业岗位，经过面试、笔试等多轮考验终于与珠海教育局签约。吕某扎实的专业功底、专业的师范基本功、精心而有针对性的简历、事先对工作单位的了解等都是她在面对强大对手脱颖而出的成功因素。所以为了让自己更具有竞争力，我们必须从现在开始努力，培养自己的核心竞争力。

二、结构性失业问题突出

随着经济产业的变动，劳动力市场也随之发生相应的变化，但社会对劳动力的需求与劳动力市场的结构特征不吻合，从而导致了结构性失业。结构性失业主要是因经济结构发生了变化，但现有劳动力的知识、技能、观念、区域分布等不适应这种变化，与市场需求不匹配而引起的失业。

1. 结构调整型失业

结构调整型失业指劳动力的供给结构不能随经济结构变动而导致的失业。例如，我国第一产业对劳动者的需求量减少，第三产业对劳动者的需求量增加，这是由于经济结构的调整。但第一产业和第三产业对劳动者的要求显然不同，而这种要求的不匹配就会导致第三产业的劳动人员因自身各方面素质无法及时做出调整而无法转入第三产业，从而导致失业。此外，产业结构的升级也会促使用人单位提高劳动者素质的要求，不适应要求的低素质劳动者原来即使有岗位也会陷入失业状态。与此同时，许多企业却欠缺技术工人，从而导致空位的存在。

2. 体制转轨型失业

体制转轨型失业指由于制度转变引发劳动力供给和需求双方不能达到平衡而产生的失业。例如，在计划经济体制下，企业要以实现充分就业为目的，而在市场经济条件下，企业要选择以成本最小而利润最大的生产要素技术组合来生产。在成本约束条件下，企业中那些边际生产力低于社会平均边际生产力的职工（无效劳动力）就会面临下岗失业。

3. 经济增长方式转变型失业

经济增长方式转变型失业指由于经济增长方式的转变使得劳动者的实际能力不能满足用人单位的要求而产生的失业。例如，转变经济增长方式，一方面，会有大量员工失去工作；另一方面，许多城市包括深圳、上海等都存在技术工人短缺的状况。其中，深圳的某公司实行工资方面的改革，高级技工的月薪超过6000元；上海发出了"技术人员紧缺，青年技工、技师亟待补充，高级技工缺额较大"的呼吁。这些都是经济增长方式改变引起的结构性失业。

4. 技术进步型失业

技术进步型失业指由于技术进步使劳动者的需求结构与供给结构不一致而造成的失业现象,而这种不匹配主要表现在工种、技术、知识方面的不一致。目前,我国正处在第三次科技革命的浪潮中,就业结构发生了重大变化。正如英国《焦点》月刊提出的那样:"在今后的 15~20 年中,将出现一股巨大的科技浪潮,它将像工业革命给我们的祖先造成的影响那样对我们的工作方式产生深远的影响。就像农业工人在工业革命时期曾经从事制造业一样,那些先前曾经在制造业工作的人员现在正投身到新的服务经济和科技信息世界中。"未来经济将由理念、信息和技术组成,而无法适应科技革命与技术进步,还有无法胜任新的工作岗位的人一定会很难找到合适的工作。

5. 知识经济发展型失业

在知识经济的影响下,劳动者因满足不了新时代对知识的高要求而产生的失业现象。21 世纪,知识的增长速度非常快,由此导致新知识与旧知识的更改与替换的速度也非常快。根据现在的统计,劳动者知识的半衰期已经缩短至 5~7 年。从知识的产生和老化状况来看,过去 2000 年人类获得的知识等于近 50 年来的总和,到了 2050 年,人类获得知识的 1% 等于今天的知识,剩下的 99% 的知识都是今后创新的。这就意味着劳动者如果不去获取新知识,就会面临失业。同时,知识经济改变着传统工业经济,使职业结构发生巨大变化。在 20 世纪五六十年代中,工业发达国家共消失了 8000 多个技术工种,同时出现 6000 多个新的技术工种。

6. 教育发展滞后型失业

教育发展滞后型失业指由于劳动者学习内容与实际情况不相符,使劳动力供给结构满足不了需求结构的要求而引起的失业。这种不一致的情况主要因为教育体制相对落后、教育结构不合理导致劳动者素质不能及时得到提高。现在我国的教育投资主体还较单一,导致劳动者的素质与用人单位对劳动者的要求不能同步发展。因为对社会办学、民间投资办学的扶持力度不够,使我国的教育模式与形式都不能实现多方面发展,从而使一些跟生产实践紧密联系的如继续教育、职业教育等形式得不到应有的发展。同时,高等教育在专业设置上不够合理会使学生的专业知识与社会的实际需求不能顺畅转变,导致一些大学生毕业就面临失业。总之,经济与教育的脱节,一方面,导致劳动者的素质能力与现实要求不匹配；另一方面，导致就业范围窄的高学历人才也不容易找到合适的工作。

以上是从导致劳动力供求结构不一致的角度来划分结构性失业的类型。下面是从劳动力供求结构不一致的诸多表现形式的角度出发来划分结构性失业的。

7. 就业观念滞后性失业

就业观念滞后性失业表现在劳动者对自己岗位的需要以及对其抱有较高的期望而与用人单位提供的岗位不相匹配所造成的失业。有两种情况，一种是普遍存在于一些下岗职工中，由于他们不适应市场经济的发展，缺乏竞争就业意识，抱着懈怠和依赖的心理，等着相关部门和企业解决就业问题。据调查显示，69%的下岗职工不愿意参加再就业培训；46%的未就业人员没有去找过工作；11%的人出去找过工作但不愿意干。还有一些下岗的人学历不高、工作技能不够丰富，却又看不起学历要求不高但较累的工作，这自然会使得自己成为失业人员。另一种情况存在于新增加的劳动力中，例如，一些刚毕业的大学生希望能够在大城市中生活，进入大公司工作，对工资期望比较高，但往往因自己能力不够而甘愿选择失业。实际上，我国高学历人才在总量上是很多的，但用人单位的实际需求往往低于该数量。许多经济落后的地区对高学历人才的需求较小，因而导致结构性失业。

8. 地区供求不对称性失业

地区供求不对称性失业指劳动力在地区中的供给与需求有差异造成的失业。不同地区的经济发展水平不同，一方面，不同区域的劳动力素质是不同的，一般来讲，在经济相对落后的地区劳动力素质相对偏低，而低素质的劳动力也更容易被市场淘汰，从而导致这些地区的失业人员较多；另一方面，发达地区的人才供给量大于人才需求量，原因是人才为追求高收入由落后地区向发达地区流动。在我国，东部地区的经济发展水平高于中西部地区，这使中西部地区的高素质劳动力向东部地区流动，从而出现中西部地区人才短缺、失业率偏高的现象。

9. 年龄供求不对称性失业

年龄供求不对称性失业体现在劳动力的年龄结构不符合市场要求。一般来讲，用人单位往往需要年龄较低但学历较高的劳动力，但多数下岗工人中都超过此年龄段，且文化水平较低。据统计，青岛市近几年来用人单位在劳动力市场进行招聘，80%以上要求的年龄是35岁以下，高中以上文化程度。2002年上半年，市场为女性满 40 周岁、男性满 45 周岁（简称"4045"人员）提供的岗位只有 55 个，而同期"4045"人员在劳动力市场求职却达到 3382 人次。

10. 性别供求不对称性失业

性别供求不对称性失业指在劳动力供给在性别方面的结构需求不一致而导致的失业。例如，大学应届毕业生找工作，一般用人单位会优先考虑男性。对于同是文化程度不高、技术能力较弱的 40 多岁的求职者来说，女性比男性更容易找到工作。据报道，杭州市 40 岁以上、文化程度初中以下、技能单一的男性求职群体成为了就业困难群体。与这些就业困难的男性相比，相同条件的女性求职者却容易找到工作，如家政员、包装工、超市服务员等工作岗位。而且这些女性群体，还可以在家政服务业、商业零售业领域中找到工作，但是劳动部门有关人员表示，40 岁以上的男性就业困难人员很难在市场上找到适合的岗位。

我们要清楚一点，结构性失业是一种正常现象，是来自经济发展过程中产生的劳动力供求矛盾。由于我国调整经济构造，与之相应的劳动力结构必然要与经济结构保持一致，这必定会引起结构性失业，劳动力供给过剩和劳动力短缺是共同存在的，失业不是因为缺少就业机会，而是缺少符合要求的劳动力。其中高级技术人才和高级管理人才最为短缺。从另一个角度来看结构性失业，信息不对称、城市间的经济发展不平衡也是其重要原因。"宁可要在北京有一张床，不要在西部有一套房"反映出大城市有更多的资源和更多的机会，而二线、三线城市资源少也体现了经济发展的不平衡性。

三、转换工作成为了一种惯例

市场作为资源配置的一种普遍手段，对就业者提出了更加严苛的工作要求，不适应环境的人很快就会被淘汰，适应能力强的人就会脱颖而出。所以要树立发展意识，增强自己的核心竞争力。

产业结构调整速度加快，工业或制造业的就业人数减少，服务业和信息产业的工作机会增多。企业的破产与建立成为普遍的事情，同时多种工作形式、机会可供选择。

2018 年是我国改革开放的第 40 年，我国提出的亚洲基础设施投资银行"一带一路"倡议受到了全世界绝大多数国家的支持与参与，我国提出的"中国梦"和"人类命运共同体"等也让中国在世界的舞台上更有话语权，作为中国人，我们应该感到骄傲与自豪，作为时代的骄子，我们更应该把握时代的脉搏，在全球化经济环境下找到自己的位置，贡献一分力量，同时成就自我。

一个美国人，上身穿着英国生产带斜纹的软呢外套和一件韩国生产的衬衣，下身穿着中国香港生产的长裤，脚上穿着意大利生产的皮鞋，手上戴着瑞士生产的手表，还看了一眼旁边的德国车，喝着滚热的哥伦比亚咖啡，用着加拿大生产的杯子，放在中国生产的杯垫上，下面的桌布是爱尔兰亚麻桌布，桌子是用丹麦亚麻油涂料装饰过的，播报的新闻是从日本生产的电视机播放的，使用一支中国台湾制造的钢笔，写信给议会代表，了解为什么美国的贸易不平衡。

我们看到的例子一点也不过分，全球化速度的加快，已经不再是潜移默化影响着我们普通人的日常生活，而是切实地改善着我们的生活方式和生活品质。经济全球化的同时也会加快人才流动，未来的同事和伙伴乃至竞争对手将不再仅是本国人。所以对于就业来讲，未来全球化带来的就业机遇与挑战并存。

四、培训和再教育成为常事

随着社会的进步与信息化的发展，我们既不能等到万事俱备了再去前行，又不能自以为是地以不变应万变。要主动学习知识，多渠道获取知识，因为信息的变化使即时更新自身知识成为生存的必要技能，在信息社会中，唯一不变的是保持终身学习的习惯，这是 21 世纪的人必须具有的信念。

人工智能是研究、开发用于模拟、延伸和扩展人的智能的理论、方法、技术及应用系统的一门新的技术科学。

人工智能是计算机科学的一部分，它是为了了解智能的本质情况，并生产出一种新的能以人类智能相似的方式做出反应的智能机器，此领域的研究包括机器人、语言识别、图像识别、自然语言处理和专家系统等。自创造出人工智能以来，其技术和理论日益成熟，应用范围也越来越广，未来人工智能带来的科技产品，将会是人类智慧的"容器"。人工智能可以对人的思考过程进行模拟。人工智能不是人的智能，但可以像人一样思考，未来也可能超过人的智能。

人工智能是一门具有挑战性和创新性的科学，从事这项工作的人须懂得有关计算机、心理学和哲学方面的知识。人工智能是十分广泛的学科，它由不同的领域组成，总体来说，对人工智能的研究主要是为了使机器可以像人一样能够胜任一些需要智慧才能完成的相对复杂的工作。但不同的时代和人对这种"复杂工作"的理解是不同的。由于科技不断进步与更新，人工智能的优势已经不言而喻,简单重复性职业将会受到很大的冲击。

信息网络的快速发展,物联网是信息技术新一代的重要组成部分,也是"信息化"时代的主要发展阶段,是物物相连的互联网。在这里有两种意思:第一,互联网是其物联网的核心和基础,是在互联网的基础上开展的网络;第二,其用户端延伸和扩展到了任何物品与物品之间,进行交换和通信。物联网通过智能感知、识别技术与普适计算机等通信感知技术实现了网络的融合,也是这样,它被誉为继计算机、互联网之后世界信息行业发展的第三次浪潮。物联网是互联网的应用拓展,与其说物联网是网络,还不如说物联网是应用和业务。所以,物联网的发展核心是应用创新,其发展的灵魂是以用户体验为核心的创新。物联网的快速发展在未来会是科技发展的新动力。

人工智能、物联网等科学技术的发展都将引领并引起劳动力发展的变化,职业的发展周期将越来越短,若干专业在不久的未来将会消失,所以"专业型+复合型"人才将是未来的发展趋势,终身学习将是发展的硬道理。

五、工作价值观的整体趋向

传统价值观:"做一颗螺丝钉,工作到退休。"这是 20 世纪 70~90 年代中国人的价值观,从雷锋到王进喜再到焦裕禄,他们都是中国人在那个年代的代表人物,体现着国家和人民的意志。

现代价值观:"实现经济目标,成就理性动机。"自改革开放以来,随着中西方文化的多元碰撞,中国社会的价值观发生了很多重大的变迁。中国人的"螺丝钉精神"和"砖块精神"在西方价值观的影响下,形成了"实现经济目标,成就理性动机"的现代价值观。改革开放 40 余年,中国发生了翻天覆地的变化,中国人传统价值观和现代价值观也发生了变化。一方面追求经济目标,另一方面不断追求自己的理性动机。在全世界都能见到中国人的身影,可以毫不夸张地说中国人遍及世界的各个角落,他们能吃苦,辛勤耕耘,改变自己命运的同时也改变着世界的格局。

后现代价值观:"实现个体幸福最大化,追求个体标准差异,不强调权威与大众标准。"2017 年 4 月 13 日河南省实验中学教师顾少强留下的一封辞职信中写道:"世界那么大,我想去看看。"被网友誉为"史上最具情怀的辞职信",也打开了后现代价值观的反思。

第三节 有关职业的微观事实

一、有多少种职业

目前的职业超过 20000 多种，对于大多数人来讲都有数种职业适合他们。那么，我们所读的专业，可以选择什么样的职业呢？同一个专业能选择的职业有很多，面临纷繁复杂未知的世界，面对职场的竞争压力，在培养自己专业素养的同时还要了解我们的工作世界，决不能闭门造车。唯有知己知彼才会有胜算的把握。

二、为什么干同样职业的人其感受与表现却各有不同

为何同是一份职业有的人就能风生水起，而有的人却垂头丧气？近些年很多他人眼中的成功人士却患有抑郁症、有自杀倾向，这些人数还在不断攀升。在普通人看来他们是人生赢家，可以支配调动资源，可以引领舆论方向，可以引领消费和时尚潮流。为什么这些成功人士会觉得生活没有意思呢？马路上的清洁工人、偏远山区的农民、一线产业工人等低收入体力劳动者为什么满脸笑容，充满斗志与希望呢？这样鲜明的对比告诉我们，各个经济收入阶层和各种行业领域中都有热爱自己工作的人，人生要有"意义感"。如《士兵突击》中的许三多常说的一句经典台词"要做有意义的事"；如周恩来的"为中华之崛起而读书"等。他们都为了自己的誓言而努力。所以我们也要赋予工作以意义，赋予我们自己的人生以意义，这样无论多么艰苦的工作都能够坚持，无论别人看来是多么无趣劳累的工作我们都能够做好，也会无比开心，一生幸福。

三、有没有一种职业能够满足我们的所有需求

心理学家分析恋爱中情侣吵架赌气的原因多是"你不了解我"。

话题1：跟对方发脾气，问错在哪了？对方会可怜巴巴地把近期觉得做错的事情都跟你认一遍错，这时你会更加生气，因为还有那么多事情他隐瞒了你。

话题2：相处了这么久连我爱吃什么都不知道？情侣去餐馆吃饭赌气，对方点的菜你不喜欢。

连养育了我们近 20 年的父母都不是十分了解我们，所以我们不要期望一个

认识一年两年的人能够完全了解自己，所以有什么想法可以说给对方听。

大多数人会羡慕老师的职业好，羡慕其工作稳定、羡慕其有寒暑假、羡慕其工作环境好、羡慕其社会地位高，可老师也会羡慕商人自由、收入高、有影响力，可见任何职业都有优缺点，人们对同一个职业的看法不一样。

我们都想找到一份赚钱多、待遇好、责任小、劳动强度小、离家近、公司领导好的工作，可是没有哪一种工作能够完全满足你所有的需要。所以不如做好自己，做好自己的本职工作，脚踏实地的经营好自己，而不是一味地要求高工资、高回报。因为付出与回报是成正比的，努力不一定就会成功，但不努力就一定会失败。

四、选择现在的职业会不会有失业的风险

劳动力市场与经济态势都会发生改变，甚至是剧烈变动。目前某些行业可能充满了就业机会，但却会在数年内达到饱和状态。所以这就要求我们在目前的专业和未来的职业中不断学习、探索、研究、实践等。

五、能不能以不变应万变

变化是我们生活中的一个重要因素需要不断地调整自己，才能不断获取满意的成果。我们需要学会如何面对与解决变化中的工作问题，而不是去逃避它。

第四节　职业的维度

职业＝产业＋行业＋组织＋职位，我们可以通过技能和性格来锁定职业，通过兴趣来帮助自己找到行业，价值观能够帮助我们匹配到最合适的组织。我们希望在工作中实现和追求的某些东西，正体现了我们的价值观。

一、产业

产业指由利益相关、分工不同的各个行业所构成的总称，尽管它们有不同的经营方式、企业模式和流通环节，但是它们的经营对象和范围都是围绕着产品展开的，并且可以在行业内部完成循环。产业是社会分工和生产力不断发展的产物，它随着前者的产生而产生，并且也随之发展。

1. 产业的分类

20 世纪 20 年代，国际劳工局比较系统地划分了产业，即把一个国家的所有产业分为初级生产部门、次级生产部门和服务部门。后来，许多国家在划分产业时都参照国际劳工局的分类方法。

中国的产业划分是：第一产业为农业，包括农、林、牧、渔各业；第二产业为工业，包括采掘、制造、自来水、电力、蒸汽、热水、煤气和建筑各业；第三产业分流通和服务两部分，共 4 个层次：

（1）流通部门，包括交通运输、邮电通信、商业、饮食、物资供销和仓储等行业。

（2）为生产和生活服务的部门，包括金融、保险、地质普查、房地产、公用事业、居民服务、旅游、咨询信息服务和各类技术服务等行业。

（3）为提高科学文化水平和居民素质服务的部门，包括教育、文化、广播、电视、科学研究、卫生、体育和社会福利等行业。

（4）为社会公共需要服务的部门，包括国家机关、政党机关、社会团体以及军队和警察等。

2. 产业层次

为适应产业经济学分析不同领域产业的需要，可将产业划分成很多层次。具体地讲，产业在产业经济学中有三个层次：

（1）第一层次以共同的商品市场为单位所划分的产业，即产业组织，在不同产业中企业之间的结构是不相同的。产业内的企业关系结构对该产业的经济效益有着重要的影响，要实现某一产业的最佳效益须符合两个条件，首先，产业内的企业关系结构能使其有足够的时间改善经营、提高技术、降低成本的压力；其次，充分利用"规模经济"使其单位成本最低。

（2）第二层次是根据技术和工艺的相似性划分的产业，即产业之间的联系。一个国家在一定时期内社会生产过程中，各个产业部门通过一定的经济技术关系进行投入和产出，即中间产品的运动，它真实地反映了社会再生产过程中的相关比例及变动的规律。

（3）第三层次是以经济活动的阶段为根据，将国民经济划分为若干大部分所形成的产业，即产业结构。

3. 创意产业

创意产业指那些从个人的创造力、技能和天分中获取发展原动力的企业，以及那些通过挖掘知识产权潜在财富和就业机会的相关活动。它通常包括广告、建筑艺术、手工艺品、时尚设计、电影与录像、交互式互动软件、音乐、表演艺术、出版业、软件及计算机服务、电视和广播等。此外，还包括旅游、博物馆和美术馆等。

4. 中国创意产业

（1）基地。中国创意产业有着很大发展，尤其是香港、台湾地区，创意文化产业快速崛起。上海、深圳、成都、北京等城市积极推动并支持创意型行业的发展，目前正建立一批具有开创意义的产业基地。创意产业是将文化艺术创意和商品生产结合在一起，其中包括表演艺术、电影电视、出版、艺术品及古董市场、音乐、建筑、广告、数码娱乐、电脑软件开发、动画制作、时装及产品设计等行业。

（2）发展。上海创意产业在近几年获得了快速的成长，推动了一批创意型企业的崛起，形成了一批具有较高知名度的产业园区，聚集了一批具有创造能力的优秀人才。上海大力开展国际电影节、电视节、音乐节、艺术节、各类设计展，在国际上赢得了广泛的关注，创意产业已经有了一定的规模，形成了集聚效应。上海开发改造和利用老上海工业建筑 100 余处，改造和修建老厂房、老仓库，形成了一批独具特色的创意工作园区，如泰康路视觉创意设计基地、昌平路新型广告动漫影视图片生产基地、杨浦区滨江创意产业园、莫干山路春明都市工业园区、福佑路旅游纪念品设计中心、共和新路上海工业设计园、"8号桥"时尚设计产业谷和天山路上海时尚产业园等。上海闯出了一条创意产业城市改造的新道路。

二、行业

行业一般指按生产相同类别产品或使用相同工艺或提供同类劳动服务所划分的经济活动类别。个人对行业的了解程度越高，那么对行业感兴趣的程度则越深入，就越会努力地在该行业发展。《财富中国》对中国行业的新分类：机构组织、农林牧渔、医药卫生、建筑建材、冶金矿产、石油化工、水利水电、交通运输、信息产业、机械机电、轻工食品、服装纺织、专业服务、安全防护、环保绿化、旅游休闲、办公文教、电子电工、玩具礼品、家居用品、物资专材、包装用品、体育用品、办公家具。

1. 验证自己行业选择的方法

（1）行业在同等条件下优先选择专业对口行业。

（2）选择持续性增长的行业（平均工资）。

（3）慎重进入自己是外行的行业。

2. 行业发展的阶段性及特征

"行业生命周期"分为曙光、朝阳、发展、夕阳四个周期，对于即将毕业的大学生来讲，四个周期各有利弊。

曙光时期行业，行业体量相对较小，行业发展前景不明确，行业投机性强。优点：投资相对较小，一旦成功回报率高。缺点：失败风险较高。早期的物流行业和快递行业都属于曙光时期行业。

朝阳时期行业，行业相对成熟完善，市场占有率相对较高，行业发展前景明确向好，业内人才完善。优点：行业发展稳步向好。缺点：行业对人才的要求更高，需要投入的经历则更多。

发展时期行业，行业稳定度更高，市场占有率更高，行业的利润增长空间小，容易受到新兴的曙光行业冲击。

夕阳时期行业，行业受到新兴曙光时期行业的冲击替代，行业逐渐萎缩，行业发展前景堪忧，传统手工行业、纸质媒体行业等都属于夕阳行业。

三、组织

组织指由相关要素按一定的方式互相联系在一起的系统。组织就是指人们为实现目标，互相协同工作结合而成的集体，如党团组织、工会组织、企业等。狭义的组织专门指人群而言，运用于社会管理中。现代生活中，组织是人们按照一定的目的、任务和形式构成的集团，组织不仅是社会的基本单元，而且是社会的基础。组织对人的价值观有要求，只有个人的价值观与组织的价值观相契合，个人才能更有效地工作，更加胜任岗位。例如，个人的价值观要求工作稳定，那么公务员事业单位则是比较好的选择；个人价值观要求高收入，公司企业则会是比较好的选择。

组织的维度分为组织文化、组织性质、地域差异、组织规模、发展类型。以百度为例，百度是一家有限责任公司，给人们提供最方便的信息查找与咨询方式，认真听取和采纳每一条建议，然后及时改正，百度员工每一天都有创意的热情，不断进步并面对失败，百度鼓励创新、信任、平等交流、友谊、感恩、分享。华为技术有限公司所推崇的是"狼性文化"，认为狼是企业学习的榜样，要向狼学习"狼性"，狼性永远不会过时。华为的"狼性文化"可以用几个词语概括，即学习、创新、获益、团结。用狼性文化来讲，学习和创新代表敏锐的嗅觉，获益代表进攻精神，而团结代表群体奋斗的精神。

现代组织概念把组织看成一个开放的社会系统。这个定义包括三种含义：①组织是一个开放的系统、是一个技术系统、是一个整合的系统；②组织具有分配工作、确定责权关系、构建沟通与协调、建立协调体系、提高工作的质量、培养组织能力等多种功能；③组织工作的基本原则是目标一致性原则、分工协作原则、责权关系原则等。

四、职业

职位指团体中执行一定任务所处的位置，它是由在一个特定的企业组织中、特定的时间内、特定的人所担负的一个或多个任务所组成，职位也往往代表着职务。

需要注意的是，用同一份简历去应聘全部的工作岗位并不是一个明智的选择，不同工作的要求一般不相同，而不同的要求需要应聘者突出不同的能力，所以某些优势可能因为工作的不同而并不亮眼，因此要针对不同的公司和工作制作不同的简历。

五、探索工作世界的方法

1. 形成自己预期的职业库

工作信息是相当繁多的，如果不知道从何下手，就更谈不上怎么进行，因此通过兴趣探索、性格探索等为自己打造一个预期的职业库，初步为自己探索出一个范围，这将会对未来的职业、行业选择有很大的帮助。每个人对职业都有一定的要求和期待，每个人心中也都会有理想的职业。可以利用头脑风暴把它们一一列出，然后列出清单，比较这些职业，然后结合自己的实际情况从中进行选择，最终就能得到自己的职业库。举例来说，小明想要从事的工作是关于商业方面的，但是他对此还不太了解，因而很难决定。在性格探索时他发现自己其实适合做演讲人员、客服、家教等；在兴趣探索时小明发现自己应该做基层服务工作、培训人员等；在能力探索时小明发现自己可以从事教育、广告、销售等工作；在价值观探索时小明觉得自己应该从事护理、自由职业等工作。从小明职业探索得出的各种选择中，我们可以看到，教育工作出现的次数最多；基层服务工作、客服、培训人员、护理等都体现了小明愿意帮助他人的特点。

所以最适合小明的职业要具有沟通性、商业性等特点，以及与他人交流、帮助他人的特点。由此他可以列出一些符合这些特点的职业进行详细调查。

研究表明，在进行决策时，多且复杂的信息容易让人迷失，让人很难做决定；过少的信息又不能让人了解事实。所以，通常5~10个职业的调查是比较合适的。在信息探索过程中，要大胆释放自己，不以固化的思维去看待问题，要用开放的态度去获得客观信息。

2. 用职业分类的方法帮助自己探索工作世界

在众多的信息中筛选出有用的信息并不是件容易的事情。学生即使制定了职业库，也需要考虑有哪些工作可能和职业库得出的职业特点相符合。如果能以一定的原则加以分门别类，这无疑对学生是有利的。下面介绍一些典型的职业分类方法。

（1）霍兰德的职业环境分类。霍兰德职业环境分类在第六章有详细的描述。

（2）工作世界地图。普里蒂奇在霍兰德六边形模型的基础上进行了一些调整，增加了人—事物、资料—概念两个维度。人—事物维度分别表示与人相关的工作和与具体物体相关的工作。资料—概念维度分别表示与具体事实、数字、计算等有关的工作和运用理论、文字、音乐等新方式表达的工作。

美国大学考试中心（ACT）把普里蒂奇的研究进一步发展，他们在兴趣的两维基础上，将职业群体的具体位置标定在坐标图上，从而得到工作世界图。该图共分12个区域，共有20个职业群被标定在图中。使用者可以根据兴趣类型在该图中找到相应位置，通过与不同职业群的远近位置比较，进一步扩展与自己职业兴趣相关的工作搜索范围。

金树人等对普里蒂奇（1976）六种类型与人—事物、资料—概念之间的关系进行了进一步研究，研究对象为中国台湾高中生、大学生和成人，结果发现霍兰德的六角型与其潜在结构发生了一个新的对应关系。由于职业分类图并没有经过本土化的研究，所以在使用该图时可借鉴金树人的研究结果。

（3）《中华人民共和国职业分类大典》是我国第一部对职业进行科学分类的权威性文献。该书将中国目前的社会职业分为1943个。这1943个职业分为8个大类、66个中类、413个小类，并具体确定了各个职业名称。其中8个大类具体为：国家机关、党群组织、企业、事业单位负责人，专业技术人员，办事人员和有关人员，商业、服务业人员，农、林、牧、畜、水利行业生产人员，生产、运输设备操作人员及相关人员，军人，不便分类的其他从业人员。

（4）JobSoSo 职业分类是国内职业测评北京北森公司于 2005 年 3 月 16 日正式发布的，以全球领先的职业分类信息技术——美国 O*NET 系统为基础，并经过实际应用，可以进行独立的职业信息搜索。它包含 1000 余种职业，可分为 22 大类：管理，传媒、艺术、文体娱乐，销售及相关职业，商业及金融，医疗专业技术，行政及行政支持，计算机和数学分析，医疗卫生辅助服务，农、林、畜牧业，建筑、工程技术，安全保卫、消防，建筑及冶炼类，科学研究，食品加工和餐饮服务，设备安装维修和保养，社区及社会服务工作，建筑物、地面清洁及维护，企业生产，法律工作，个人护理及服务性职业，物流，教育、培训及图书管理。

它对某个职业从职位称呼、直属、下属、合作部门、职业描述、工作内容、教育背景、核心课程、工作经验、培训认证、工作环境、职业前景、知名公司、薪资待遇、相关职业、榜样人物、该职业对人的核心要求等角度进行了比较全面的描述。

（5）其他常见分类方法。社会上还有一些通俗的分类方法，例如最热门的职业、最受人尊敬的职业、最赚钱的职业、需求量最大的职业、发展前景最好的职业等，这些分类可以帮助学生了解更多的职业。但是应当牢记，最重要的是你选择的职业要符合自己的实际情况。

3. 生涯人物访谈

生涯人物访谈是为了获得深入与个性化的信息。访谈时间为 30~60 分钟，访谈对象一般要求在本领域工作 3 年及以上的 2~3 人为宜，最好采取直接的、面对面的沟通方式。生涯人物访谈的内容包括：工作性质、任务或内容，工作环境、就业地点，所需教育、培训或经验，所需个人的资格、技巧和能力，收入或薪资范围、福利，工作时间和生活形态，相关职业和就业机会，组织文化和规范，未来发展等方面。生涯人物访谈的内容：

（1）工作的性质、任务或内容是什么？
（2）工作环境、就业地点怎么样？
（3）所需什么教育、培训或经验？
（4）所需什么样的个人资格、技巧和能力？
（5）收入或薪资范围、福利怎么样？
（6）工作时间和生活形态如何？

（7）相关职业和就业机会如何？

（8）组织文化和规范是什么？

（9）未来发展如何？

（10）喜欢这个工作什么？

（11）不喜欢什么？

（12）对自己进入这个领域有什么建议？

第十一章　ISEC 合理决策

选择职业是人生大事，因为职业决定了一个人的未来。铁匠锤打铁砧，铁砧也锤打铁匠；海蛤的壳在棕黑深邃的海洋里形成，人的心灵也受到生命历程的染色，只是所受的影响奥妙复杂，不易为人觉察而已。所以，罗素说："选择职业，就是选择将来的自己。"

第一节　职业决策概述

决策在人的生活中起着非常重要的作用，它体现在我们的职业发展中即职业决策。那么，什么是职业决策？

一、职业决策的概念

存在主义大师萨特曾说过："我们的决定，决定了我们。"我们现在的状态与我们以前的决定是有关的，而我们此刻的决定又影响着未来的我们。我们自己创造出自己，产生过程就是决策和行动的结果。职业决策是人在为自己的职业生涯设计目标，而行动是完成这个任务。每个人是其所有决定的综合，人的一生会做出很多决策。与职业相关的决策是重大的，因为职业可以影响甚至决定生活方式、人际交往、从事的主要活动，进而决定了个人的生活品质，从某种意义上说选择一种职业，你就选择了一种生活方式。

二、职业决策的特点

职业决策，首先它是一种决策，与其他的决策一样具有以下的要素：第一，需要一个做决策的个体。该个体具有做出决策的权利，同时个体的性格、价值观、成长的经验以及能力可能会对决策产生影响。第二，需要几个可供选择的方案。在计划经济体制下，个体对于就业的地点和职业没有选择的机会，这也就不存在职业决策问题，而现在可供选择的职业越来越多，使得职业决策越来越必要。第三，决策者可以依赖某种要求来评判不同方案的优劣。同样的职业，对于某个人来讲是一个好职业，而对于另一个人来讲却是不好的，这是因为每个人评价职业优劣的标准不一样。

职业决策除了以上一些与其他决策相同的要素，还有一些本身具有的特点：首先，通常有众多可供选择的方案，例如，教育领域中的各个大学、各个专业，职业领域中的行业、岗位，甚至具体职业方向都是多角度的。《中华人民共和国职业分类大典》（2015 年版）将我国职业归为 8 个大类、75 个中类、434 个小类、1481 个细类（职业），而新的职业也在不断产生。其次，每个选择方案都存在大量的信息，因为多数职业都存在内部变化，例如，同样是医生这个职业，还要被细分为各科室医生。对所有的职业都深入了解是一个不可能完成的任务。再次，必须认真描述出职业特征和个人偏好。有些职业尽管名称比较相似，但工作的内容却相差较大，尤其对于一份具体的工作更是如此，应聘者需要对职业的培训时间、工作环境、自主程度、收入、人际关系类型等有全面的了解。最后，父母、配偶和一些朋友以及职业咨询师都会影响个人决策的过程。职业选择并不是个人事件，它会对周围的人产生一定的影响，同时他人的意见和建议也会对个人的决策产生影响。

1. 基于能力对职业进行筛选

我们回忆一下，当你对自己的天赋、技能有了了解之后，可以基于能力对职业进行筛选。筛去远高于或远低于自身能力水平的职业，当职业超出能力水平时，会让你感到挫败；当职业的要求远低于自己的能力水平时，则会引起厌倦。当然，前提是正确地评价自己的能力，我们要诚实，正视我们的缺点，同时也要自信，不过低地评价自己。

2. 其他分析筛选

我们还可以通过价值观念、爱好，以及教育所用的时间、费用和地点来分析与研究职业，从而选出适合自身实际发展的职业。

第二节 人生决策

一、决策要素

为了能够做出正确的职业决策，我们需要整理分析自己的想法和社会因素带来的相关工作信息，从而对每个工作的前景做出分析选择，选出最好的职业。职业决策的一个重要特征是，每个人做决策的方法是不同的（决策风格），所谓职业决策风格就是每个人在做决策时表现出不同的人格特质。学者把决策风格划分为五种，即理性型、直觉型、依赖型、逃避型和自发型。

理性型决策风格的人会主动收集并整理信息，然后进行理性的判断、分析每个方案；直觉型决策风格的人是凭自己的感觉和直觉去做决策；依赖型决策风格的人在做决策的时候会征询别人的意见，从而寻求指导；逃避型决策风格的人是能不做决策就不做，把事情推到最后甚至不去做决策；自发型决策风格的人则认为有必要尽快完成决策过程。

要做出一个好的职业决策，需要考虑 12 个因素。

（1）信息收集的维度。有的人所收集的信息很多，有的人所收集的信息很少，这是这一维度的两个极端。收集信息的这一维度表现了每个人在整理和收集过程中的标准。

（2）信息加工的维度。整体进行信息加工和分类进行信息加工是信息加工维度的两个极端。根据不同类型的信息进行整体分类或分类分析是这一方面的具体表现。

（3）控制的原维度。内部控制原维度和外部控制原维度是这一控制维度的两个极端。这一维度表现了个人相信自己能够控制的职业发展和职业决策。他们认为自己在一定程度上能够对自己的职业生涯进行控制并控制着职业选择的机遇和挑战。

（4）努力的程度。衡量努力的两个指标一个是时间投入的总量，另一个是精力投入的总量。努力程度也会出现两个极端：一个表现为努力过多，另一个表现为努力过少。其表现为个人在决策过程中的努力程度。

（5）拖延的程度。不同的拖延程度会有不同的表现形式，拖延水平可以从逃避型职业决策和拖延型职业决策中体现。

（6）最终做决策的速度。这一维度描述个体在收集和加工完信息后，进行最终决策时每个人所需要的时间。

（7）和他人讨论。这一维度描述的是个体在决策过程中和别人商议的次数。

（8）对他人的依赖。这一维度描述的是个体是自己进行决策，还是希望别人来为自己做决策。

（9）让他人满意的愿望。这一维度是个体在进行决策时多大程度上希望满足他人的期望，例如朋友或家人。

（10）对于理想职业的渴望。有的人会为自己的职业理想努力奋斗，这一维度取决于个人对自己职业决策的努力程度。

（11）愿意妥协的程度。这一维度是当自己喜欢的职业遇到困难时，自己在多大程度上愿意做出调整。

（12）使用直觉。该维度是在信息收集和加工完成后，个体在多大程度上凭自己感觉来进行决定。

总结自己到目前为止做过的"重大决策"，结合上面 12 个因素反思一下自己具有什么样的决策特点，并填写表 11-1、表 11-2。

表 11-1　曾经的重要决策事件

表 11-2 表现出来的决策特征

二、决策风格

1. 决策风格分类及内容

回顾自己的"决策史"，往往可以发现某种具有稳定的风格。决策风格可以区分为以下类型，如表 11-3 所示。

表 11-3　决策风格分类

决策类型	说明	行为特征	优点
冲动型	决策者不会去考虑任何事，只要有方案就去做	不考虑后果	不用花时间收集资料
宿命型	决策者知道自己必须做决定，可是自己又不愿意做决定，把决定的权利依赖命运或别人，所以感觉做什么选择都是一样的	听天由命，不管不顾	减少冲突，不必负责任
顺从型	自己想做决定，但却拿不定主意，别人说怎样就怎样	依照他人观点做决定	维持表面的和谐
拖延型	知道问题在哪，就是不敢做决定或者到最后一刻才做决定	不着急以后再说	拖延做决定的时间
直觉型	凭感觉做决定。只考虑自己想要的，不在乎外在的因素	嗯，感觉挺好，就这么决定了	比较简单省事
麻痹型	担心决定后出现的后果，也不愿承担责任，最终选择麻痹自己来逃避做决定	明知道该怎么做，可就是办不到	可以暂时不做决定
犹豫型	选择性比较多，无法确定采用哪一个，经常处于纠结状态，无法做决定	比较纠结，思考过多	收集的信息比较全面
计划型	在做决定时考虑得比较周全，内在因素和外在因素均考虑到，会做出适当且明智的抉择	按计划行事，根据自己的想法有计划地进行	发现问题，解决问题

Schwartz 等认为面对决策选项时，人与人有着不同的决策倾向，可以将人分为两类，即最优化者和满意者。最优化者追求更多的选项并进行仔细筛选比

较，他们在决策的过程中追求效用最大化，在决策前全面寻找各种备选项，并考察每个备选项的优劣得失，再根据固有标准做出决策以追求最优解。满意者则在找到满意的选项后立即做出决策，他们的决策产生于对备选项的考察过程，一旦出现达到满意的选项时便不再搜索，立即做出决策。最优化者与满意者是决策倾向同一维度的两极，每个个体处在两极之间的某一点上。我们可以将这种决策倾向视为一种较为稳定的特质。

最优化者的决策方式更符合理性人假说，其决策的客观结果也被证明更有效。例如，Iyengar 等研究表明，在求职决策领域，优化型求职者比满意型求职者在起薪上高出 20%。然而，最优化者的主观感受却正好相反，他们更多地表现出自己的不满，他们对生活满意度低、幸福感低，以及表现出抑郁、后悔。这种客观结果和主观感受分离的现象被称为"最优化决策悖论"，近年来受到决策领域研究者的广泛关注。

再来比较一下最优化者和满意者在行为、认知和情绪等方面的差异。在行为方面，最优化者无论在时间方面还是精力方面，或者在金钱资源方面都比满意者付出的多。这种过度搜索的过程增加了最优化者对自己决策的不确定感，故而满意度更低。同时，最优化者相较于满意者更倾向于将自己决策与他人的决策进行比较，从而更容易导致其对决策结果的不满意。

从认知的角度，最优化者相较于满意者往往更少地对决策做出承诺，他们习惯于在决策中保持一定的开放性，而满意者在决策后更能对自己进行承诺，他们的主观体验更加积极，更易于认为自己做出了正确的决策。

从情绪的角度，诸多研究均发现最优化者对于已经做出的决策有更多的后悔情绪。对于最优化者，过量的选择让他们无法按照习惯的行为模式对备选项进行完备的评估。这对他们而言是一种困扰，备选项越丰富，其决策后怀疑和后悔的次数就越多，因而导致更多的负面体验。

2. 生涯活动，测测你的决策风格

请选择一个数字代表你在多大程度上同意下面的陈述。

其中，1 表示完全不同意，2 表示不同意，3 表示比较不同意，4 表示中立，5 表示有点同意，6 表示同意，7 表示完全同意。

（1）自己的工作再好，也会留意更好的工作机会。

（2）在车里听广播时，即使很满意正在收听的节目，我还是经常调换电台，看看有没有更好的。

（3）看电视时，虽然打算收看某个节目，但我还会不停地换台，把其他正在播放的节目浏览一下。

（4）谈恋爱就像穿鞋，在找到最合适的鞋之前，我要试穿很多双。

（5）我经常感觉给朋友选礼物很难。

（6）选择任何东西对我来说都太难了，我总是拿不定主意该选哪一个。

（7）我喜欢各种排行榜。

（8）在逛街时，我会花费很长时间才能买到自己真正喜欢的衣服。

（9）我不喜欢写作，不管多么简单的事，也要打几遍草稿。

（10）我绝不退而求其次。

（11）每当面临抉择时，我会设想所有的可能，甚至包括不存在的可能。

（12）经常幻想美好的生活方式。

（13）做任何事，都高标准要求自己。

将分数相加从而得出结论，对照下面分析自己的决策特征：13~39分，满意型决策风格；40~64分，决策风格不清晰；65~91分，最优化型决策风格。

第三节　职业决策过程

一、决策前的准备

在决策之前，要形成一个职业清单，在该清单上列举你将会从事的职业。该清单上职业的数量和内容会直接决定我们后面决策的质量，一般一份初始的职业清单至少列出10个以上，即使列出200多个也不为过。制作这份职业清单可以有多种方法。

首先，可以从自我探索入手，想一想自己的性格特点、兴趣爱好、个人能力等去探索自己可能从事的职业。我们可以采用不同的方法去了解自己的这些特点。

其次，可以从一些职业信息库或者职业大典中去寻找可能从事的职业，国内比较权威的是《中华人民共和国职业分类大典》。同时我们也可以参考国外的一些职业信息网站，其中比较著名的是美国的 O*NET（见图 11-1）。该系统对职业有详细的介绍，同时还有介绍这些职业的视频短片。该系统将自我探索和职业进行了很好的关联，学生可以通过兴趣、价值观及能力测评，找到相应的职业。

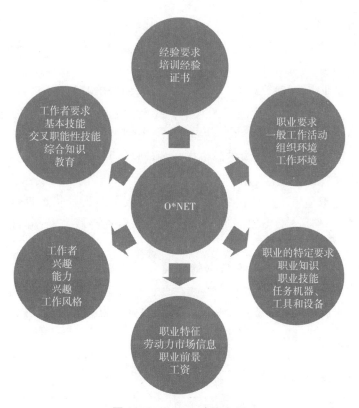

图 11-1　O*Net 功能介绍

最后，我们也可以通过日常的交流发现一些合适的职业，例如同班同学在一起可以通过头脑风暴的方法，思考出很多可供自己选择的职业。

此外，我们也要对一些职业有全面深入的分析，以帮助后面的决策，本书前面的职业探索部分就是对职业决策的准备。对职业的分析可以从广度和深度两个方面进行。广度就是尽可能多地对职业进行分析，而深度就是对一些重点关注的职业进行深入分析。当职业清单中的职业较多时，就需要在广度和深度上取得平衡，两者兼得。在广度方面可以通过职业咨询师对各个行业的职业有初步的了解，而在深度方面可以通过访谈的方式对职业有全面深入的了解。

二、理性决策的过程

1. PIC 模型

盖蒂（Gati）等发展了职业决策的 PIC 模型。PIC 模型分为排除阶段、深度探索阶段和选择阶段。

（1）排除阶段。即将自己不喜欢的方案排除掉，然后得到一些比较好的方案。

在许多职业决策的情境中，职业选择比较多，排除阶段就是将这些可选择的方案减少，从而达到优化选择的水平，我们称之为"有可能的方案"，在以后的步骤中这些方案值得更多的注意。正是因为"有可能的方案"的数目有限，所以决策者能够为每个方案收集广泛的信息，并且有效地加工这些信息。

在排除方法的基础上，洛克（Lock）提供了一套缩减职业备选方案的方法。

第一，基于理想工作描述缩减备选方案。要通过特征描述你理想的工作，可以通过工作性质、教育/培训、技能/能力、薪资待遇、工作时间、工作地点、工作伙伴的性格特征、就业及发展前景、期望的个人满意度等方面来描述，然后比较你的职业清单上备选的职业和理想工作的描述之间的差距，删除一些明显不合适的职业。

第二，通过对自己的能力分析减少方案数量。当我们对自己的工作能力有了充分了解后，就可以删除那些远高于自己能力或远低于自己能力的备选职业。从事一个远高于自己水平的职业会让自己感到挫败，而从事一个远低于自己水平的职业会让自己感到厌倦。

第三，基于你的价值观缩减备选方案。价值观是判断事物好坏的标准，一份工作如果满足你的价值观，你会动力十足，而如果不能满足你的价值观，你会觉得前途渺茫。实际上，一份工作不能满足一个人所有的价值观，但如果一份工作不能满足某个人的主要价值观，那该工作肯定是要放弃的。

第四，基于教育所需时间、费用和地点缩减备选方案。在你考虑每一个职业的时候，你要思考自己是否已经具备这些职业所要求的教育背景，如果没有具备，你是否愿意花费时间和金钱去达到该职业对教育的要求，如果回答是否定的，这些职业就需要舍弃。同时你也要关注这些职业对于地点的要求，如某些职业要求你出国工作4年，而如果你不想和家人分离，那么这些职业也不适合你。

通过以上这些方法，我们就可以将职业清单进行"瘦身"，然后进入深度探索阶段。

（2）深度探索阶段。通过对"有可能方案"的深度探索，筛选一些"合适方案"。这个阶段的目的是找到一些不仅可能而且合适的方案。如果满足以下两个方面，该方案则被认为是合适的。首先，每个合适的方案与个人的偏好相符；其次，个人符合该方案的要求。也就是说从全方位检查这个方案与自己的符合程度。

（3）选择阶段。要在所有合适的方案中选出最好的方案。如果有必要的话，挑选第二方案。这个阶段需要对前面所收集到的信息进一步加工。

第一，挑选最合适的方案。许多人会在第二阶段结束时得到一个合适的方案，并收集相应的信息。在这种情况下，就没有必要再比较方案了。但是，在深度探索阶段结束时也可能会得到两个或更多的合适方案，根据优缺点以及这些方案的特点选择一个最为合适的方案。

第二，挑选其他合适的方案。挑选了喜欢的、最合适的方案之后，必须分析信息来确认该方案是否具有可行性。如果该方案能够实现，就不用再挑选其他方案了。但如果该方案存在不确定性，建议回到前面的步骤，搜寻更多的、可能被认为是比较可行的方案。

如果第一个方案和第二个方案实现的可能性都较低，建议考虑第三个方案、第四个方案……另外，如果只有一个方案被认为是合适的，而它实现的可能性也不能确定时，则可能需要回到上一个阶段，重新考察在深度探索阶段继续筛选合适的方案。

在挑选阶段结束时，自己找到了最好的方案，或者比较好的方案并不意味着职业决策完成了。在职业生涯决策结束的时候，应该回顾整个决策过程，以确定决策是否正确，并且选定对自己来说是最好的那个方案。

2. 决策的工具和方法——决策平衡单法

卡茨在 1966 年提出了职业决策相关理论，是在古典决策理论的基础上展开的，其注重研究职业的价值观对职业决策的影响。卡茨认为职业价值在职业价值观中具有举足轻重的作用。在职业决策和选择中，职业者需要列出自己的职业主导清单，并且需要量化自身的主导价值清单，决策者还要根据选择预估自身的职业决策系数指标。要估计"回报强度系数"这一量化的标准，通过综合分析，总体计算出这一指标体系的回报价值程度，根据具体的计算和预测，深入开展体系研究，最终得出期望效用价值这一指标。在决策中，策略选择非常重要，应挑选出具有最大"期望效用价值"的选择对象。

决策平衡单法是一种简单的分析方法，基于卡茨的职业决策理论，其共表现为四个方面，即自我物质方面的得失、他人物质方面的得失、自我赞许与否、社会赞许与否。首先需要为这几个价值观的主题进行排序加权，再对比分析，根据选择的分数分别赋予每一项不同的分数，最后根据相应的方法得出最后的得分。在关键时期，采用决策平衡单法得到的结果可能会改变你最后的想法，成为让你下决心的一个理由，一个坚定你内心决策的重要砝码。

决策平衡单法的练习步骤如下：

第一，列出 2~3 个考虑的职业。第二，从自我物质方面的得失、他人物质方面的得失、自我赞许、社会赞许四个方面来选择考察因素，例如自我物质方面的得失包括收入、健康、工作等。第三，对每个因素进行重要性判断。第四，考虑每个职业选择中这些因素的得失程度，从 [-5，5] 进行打分。第五，将得到的分数累计，得出每一职业的总分。第六，从高到低对所选的职业进行排序。

如表 11-4 所示，根据这些因素对你的重要程度，在"权重"一栏进行打分，因素的重要程度越高则分值越高。如果你现在有两个以上的职业选择，那么所有职业都需要进行得分评估，将分数乘以权重，得出加权得分。最后可以根据各选项加权得分合计来协助你进行决策。

例如，收入对我来说比较重要，我给收入赋予 4 分的权重。我目前的工作收入值达到了 5 分，则加权得分为 20 分。新的工作收入不高，只达到 3 分，则新工作此项的加权得分为 12 分。

表 11-4　决策平衡单

考虑因素/选择项目	权重	职业选择 1		职业选择 2		职业选择 3	
		打分	加权得分	打分	加权得分	打分	加权得分
个人物质方面的得失							
收入							
工作的难易程度							
升迁的机会							
工作环境的安全							
休闲的时间							
生活变化							
对健康的影响							
就业机会							
其他							

续表

考虑因素/选择项目	权重	职业选择 1		职业选择 2		职业选择 3	
		打分	加权得分	打分	加权得分	打分	加权得分
他人物质方面的得失							
家庭经济							
家庭地位							
与家人相处的时间							
其他							
自我赞许与否							
生活方式的改变							
成就感							
自我实现的程度							
兴趣的满足							
挑战性							
社会声望的提高							
其他							
社会赞许与否							
父母							
师长							
配偶							
其他							
总分							

在大学生毕业时，如果要想更好地利用决策平衡单，就必须使决策平衡单里的选择有丰富的素材。这里分析一下大学生可能会遇到的决策信息。

（1）考研。考研有利于减轻一定的就业压力，规避就业高峰期间的风险。考研是对学历的提升，相对于本科生来讲，硕士研究生在就业方面更具有竞争优势。国家近几年均出台了研究生扩招政策，考研相对于就业来讲比较容易，在日后就业硕士研究生也具有优势，可以找到相对高薪和合适的工作。但考研结束后也有很大压力，在日益激烈的市场竞争中，研究生数量不断增加，竞争者更趋于年轻化，就业形势也十分严峻。读研期间也有很大的科研压力，硕士研究生期间的理论知识学习对于就业来说不一定均能用得上。相对于先参加工作的同学来说，硕士研究生缺乏一定的社会经验和工作经验，积攒了相对较多的学识。硕士研究生数量的增加会造成学历的相对贬值。也许硕士研究生毕业后又将进行一次选择，即择业还是进一步的学历提升。无论是怎样的选择，学历越高，则就业范围就会越窄。

所以，在择业和考研的选择上，无论出于什么心理，一定要深思熟虑后再做决策。如果部分学生只是为了规避就业压力而选择考研，建议三思而后行，不要盲目选择考研，因为盲目选择考研会使你失去工作的最佳机会。

（2）公务员。公务员是一份相对体面而且十分稳定的职位。虽然公务员的收入相对于其他岗位较低，但是收入相对稳定，不会有较大的风险，对于个人未来的发展有良好的保证，并且社会地位较高，其工作的发展目标明确，工作也没有太大的变动。但工作内容相对乏味，部门考试考核较多，职位的晋升和调动需要进行考核和考试进行。对于想要奉献国家成就梦想的公务员来说，需要不断奋进，争取优秀的业绩并努力学习。

所以，有志向立足于国家伟大事业的个体可以选择从事政治方面的工作，即考取公务员。想要从事一份比较稳定的工作也可以选择考取公务员，从事有志从政的人、有权利欲望的人、真心想改变国计民生状况的人、想要一个稳定工作的人都可以选择考公务员，公务员这个工作待遇优厚，是较为不错的选择。

（3）国有企业（或事业单位）。其有完善的企业管理制度，收入稳定，薪资待遇和福利待遇都有保证，有国家做靠山，不会因经济危机而倒闭，国企锻炼人，能够形成良好的就业观。但国企对入职员工的学历和能力的要求都比较高，不容易被录取，人际关系也较为复杂。

所以，个人要放平心态，虚心学习，改正自身缺点，总体来讲，国有企业是不错的选择。

（4）私营企业。私营企业相较于国有企业，其对应聘者的要求较低，但是发展空间较大，能够发挥个人能力，工作不单调，这在无形中提高了自己的工作能力；公司会按照你的贡献决定你的薪资和福利。但企业面临的风险较大，如果遭遇经济危机，私营企业将面临倒闭；有的公司不能保证福利待遇；竞争比较激烈，工作环境不稳定；有些制度不合理，无法做到公平公正。

所以，大学生如果想毕业后就进入私企，不要企图该企业能给你多么稳定的薪资，学生应学习一些社会经验。同时，私营企业同样有广阔的发展空间，不会束缚个体发展，学生在选择时应慎重考虑。

（5）外商投资企业。外商投资企业资金雄厚，实力强大。其有自身的独特性。外商投资企业的企业文化有利于提升企业凝聚力和创新力，其工资待遇、福利待遇也较高，企业工作环境较好，有利于个人的长远发展。外商投资企业包容性强、有利于个体发挥各种才能。个人在公司中得到培训和学习的机会很多，可以实现个人和企业共同发展。但工作强度和工作要求很高，企业发展节奏很快，加班的次数较多，企业竞争力强，员工间的竞争压力较大。外商投资企业对员工的个人素质要求很高，且要求员工熟练掌握小语种。

所以，很多学生追求的是外商投资企业的高薪和较好的发展机会，在大企业中学到更多的知识，以便日后培养自己的竞争能力和工作发展经验。进入外商投资企业会为自己今后的创业打下良好的基础。可以学习先进的管理经验，有利于提升自身的核心竞争力，在日益激烈的竞争中站稳脚跟，立于不败之地。

（6）出国留学。出国留学可以为自己的经历增添一份色彩，现在用人单位都较为注重个人的国外学习经历。特别是外商投资企业更加看重国外的学习经历。在国外学习可以磨炼一个人的意志。但出国留学的费用较高，需要一定的经济作为支撑，不一定出国留学后就会找到一份好的工作。有些国家对于外来学生不能尽快接受，从而造成出国留学的学生无法立刻适应学习环境，外国的消费较高，学生在生活方面的压力较大。

所以，在经济条件允许的情况下，出国留学是一个不错的选择，在年轻的时候利用最好的精力学习知识，学生可在国外开阔眼界，学习国外先进的技术和优秀的文化，这些都是十分必要的。但在选择学校时一定要选择较好的学校，否则学不到先进的知识反而浪费了时间。

（7）创业。学生毕业后选择独立创业当老板，不用打工、看别人脸色，这能够更好地锻炼自己，使自己变得更加独立和果断，创业可以激发潜质，培养自己的思维能力，创业也能够让自己体会到成就感。但现在中国的经济形势不好，创业环境不乐观，如果没有较强的经济实力很难成功，而且毕业生工作经验少，很容易失败。

所以，大学毕业生想要成功创业，不仅要有创业方向，还要有耐心和激情，有领导力、判断力和商业头脑；对社会经济环境有一定的想法，能够面对创业带来的风险。学生也可先积累工作经验，在具有一定社会阅历后再进行创业，这样成功率会更高。

（8）自由职业。想干什么就干什么，可以体现自己的能力，时间比较自由，跟着自己的理想走。但没有固定收入，容易脱离社会。

所以，自由职业适合具有艺术气质的人，如果没有则不建议。

三、决策质量的评估

也许你已经做出了职业决策，那么你这个决策的质量到底怎么样？是否有必要重新进行决策？洛克提出了七个问题来评估生涯决策的质量。

（1）你是否用各种方法来找到很多职业方案？

（2）你是否认真地思考和分析挑选后的方案，对这些方案自己是否具备能力和要求？

（3）你是否对每种职业未来发展方向的成功与否做了认真的思考？

（4）你是否广泛收集了新的信息来帮助自己评价和衡量各种职业选择？

（5）你是否考虑过职业的信息和别人的意见，即使不利于自己的选择？

（6）在做决策之前是否反复地考虑过你选择这个职业的后果？

（7）你是否对未来做了职业规划，有没有其他的打算？

针对以上七个问题，如果你的回答都是肯定的，那就说明你的决策质量比较高。

第十二章　明辨性思维在"ISEC 学生就业指导"课程中的运用

ISEC 课程主要培养学生独立思考能力和批判性思维。根据明辨性思维，结合"ISEC 学生就业指导"的课程，在教学设计中体现明辨性思维，并对教学步骤中所涉及的识记（Knowledge）、理解（Comprehension）、应用（Application）、分析（Analysis）、综合（Synthesis）、评估（Evaluation）这六个阶段进行了一系列的探讨与分析。

明辨性思维又被称为审辩式思维，是关于内容和涉及问题的另一种思考方式。在明辨性思维的过程中，既要批判性地思考问题又要辩证地否定问题。批判性思维是自我思维的一种修复和辩证的否定，要通过技巧性的分析来重新塑造自己的思维方式，提升思维的深度和高度。在严谨认真的情况下对思维方式进行重新塑造，从而思考思维的本质。明辨性思维需要有效地进行沟通并在沟通中解决问题，以致力于促进经济发展，克服自我中心主义和群体中心主义。这里的"思考者"就是"明辨性思考者"。所以，培养学生明辨性思维能力和独立思考能力是当今老师的任务之一，老师是带领学生成为明辨性思维的引导者和实践者。

第一节　明辨性思维能力的培养

明辨性思维贯穿于教学当中并对教学进一步升级，在教学的过程中是以学生为中心而不应该以教师为中心，教师在教学过程中应作为理论引导者，将明辨性思维贯彻到实际教学中。近年来，国家对于教育事业十分重视，教育界提倡的教学方式，即任务型教学法既体现了以学生为中心的教育课堂理念，又很好地体现了重视明辨性思维的教育观念。

一、准备充分

给 ISEC 专业学生讲授就业指导课是为了提高教学的质量和水平，增强教学效果，教师应该对教学设计进行充分的准备，预设课堂问题，设计每一个环节，要不断更新教学环节，结合自身教学经验和实践认真准备并详细分析。教师要认真准备和开展教学，从而形成独特的教学方法和想法见解。

二、认真观察

明辨性思维方式注重学生思考问题的能力，在课堂中教师要做好引导者，控制课堂内容的转换。教师要注重课堂内容的讨论和学生的意见，不跑题不偏题；要紧紧围绕就业指导信息搜集相应的材料；要考核学生对学习内容的掌握程度。评估是一种重要的手段，在课堂中教师应根据学生的表现程度和参与程度给予学生相应的评估，并以此给出学生的平时成绩，学生可通过这一阶段的评估结果看到自身存在的问题和可以改进的部分；再通过自身的思考和批判性思维取得下一阶段的进步。

三、深度思考

反思教学过程中的好坏，对于教学效果的评估，需要建立教学目标衡量标准，找到更加优秀的效果评估方式。基于明辨性思维的 ISEC 教学方法，我们必须科学地制定教学目标，以促进教学成果的有效进行。显然，我们在大学本科 ISEC 教学中应该进行自由的思考，应尽可能给学生提供自由活动的机会，将学习的目标层次提升到分析能力、综合能力和评估能力上，这三项能力均需要明辨性思维。

第二节　就业指导中的明辨性思维体现

关于"ISEC 学生就业指导"的教学是全新的教学模式，将明辨性思维理念和方式贯穿于就业指导的始终。让学生发现自身的潜力，实现自身的人生价值，实现就业的成功需要教师进行帮助和指导。由此，应制定四个学习成果，其在考核中所占分值比例如下：

L01（15%）：在社会调查和实践分析的基础上对自我进行科学的分析，确定今后自身的职业发展类型，寻求适合自身的岗位群，从而制定出科学的职业生涯发展规划书。

L02（15%）：陈述自身的工作计划并制定演示文稿，向外界陈述自己的职业生涯规划书，同时对别人的职业生涯规划书给予一定的建议，提出自己的看法和见解。

L03（20%）：准备一份履历表，并且准备一份应征信为自己的心仪职业做好准备。

L04（20%）：在面试中礼仪得体，应对恰当。

参考文献

［1］卜欣欣，陆爱萍．个人职业生涯规划［M］．北京：中国时代经济出版社，2004.

［2］陈璧辉．职业生涯理论述评［J］．应用心理学，2003（2）：60-63.

［3］陈国荣．以和谐理念引领大学生职业生涯规划探析［J］．福建师大福清分校学报，2008（4）：68-71.

［4］陈军．大学生职业生涯教育研究［D］．长春：东北师范大学硕士学位论文，2006.

［5］陈军，董丁戈．职业生涯教育与人的全面发展［J］．当代青年研究，2005（12）：19-22.

［6］程社明．职业生涯的开发与管理［J］．中外企业文化，2003（2）：37-39.

［7］池忠军．简析西方就业指导理论的发展演变［J］．国外职业教育，2004（1）：8-9.

［8］大学生职业生涯规划现状分析［EB/OL］．百度文库，http：//edu. sina. com. cn/l/2004-08-10/79018. html，2012-10-13.

［9］窦春玲．大学生无边界职业生涯规划［J］．江苏高教，2008（6）：104-105.

［10］杜映梅，Bessie．职业生涯规划［M］．北京：对外经济贸易大学出版社，2005.

［11］段炜，张光旭．职业生涯不同阶段的规划与管理［J］．科技与管理，2006（1）：133-136.

［12］方向阳．职业学习与就业全程指导［M］．北京：中国劳动社会保障出版社，2005.

［13］高桂娟．从就业指导向职业生涯教育转变——对大学生职业生涯规划的分析与思考［J］．教育探索，2008（1）：134-135.

［14］高桥，葛海燕．大学生涯与职业规划［M］．北京：清华大学出版

社，2007.

［15］共青团中央学校部中国青少年研究中心．大学生职业生涯设计［M］．北京：中国言实出版社，2004.

［16］郭鑫，吴薇莉，谢海滨．大学生职业生涯规划需求状况及影响因素［J］．青年研究，2008（5）：1-7.

［17］何祥林，谢守成．大学生职业生涯规划与就业指导［M］．武汉：华中师范大学出版社，2006.

［18］洪芳，吴谅谅．大学生职业价值观的比较研究［J］．浙江理工大学学报，2007（11）：719-722.

［19］胡君辰，郑绍濂．人力资源开发与管理［M］．上海：复旦大学出版社，1999.

［20］黄炳辉．学生职业生涯设计与思想政治教育的内在关系［J］．教育评论，2005（2）：33-36.

［21］姜峰，秦晓林．从德美职业教育的视角分析影响职业教育与就业关系的因素［J］．教育与职业，2007（6）：47-49.

［22］姜维，胡卫东，李军．大学生职业生涯设计的影响因素分析［J］．辽宁教育研究，2006（6）：86-89.

［23］蒋建荣．大学生生涯规划导论［M］．天津：南开大学出版社，2005.

［24］蒋乃平，杜爱玲．职业理想教育与职业生涯设计——职业院校职业指导工作的重要内涵［J］．教育与职业，2003（1）：11-14.

［25］蒋嵘涛．大学生职业生涯规划与高等教育人才培养模式改革的思考［J］．湘潭大学学报（哲学社会科学版）2004（3）：139-142.

［26］雷五明，赵北平．当代大学生职业生涯发展教育中存在的几个问题［J］．青年探索，2006（4）：75-76.

［27］李阿特．师范大学生职业价值观的研究［J］．吉林师范大学学报，2007（6）：109-111.

［28］李军，费剑南，董承军．大学生职业生涯规划教育解读［J］．合肥学院学报（社会科学版）2006（2）：118-121.

［29］李妮，王平，种晓蔚．大学生职业理想教育与职业生涯规划设计［J］．青少年研究，2004（2）：26-27.

［30］李西营．国外职业决策理论综述［J］．河南职业技术师范学院学报（职业教育版），2007（1）：66-69.

［31］李晓红．职业生涯导向的人力资源管理［J］．航天工业管理，2003（5）：25-27．

［32］李晓明，乔云娜．浅析职业锚理论对女大学生就业选择的影响［J］．广西民族大学学报（哲学社会科学版），2007（1306）：239-241．

［33］联合国教科文组织．教育——财富蕴藏其中［M］．北京：教育科学出版社，1996．

［34］梁晓丽．大学生职业生涯规划教育本土化及创新研究［J］．时代教育（教育教学版），2008（7）：127．

［35］刘广珠，赵淑萍．职业价值观的研究与应用［J］．青岛化工学院学报（社会科学版），2001（1）：47-49．

［36］刘万永．高校就业指导还是季节性快餐？［EB/OL］．搜狐新闻，http：//news．sohu．com/92/98/news/47159892．shtml，2001-11-12．

［37］刘晓君．大学生职业生涯规划的心理因素分析［J］．思想理论教育导刊，2005（6）：49-51．

［38］柳春霞．美国职业指导发展的历程及对我们的启示［J］．河南职技师院学报（职业教育版），2001（3）：82-84．

［39］柳君芳．我国职业指导的历史沿革与发展［J］．北京成人教育，2000（2）：12-13．

［40］柳君芳．职业指导系列讲座（五）国外职业指导理论概述（一）［J］．北京成人教育，2000（5）：14-15．

［41］龙立荣，李晔．职业辅导思想的历史嬗变——从职业指导到生涯辅导［J］．华中师范大学学报（人文社会科学版），2001（6）：136-140．

［42］吕国富．霍兰德人格类型理论与大学生职业生涯辅导［J］．贵州师范大学学报（社会科学版），2007（4）：95-99．

［43］罗伯特·C．里尔登，珍妮特·G．伦兹，小詹姆斯·P．桑普森等．职业生涯发展与规划［M］．侯志瑾等译．北京：高等教育出版社，2005．

［44］罗双平．青年职业生涯规划的基本步骤［J］．中国青年研究，2003（8）：7-8．

［45］罗双平．职业生涯阶段划分［J］．中国人才．2000（2）．

［46］马珺，杨小丽．大学生职业价值观浅析［J］．医学教育探索，2007（6）：984-985．

［47］倪慧玲，郭超龙，周宏兵．《大学生职业生涯规划》教学实践研究

［J］. 广东药学院学报，2007（4）：391-392.

［48］彭永新，龙立荣. 国外职业决策理论模式的研究［J］. 国外职业教育，2003（1）：9-11.

［49］乔茂凤，崔桂美. ISEC（国际本科学术互认）学生职业规划教育的困惑与探索［J］. 学周刊，2019（3）：6-7.

［50］尚博. 个人职业发展规划［M］. 北京：经济管理出社，2003.

［51］尚德荣. 怎样设计自己的职业生涯［J］. 中国劳动，2000（5）：31-33.

［52］沈雪萍. 职业决策研究的新进展——PIC 模型［J］. 河南职业技术师范学院学报（职业教育版）2005（2）：44-46.

［53］沈之菲. 生涯心理辅导［M］. 上海：上海教育出版社，2000.

［54］E. H. 施恩. 职业锚理论［J］. 中国人才，2002（9）：25-27.

［55］孙仁玲. 基于职业能力结构的大学生职业生涯规划［J］. 人才资源开发，2008（8）：33.

［56］汤耀平，罗明忠，穆林. 大学生职业生涯规划理论与实务［M］. 广州：暨南大学出版社，2006.

［57］唐玲，蒋舜浩. 对高校就业指导模式变革的理性思考［J］. 中国高教研究，2004（1）：81-82.

［58］王本贤. 浅谈大学生职业生涯设计［J］. 教育与职业，2003（11）：50-51.

［59］王群，刘耀中，陈泽裕. 职业生涯发展阶段的研究现状与评析［J］. 商场现代化，2006（1）：245.

［60］王荣发. 职业发展导论［M］. 上海：华东理工大学出版社，2004.

［61］王泽兵，孙加秀，盛锦. 大学生职业生涯规划的困境与出路［J］. 中国青年研究，2007（2）：17-19.

［62］王湛. 大力加强职业指导工作推进职业教育的改革与发展——在全国职业技术学校职业指导工作经验交流会上的讲话［EB/OL］. 中华人民共和国教育部，http：//www.moe.gov.cn/jyb_ sjzl//moe-s64/ moe_ 902/moe_ 903/tnull_ 9761.html.

［63］王兆平. 浅谈大学生职业生涯规划［J］. 法制与社会，2007（6）：609.

［64］王政忠，雷蕾，侯永雄. 大学生职业生涯规划课程教学的实践与探索［J］. 中国大学生就业，2008（13）：8-10.

［65］魏莉梅．大学生职业规划［M］．广州：岭南美术出版社，2006.

［66］吴坚．大学生职业生涯规划的探索——湖州师范学院的个案研究［J］．湖州师范学院学报，2008（3）：133-136.

［67］夏勇，竺辉．中等职业学校实施职业生涯教育的理性思考［J］．职业教育研究，2005（12）：47-48.

［68］谢志远，应云进．浅谈大学生创业教育［J］．江苏高教，2003（3）：104-106.

［69］许玫，张生妹．大学生如何进行生涯规划［M］．上海：复旦大学出版社，2007.

［70］薛彩芳．市场经济条件下的大学生职业价值观［J］．山西青年管理干部学院学报，2002（3）：7-8.

［71］闫锋，白玲．大学生职业价值观研究现状及发展方向［J］．辽宁教育研究，2007（11）：120-123.

［72］杨永才，万清祥．高校就业指导方法论［M］．武汉：湖北人民出版社，2004.

［73］姚贵平．职业生涯设计教育的途径与方法［J］．职业技术教育，2006（1）：70-72.

［74］姚裕群．职业生涯规划与发展［M］．北京：首都经济贸易大学出版社，2003.

［75］于涛：关于职业指导转向职业辅导的思考［J］．河北职业技术学院学报，2003（2）：51-52.

［76］余青．职业规划案例分析［J］．财经界，2006（7）.

［77］余新丽，费毓芳．论当代大学生职业价值观［J］．中国青年政治学院学报，2006（3）：13-17.

［78］袁慧．略论大学生职业生涯规划引导的策略［J］．当代教育论坛：校长教育研究，2008（3）：54-55.

［79］张爱芹，刘淑玲．大学生职业生涯案例分析及对高校就业指导工作的启示［J］．北京教育（高教版）2007（6）：30-31.

［80］张桂春，张红丹．影响职业教育价值与价位的文化因素分析［J］．教育与职业，2005（8）：8-10.

［81］赵北平，雷五明．大学生涯规划与职业发展［M］．武汉：武汉大学出版社，2006.

［82］郑晓明．美国高校大学生就业指导工作评析［J］．外国教育研究，2004（2）：26-28.

［83］罗双平．职业生涯规划理论［J］．中国公务员，2003.

［84］周大平．高校毕业生就业制度改革 50 年的回顾与探讨——清华大学原毕业生分配办公室主任毕文淦访谈录［J］．中国高等教育，1999（11）：3-5.

［85］周矩．职业规划的要素与方法［J］．重庆行政，2007（2）：72-74.

［86］周玲，李雄鹰．论高校大学生生涯辅导体系的构建［J］．兰州大学学报，2004（4）：141-144.

附　录

附录1
大学生职业生涯规划实例与点评

实例一　财务管理 ISEC 专业大一学生职业生涯规划书

（一）自我剖析

1. 价值观

家庭和谐美满，家人健康快乐；开拓属于自己的事业，自由型，不喜欢受控于人、听命于人，不想过单调乏味的上班族的生活，能够把自己的创意和能力充分应用于工作中。

2. 性格

（1）性格沉稳又不失风趣、幽默、自信、乐观。

（2）在人际交往过程中缺少主动性，按自己的方法做事，但如果是别人主动交往，也会给对方留下好印象并成为朋友。

（3）在具体行动之前想得太多，不果断。

（4）讲原则，比较固执。

（5）有计划，但具体实施效果不好。

（6）不喜欢一直做一个职业。

3. 兴趣

阅读、上网、音乐、运动、旅游等。

4. 能力

十多年担任班长，形成了独特的风格、出众的个人魅力，具备了一定的组织能力和领导能力，但仍然需要不断地提升。

（二）环境因素

1. 客观社会环境

（1）经济和科技发展，人才济济，社会和企业对人才的要求大大提高。

（2）大学生就业率下降，工作难寻。

（3）ISEC 专业模式多，可选择性比较大。

2. 家庭状况

爸爸妈妈经商，生活小康。因为从小几乎所有事情都是爸爸妈妈做主，所以我很没主见，不会自己决定事情。不过上大学后，这点已经得到改善，我发现自己越来越有主见了，算一大进步吧！因为从小受家人、老师和朋友的宠爱，一路走来一帆风顺，没有经历过什么风浪、没受过什么挫折，因而心理承受能力很低，不够坚强，想法还比较单纯和天真。

3. 目标职业

创建一个独具特色的"农家乐"主题农场。

（三）目标与规划

1. 期望工作

（1）工作性质：管理类职务。

（2）技能：团队带头作用和组织管理，人际交往交流能力强。

（3）福利待遇：根据社会整体福利水平与企业发展情况确定。

（4）工作条件：环境舒适优美，适合旅游休闲的农场，面向学生、上班族及从政人员等特殊群体及普通人群；现在暂时确定某州开发区。

2. 目标

（1）短期：通过四年的大学学习能够掌握必要的理论知识和实操能力，选择 4 年都在国内就读的模式，能够凭借优秀的成绩和毕业论文取得本科学位证，顺利完成大学学业，同时通过英语四、六级考试，计算机二级考试，普通话测试等，获得各类资格认证，同时在课余时间积极参加各类社团和学校活动，从多方面提升自身能力，扩大交际圈。

（2）中期：进入优秀的规模企业工作，从基层做起，不怕辛苦，多做工作，并且不断调整工作，了解市场，了解各种企业运作方式；积累创业资金，扩大人脉，寻找最佳创业伙伴。

（3）长期：在工作一段时间后，了解市场，丰富工作经验，有较大的交际圈，有自己的团队，有足够的基础资金，必要时可能会选择跟其他人合资。

3. 人生目标

（1）家庭幸福美满，家人健康平安，父母能够拥有幸福安康的晚年。

（2）在事业上做出成绩，成为事业型女性。

（3）有能力时，向贫困、疾病等弱势群体提供力所能及的帮助。

4. 发展规划

（1）近期发展规划。大一，认真学习基础课程，为之后的进一步深入学习打好基础；在闲暇时间参与社团和学校的各项活动中，丰富自己的知识储备，扩大交际圈。通过大学英语四级考试，走在别人前面。大二，既要夯实基础，也要做好开始专业课学习的过渡，浏览一些重要课程教材，为平稳开始大三生活做好准备。为顺利通过英语六级和计算机二级考试做好准备。大三，在完成好学业的基础上，了解、提高求职技能，为大四求职做好准备。因为求职不仅需要书本知识。大四，交出一篇优秀的毕业论文。充分利用学校就业资源，广泛收集用人公司资料信息、学习必备的求职技巧、采取模拟面试的方式进行练习。进行工作申请，主动参加工作招聘，在实习工作中检验学习成果、发现不足。

（2）中期发展规划。在大企业工作，从低层做起，不怕累、不怕苦，多做事，并且不断尝试不同的工作，了解市场，了解企业运作方式；积累创业资金，扩大人脉，寻找最佳创业伙伴。

（3）长期计划发展规划。创建一个独具特色的"农家乐"主题农场，并且创出品牌。

（四）调整与评估

其实，我不想就业，不想考研，我很希望在大学时就开始创业，但又担心学业受到影响，毕竟以后找工作还需要有较高的专业素养。

【点评】

第一，在自我分析方面，某些概念不清，例如，对职业兴趣的探索。需要进一步明确职业价值观、职业兴趣、性格、能力等个性特征类型。

第二，在环境探索方面，缺乏对自身专业和目标职业的认知，信息不足。

第三，在目标与计划方面，有梦想是好事，但梦想不会自动实现，它必须落实为具体可行的目标与行动，并投入时间才能美梦成真。该生有很好的理想，但按照这样的计划是很难实现的。短中长期目标与计划必须具有连续性和有效性，这些目标与方案还是停留在一般认知基础上，泛泛而谈，缺乏针对性，有些甚至是不利于实现理想的。

第四，规划书中有几个关键的词语，如"事业型女性""开办农家乐"，这些都是需要进一步分析和评估的。总体而言，这是一份仅表述了自己梦想的规划书，在科学性、可行性方面还远远不够。

实例二　国际贸易 ISEC 专业大三学生职业生涯规划

（一）自我剖析

1. 价值观

（1）职业价值类型选择。

第一，稳定性。稳定性对我来说是最重要的一个因素，我希望我从事的工作有固定的工作地点与环境、稳定的收入与福利待遇。我并不害怕工作单调，也不介意被领导管理，但是我无法接受的是频繁跳槽，因为这样会使我缺乏安全感，更确切地说我讨厌高风险的事物，而频繁跳槽正意味着我的失业风险很高，也预示我生活中的不确定因素增加。这足以使我陷入不安、忧虑、急躁甚至恐惧的状态，所以稳定对我来说极其关键。

第二，经济收入（工资）。我认为工资的多少直接影响着物质生活水平，工资是物质保障，面对着将来上有老下有小的压力，我自然希望有一份工资待遇好的工作。而且我也不希望将来变成一个成天为了柴米油盐而省吃俭用、斤斤计较的人，不希望自己过多地被财务束缚。因此我希望得到一份有丰厚薪酬的工作，以避免被沉重的经济压力累得喘不过气来。

第三，社会地位。我是个比较在乎别人看法的人，希望拥有一份至少受人尊重的工作，家人、朋友能认可我所从事的工作。作为一个需要激励的人，良好的社会地位能够激励我不断地努力。因此，能得到一定的社会地位对我也比较重要。

第四，人际关系。我并不擅长与各种类型的人进行交往，因此希望有一群相对固定的朋友。友情与亲情对我而言是十分重要的，身为天秤座的我相信良好的人际关系有助于我的人生。我生性善良，希望自己的人际交往圈和谐稳定，为了生活的安宁我将人际交往摆在重要的位置上。

第五，生活方式。我习惯有规律的生活方式，依照固定的时间安排生活作息，无法忍受没有双休日的工作，不希望自己的生活节奏太快，因为那样会让我感觉压抑，有种窒息感。适时的休息才能让我精力充沛，我想说我就像太阳能电池，总要让我有时间晒晒太阳充充电，不然我就不能发挥出原有的水平。而且我也希望有时间做自己感兴趣的事，学些想学的东西。因此，我希望我的工作与生活是相得益彰的。

（2）职业价值观的类型（经心理测试所得，排名按照分数由高到低排列）。

第一，小康型。存在虚荣心理，有较强的自我优越感，渴望得到一定的认可和社会地位，在自己的欲望不能得到满足时，因为自我意识过于强烈有时反而更容易自卑。

第二，技术型。性格稳重，做事严谨、有条理，能够保持平常心。

第三，合作型。和他人的关系比较好，认为朋友是最大的财富。

第四，志愿型。富有同情心，有较强的共情能力，不喜欢做哗众取宠的事，更乐于默默地帮助他人。

第五，自我实现型。容易忽略平常生活中的幸福，执着追求个性。不在意收入、地位及他人对自己的看法，会尽力挖掘自己的潜力，施展本领，认为这是生活的意义。

2. 性格

（1）我的性格特征。

第一，态度特征。对社会时事比较感兴趣，热爱集体，会尽自己所能帮助需要帮助的人。我认为对待工作和学习应该秉持严肃认真的态度，并且要持之以恒。

第二，气质特征。我属于粘液质和抑郁质。粘液质的人可能稳重、坚毅、扎实，也可能冷淡、固执、知错难改。抑郁质的人可能办事细致、严守纪律、独立思考，也可能多疑、多愁善感、缺乏自信。

第三，理性特征。我的理解能力不错，记忆力也不错，虽然知识联想能力不错，但是空间想象能力有限，对于代数、法律、会计、绘画方面的感知与敏感度相对较好，逻辑思维较好。

第四，情绪特征。我的情绪比较稳定，通常不会有太大的起伏，是比较温和的，但是如果遇到我在乎的事，可能会变得较为急躁、紧张、不够镇定。如果他人用一些较为激烈的言语刺激我，一般很难忍耐，显得比较阴沉与暴躁。不过我不会花费太多的时间在不开心的事情上，能够比较快的平静下来。

第五，意志特征。我认为自己是一个意志力、自我控制力较强的人，能够持之以恒。我以前学画画的时候，总是可以坐着画一个下午，去图书馆自习，也可以一坐就是一整天。对于自己拟定的学习计划也可以较好地坚持下来。

（2）我的性格类型。

第一，内倾型。关注的对象和兴趣集中于内部世界，富有想象，比较孤僻。

第二，独立型。自尊、自信、自立、自强，独立思考、有主见、应变能力强，更喜欢说服别人，让别人接受自己的观点。

第三，思考型。严谨、有规划、追求稳定，在意自身的信誉，规则意识较强，做事专心致志、持之以恒，但做决定时容易犹豫不决，行动力较差。

第四，意志型。有明确的目标，主动积极，敢做敢为，坚忍不拔。

就总体而言，我在心理学上被归类为思考型。善于思考，逻辑思维能力强，以事实为依据提出自己的观点，对于做出的决定能够持之以恒地实施，生活、工作有规律，爱整洁，时间观念强，但有时思想僵化、纠缠细节、缺乏灵活性。

3. 兴趣

（1）我的职业兴趣（根据霍兰德职业兴趣测验所得）是事务型职业。爱做室内有规律的具体工作，宁愿被别人管也不愿管别人。

（2）我的好恶情况如表 1 所示。

表 1　好恶情况

喜好	厌恶
喜欢美食	不喜欢出差
喜欢住在安静的地方	不愿在大城市生活、工作
喜欢住在中小型城市	讨厌整天对着电脑工作
喜欢做事有步骤、有计划	不喜欢穿高跟鞋
喜欢整理归纳资料	不喜欢剧烈运动
爱看动漫、小说	不喜欢加班
喜爱绘画	不喜欢太过杂乱的工作环境

4. 能力

（1）我的专业知识背景。国际经济与贸易专业，具有较为扎实的国际贸易理论、实务以及金融、法律等相关的专业知识。已经通过计算机二级考试及会计从业资格考试。

(2) 我的学习能力情况。我对于理论性学科的掌握相对较好。多次获得专业奖学金等荣誉称号。

(3) 我的优缺点情况如表 2 所示。

表 2 优缺点情况

优点	缺点
有团队意识	容易紧张
容易得到他人的信赖	想法太过简单，不够全面
公平公正	性情比较保守
思想乐观、性格开朗	真正的朋友不多
办事认真、一丝不苟	有时做事太过急躁
注意力集中程度高	有点固执，不易被说服
自我控制力强	不喜欢生活琐事
理解能力、适应能力较强	有时说话太过直接，不够委婉

5. 其他

(1) 潜能。我认为我擅长与会计、法律等方面的学习，为此我在选修课程时选择了有关的科目课程。在会计方面，我选修过财务管理。在法律方面，我选修过经济法、合同法、劳动法等与经济类专业有关的科目。同时经济法也是会计的相关课程，以进一步发掘自己在这两个方面的潜能。

(2) 生活方式。我认为工作与生活的其他部分同等重要，家人、朋友、休闲、培养爱好、提升技能，这些都很重要。如果因为工作使得与家人、朋友的关系疏远，只会使自己失去支撑，变得孤寂、迷茫。如果不注意适当的休息，则会影响工作效率。我并不想当一个只会工作的机器人，因为即使那样使我看上去过得很充实，但实际内心却没有感到丝毫温暖。

我希望在工作之余有时间陪伴我的家人和朋友，能够让我做自己感兴趣的事，所以我希望我的工作时间有规律。

(3) 自信的来源。我的自信来源于我充分的准备，如果在做一件事情前，我有充分准备，我会更有自信至少不会紧张。这也是我为什么从不缺课，上课认真听讲的原因之一，我不希望最后再临时抱佛脚，这样弄得自己很狼狈。

（二）环境探索

1. 社会环境

（1）大学生就业形势。就业形势依然严峻，根据人力资源和社会保障部的统计显示，2020 届毕业生达 870 万人，大学生就业仍然面临不少困难，而专业技术人才供不应求。根据劳动社会保障部科研所的数据和中国人事科学研究院的粗略估计，截至 2020 年我国专业技术型人才供应总量为 4000 万人，而需求总量为 6000 万人。以上数据表明，从整体来看，我国劳动力数量充足，但对于专业技术型人才仍然是供不应求。我国大学生就业形势严峻，但专业技术人才供不应求，出现大学生"就业难"的现象，原因有两点：一方面，大学生的知识和能力与企业要求不对等；另一方面，个人就业意愿和社会用工需求存在较大偏差。

（2）从事本专业后的发展方向。国际经济与贸易专业的毕业生主要从事以下方面的工作：

第一，外贸公司。与国际经济与贸易专业较为对口的就业方向，综合能力要求高，不仅要求熟练掌握国际贸易实务知识，还要具有国际商法的相关知识，以及较高的英语水平、计算机操作水平。除此之外，还要有相关的资格证书，如外销员资格证、商务英语等级证书等。加上这几年国际经济与贸易专业毕业生的增加，特别是大型的外贸公司竞争尤其激烈。

第二，外资企业。国际经济与贸易专业的学生也可在外资企业工作，如外贸采购员、外销员、国际商务师等。外资企业的学习机会比较多，待遇也较好。但是这类企业的竞争更为激烈，有大量的经济类相关专业，以及语言类专业的竞争者，要突出重围很困难。

第三，进出口贸易单位。进入报关行、报检行这类单位需要持有报关员、报检员的从业资格证书，这类证书考试通过率不高，如报关员平均每年考试通过率是 1%左右，但是证书是终身的。可是这类职业的技术性水平不高，没有较多的学习机会。

第四，银行。该专业学生一般进入具有国际业务、外汇业务的相关部门，从事信用证相关业务，如开证、审证，或是从事外汇交易工作。进入银行，首先要通过银行从业资格考试，但其通过率不足四成。若从事信用证业务，还要求从事者具有单证员、报关员等相关证书。若从事外汇交易，还需持有外汇交易员资格证书。银行应聘者还有大量金融专业、会计专业的毕业生竞争，所以进入银行工作也较为困难。

第五，物流企业。与国际经济与贸易专业相关的职业是国际货运代理，若想要从事该职业则需考取国际货运代理资格证书，此证书的通过率为90%，但是一般的物流专业也都会考取该证书，因此国际经济与贸易专业的学生只要有扎实的专业知识或英语水平才能脱颖而出。

第六，政府机构。部分政府部门也是国际经济与贸易专业就业方向之一。公务员是大学生就业的热门方向，竞争极其激烈。进入政府部门，首先需要通过公务员考试。海关部门的竞争更为激烈。

第七，攻读相关硕士学位。可选择相关的经济学专业，如金融学、管理学，甚至是国际经济法等相关专业。但是面对考研人数逐年增加，录取分数不断上升的形势，选择考研的压力也很大。

2. 家庭环境

（1）家人的期望。家人更倾向于我能够从事一份稳定的工作。可能是我母亲以及周围许多认识的叔叔阿姨都是在政府部门工作的原因，家人特别希望我考公务员。而且他们认为读研后就业面会更加狭窄，还不如直接工作增加一些工作经验。

（2）家人对我的需求。我是家里的独生女，外婆的年纪大了，我妈的身体也不太好。她们都有比较稳定的收入，不要求我去赚什么大钱，希望我找一份稳定的工作，并有能力与时间照顾她们。

（3）家人给予我的帮助。家里人十分鼓励我考取公务员，认为公务员的工作不用让他们对我的未来发展有过多的担心。他们积极地帮助我查阅相关资讯，询问成功考取公务员的亲朋好友考取公务员的经验。

3. 目标职业认知

我的目标职业：去国外读研究生，选择 ISEC 项目3+2模式，扩展知识和视野，然后回国，以研究生学历报考政府税务部门的公务员。

由于大学本科的专业限制，我去国外读研究生会选择和国际经济与贸易相关领域的专业，多学习一些会计和审计的知识，这样可以扩大公务员报考对职位要求的范围。

（1）入门门槛。

第一，税收征管类职位。考察经济管理知识，要求经济学类、工商管理类专业。

第二，财务管理类职位。考察财务管理知识，要求统计学、审计学、会计学等专业。

第三，信息管理类职位。考察信息管理知识，要求数学类、信息与电子科学类、电子与信息类专业。

第四，综合管理类职位。考察综合管理知识，要求人力资源管理类、档案学类、档案管理类专业。

第五，政策法规类职位。考察政法知识，要求法学类专业。

此外，报考的职位有具体的专业及政治面貌要求。需要通过公务员笔试和面试。根据今年的报考比例来看，竞争是十分激烈的。

（2）工作性质。国家或地方公务员。

（3）工作岗位与内容。如果是税收征管类岗位，负责的是税费征收方面的工作，与所学专业较为匹配的是外贸税费征收工作；从事财务管理方面的职位，主要办理税收统计、会计、审计方面的业务。

（4）福利待遇。公务员的福利待遇在我国属于中等偏上水平；公务员退休以后的福利待遇较好，工资不会减少，随整体的工资水平进行调整，仍然存在上升空间。

（三）目标与计划

1. 理想工作描述

距离家相对较近的国税公务员（税收征管或财务管理相关职位）。

（1）工作性质为国家公务员。

（2）技能/能力。具有税收职位相关的具体规定，及相关的法律知识；经济学、工商管理相关知识；较好的沟通交流能力；相关的计算机运用能力。具备统计学、会计学、审计学相关知识；相关的从业资格证书如会计从业资格证；较好的语言组织能力。

（3）人职匹配分析。理想工作与价值观吻合程度，如表3所示。

表 3　理想工作与价值观

我所看重的职业价值类型	理想工作的相关评价	两者吻合程度
稳定性	公务员的工作稳定性高	吻合程度高
经济收入	公务员工资及福利待遇水平不错	吻合程度高
社会地位	公务员的社会地位较高	吻合程度高

我所看重的职业价值类型	理想工作的相关评价	两者吻合程度
人际关系	人际网络不会过于复杂，多是政府部门或是相关企业的人	吻合程度高
生活方式	有双休日，工作规律，有自我提升的时间	吻合程度高

可见，我的理想工作与我的价值观吻合程度高，在价值观方面达到了人职匹配。

理想工作与性格吻合程度，如表4所示。

表4　理想工作与性格

我的性格类型	与职务的吻合程度	
	税收征管	财务管理
内倾型	不太吻合	基本吻合
独立型	基本吻合	基本吻合
思考型	基本吻合	吻合程度高
意志型	吻合程度高	吻合程度高

从表4可以看出，我的理想工作与我的性格也较为吻合，在这方面达到了"人职匹配"。

理想工作与兴趣的匹配程度。首先，理想工作与职业兴趣的匹配程度。根据霍兰德职业兴趣测验的结果，我的职业兴趣倾向于事务型职业：爱做室内有规律的具体工作，喜欢被领导而不是成为领导者，这与财务管理的相关职位较为匹配，因为这类职务一般是在办公室工作，且有一定的流程及操作规范。而与税收征管的有关工作与我的职业兴趣较为一致，原因同财务管理的相关职位理由类似。由此可以看出我的理想工作在职业兴趣上基本达到了人职匹配。

其次，理想工作与我喜好的吻合程度，如表5所示。

表 5　理想工作与喜好

我喜好的	理想工作的相关情况	吻合程度
喜欢美食	距离家相对较近的城市，饮食习惯一致，符合我对饮食的要求	基本吻合
喜欢住在安静的地方	距离家相对较近的城市，人口密集度不高	基本吻合
喜欢住在中小型城市	属于中小型城市	完全吻合
喜欢做事有步骤、有计划	税务部门每年都有严格的工作规划及工作量，工作有规律	吻合程度高
喜欢整理归纳资料	办公室会有比较多的整理归纳资料的工作，特别是财务管理的相关业务	基本吻合
爱看动漫、小说	税务局不乱加班，有双休日，有时间让我看漫画和小说	基本吻合
喜爱绘画	税务局不乱加班，有双休日，有时间让我学习绘画	基本吻合

最后，理想工作与我厌恶的吻合程度，如表 6 所示。

表 6　理想工作与厌恶

我厌恶的	理想工作相关情况	吻合程度
不喜欢出差	税务局的工作一般不用出差	吻合程度高
不愿在大城市生活、工作	中小型城市	完全吻合
讨厌整天对着电脑工作	税收征管或财务管理相关职位一般不需要整天对着电脑	基本吻合
不喜欢穿高跟鞋	虽然税务局有统一的着装要求，也要求穿高跟鞋，但是高度不会太高，也可以选择坡跟的，这是在我的接受范围内	基本吻合
不喜欢剧烈运动	办公室的工作没有较大的运动量	基本吻合
不喜欢加班	公务员不会乱加班	基本吻合
不喜欢太过杂乱的工作环境	国税局的办公大楼一般条件都不错，环境也很干净整洁	基本吻合

可以看出，我的理想工作与我的好恶相一致，我的理想工作达到了人职匹配。

理想工作与能力的匹配程度。税务征收职位与能力的匹配程度，如表 7 所示。

表 7　税务征收职位与能力匹配

税务征收职位要求的技能/能力	我的能力是否达到	预期匹配程度
税收相关的具体规定及相关的法律知识	已经学习了相关的知识，读研究生期间，还会选修相关的课程	基本匹配
经济学、工商管理相关知识	我学的是国际经济与贸易专业，已经具有相关的经济学知识	匹配程度较高
较好的沟通能力、语言表达能力	经常给不同的同学讲解题目，自认为表达能力还不错	基本匹配
相关的计算机运用能力	已经拿到了计算机二级证书	基本匹配

财务管理职位与能力的匹配程度，如表 8 所示。

表 8　财务管理职位与能力匹配

财务管理职位要求的技能/能力	我的能力是否达到	预期匹配程度
税收相关的具体规定，税收计算方法及相关的法律知识	已经学习了相关的知识	基本匹配
统计学、会计学、审计学相关知识	已经拥有会计的基本知识	基本匹配
较好的论文报告水平，语言组织能力	在校时写过多篇论文	基本匹配
相关的计算机运用能力	已经拿到了计算机二级证书	基本匹配

可见，我的理想工作与我的能力也基本匹配，在这方面也达到了人职匹配。

因此，从我的理想工作与我的价值观、性格、兴趣、能力的匹配程度分析可以看出，我的理想工作在总体上达到了人职匹配。这个职业是很适合我的，而我也有能力做好这个工作。

2. 目标

（1）目标定位。我的职业锚为安全稳定型。稳定的职位是我坚持不会放弃的，重视财务和就业安全。

（2）职业发展路径为横向发展再向上发展的方式。公务员的晋升较为困难，加上我的专业限制，通过选择 ISEC 项目 3+2 模式，获得硕士毕业证。在报考公务员时，由于学历优势，可以适当减少与本科生的竞争。先报考国税局有关税收征管的职位，然后向财务管理的相关职位发展，拓宽工作领域，增加工作经验，拓展职业宽度，增强职业综合竞争力，为以后的晋升打下基础。

（3）三期目标如表9所示。

表9　目标制定

期限	物质目标	非物质目标
国外硕士毕业后，短期目标2~3年	考上税务局的公务员（税收征管类职位）	加强有关税务方面的学习，继续学习英语及相关的计算机技术
中期目标5~6年	从税收征管类职位转向财务管理职位（会计方面）	继续增加税务工作的相关经验，通过会计初、中级职称考试
长期目标10年	向审计有关的职务方面发展寻求晋升机会	通过注册会计师考试

（4）人生目标。

27~30岁结婚生子，工作稳定，家庭美满，衣食无忧。不求赚大钱，只希望不要为钱烦恼，过平静安定的生活。

3. 计划（为实现三期目标）

（1）为实现短期目标的计划。参加托福考试，为申请出国留学做准备，收集相关国外大学信息，提前确定目标院校，熟悉相关专业的申请要求。与ISEC项目办公室联系，科学选择国外大学。在国外认真学习，2年里，获得硕士研究生学位证书。回国后，开始为公务员考试做准备。主要复习申论方面的知识及行政职业能力测验的解题技巧。在10月底报名国家公务员考试，与家人商量决定报考职位。在11月底参加国家公务员考试。并在笔试之后开始为面试做准备。次年3月参加面试，4~5月会发布录取名单。若考上公务员则在六七月报到。为实现中期目标的计划，在报到之后，积极参加工作，增加有关的工作经验。在工作之余抽出时间学习有关会计、税务的知识，可以在双休日上培训班，或是在网上报考相关网络课程。若有可能，则从税收征管类职位转向财务管理类职位（与会计有关），在工作两年内考取初级会计职称，五年后考取中级会计职称考试。

（2）实现长期目标计划。

第一，在累积一定的会计、税务知识经验后，可以开始学习相关注册会计师的知识，为考试做准备。可以在拿到初级会计职称后开始学习相关知识。

第二，参加注册会计师考试的前提是具有高等专科以上学校毕业学历，或者具有会计或者相关专业中级以上技术职称，所以可以在取得中级职称后再开始报考。

第三，成功取得注册会计师资格需要经过两个阶段。第一阶段，在连续5年的有效期内以合格成绩通过会计、审计、财务成本管理、公司战略与风险管理、经济法、税法6科。第二阶段，成功获得专业阶段合格证后通过综合科目考试。

我认为以每年两科通过专业阶段的考试是比较合适的，没有通过的科目可以在之后制定具体计划。

第四，可以在之后考虑参加评审会计高级职称。

（四）调整与评估

1. 调整理由及方向

由于近些年考公务员的队伍壮大，考公务员的难度加大，再加上国税局是公务员报考的热门，所以一次性考取国税局公务员有一定的难度。为了应对考不上国税局的风险，我将参加第二年地方公务员考试。

2. 具体调整方案

报考第二年春季地方公务员考试，具体有以下两种执行方案。

（1）报考地税局的相关职位。

（2）报考家附近县的相关公务员职位。这里的公务员考起来相对容易，可以在考取县公务员之后的1~2年，再报考国家公务员，或者参加公务员遴选。

3. 计划

（1）结束国家公务员的考试后，在准备面试的同时还要继续复习有关省考笔试的内容。

（2）年初在网上报名参加省公务员考试。

（3）1月中下旬参加笔试考试。

（4）4月左右参加面试。

4. 评估

我认为从各个方面综合考虑，公务员是最适合我的，也是最吸引我的工作。我相信只要我准备充分，通过我的努力，顺利拿到硕士毕业证书，应该可以考上公务员，并按照我的计划实现我的职业规划目标。我有信心做到，也有信心做好。

【点评】

第一，这是一份相对完整的职业生涯规划书，对自己和职业有较为清晰的认知，并能根据人职匹配的方法进行分析。

第二，需要补充以下内容：①加强对公务员工作的认知，分析其利弊，规划书中更多地谈到了有利方面，而忽略了这个职业的一些弊端。要接受一份职业，对其弊端没有正确的认知是不行的。②制定更为有效的行动计划，作为大三学生，可以每周制订学习计划。③调整方案，由于公务员考试风险较大，可以为自己再多留一条后路。

第三，接下去就是执行你的计划，这需要较长时间的准备，需要坚强的毅力，祝你成功。

实例三　考公务员与直接就业的选择

职业咨询师：于老师。

来访者：李同学，男，本科三年级，人力资源管理 ISEC 专业学生。

主要困惑：再过半年左右的时间就要参加实习了，大学生活很快就结束了，面临严峻的就业形势，是选择稳定、社会地位高的公务员，还是选择工资高有活力的公司企业呢？

（一）背景信息

面对严峻的就业形势和剩余短暂的大学生活，焦虑紧张。总感觉大学生活还没有过够就要进入职场了，一切都还没有准备好。在未来的职业选择上面临着严峻的考验，一方面来自家人的期望，希望考上公务员，有一份稳定的工作；另一方面还想出去闯闯，展现自身价值的同时也让家人们过上幸福的生活。

李同学是吉林省某大学 2017 级人力资源管理 ISEC 专业学生，吉林省人，21 岁，外形俊朗阳光，个性开朗乐观，大一学习成绩排名靠后，大二以后成绩处于班级中上游，担任学院学生会主席、学院助理等职务。父亲是一名县里公务员，母亲在地方事业单位工作，家里属于工薪阶层。他的家庭和睦，父母注重对孩子的能力培养和综合素质的提高，鼓励他在学好文化课的同时多参与学生活动，积极锻炼身体，发展综合素养。

（二）规划思路

根据初步观察与面谈情况，我与咨询者李同学共同协商，确定如下咨询目标：找到适合自己的职业目标，围绕这个目标，制定计划并实施。咨询次数为三次，每次面谈不超过 90 分钟。

第一次咨询，了解李同学面临的问题，填写基本材料，收集基本背景资料，在首次面谈中建立良好的关系，建立咨询目标。

第二次咨询，运用各种分析方法帮助李同学进行深入的自我探索，探索兴趣、性格，并让他对自我认知进行分析总结。

第三次咨询，将自我探索与工作世界探索相结合，明确职业目标选择，并制定实施计划。

1. 第一次咨询

咨询师："最大的困惑是什么？"

李同学："目前已经大三了，距离离校实习只有不到 7 个月的时间，面临严峻的就业压力，心中不免焦虑紧张。面临考公务员还是就业，不知所措，觉得自己很迷茫。感觉自己都没准备好大学生活就要结束了。寝室里很舒适，身边的很多同学有些仍在玩游戏，上届的师兄师姐目前在实习和备考，压力很大，父母时常打电话给我要我准备复习考公务员，辅导员老师也在班级群里发布了各类宣讲会信息。自己不知道何去何从，不知道未来会怎样，不知道要不要去参加宣讲会。父母打电话跟我分析就业的时候，我就会觉得考公务员也挺好，工作稳定、社会地位高、工作压力相对小等，当跟学长学姐聊天的时候就会觉得还是进公司比较好，薪资待遇高，工作环境好，生活将会有无限的未知与可能。"

听了李同学的自我介绍和问题描述，我帮他梳理出以下问题：

（1）想考公务员，一方面是父母的期望；另一方面自己也觉得不错，毕业后想进公司学习，想去大城市。

（2）对自己的能力、价值观、性格等不了解，自我认知不明确，很容易受他人及环境影响。

（3）对公务员、公司等工作世界的信息了解不充分。不知道自己能胜任哪个？

当我与李同学把以上问题梳理完后，李同学表示认可赞同，希望尽快解决问题、摆脱困境。在咨询过程中我告诉他，咨询师只能帮助来访者，并提供咨询服务，而不能替代来访者解决问题，需要共同努力才能达到预期的目标。最后留一道家庭作业："我们最终要找什么样的工作？"从宏观方向来唤醒李同学对工作的向往。

2. 第二次咨询

结合上次的家庭作业思考题："我们最终要找什么样的工作？"我们讨论了许多，最后结论是，想找一份自己喜欢的、能够胜任的、行业及工作单位发展前景较好的工作。由此我引出了兴趣探索、性格探索、价值观探索、能力探索。

（1）兴趣探索，我选用的是霍兰德职业代码量表进行筛查，李同学积极配合并十分感兴趣，最终结果为 IER。

I 型人以思考探索认识事物，喜欢研究抽象问题，进行分析和思考，研讨科学相关的论题，倾向于独立工作，喜欢挑战和探索未知事物。追求意义感，崇拜智慧，寻找更深层次的理论观点。该类型的人具有条理、谨慎、批判、好奇心、自立、智慧、内向、谦虚、准确、保守的特征，其表现为：①对具有研究性质的职业或情境感兴趣。②能够用探究的能力解决各类问题，相信科学，但领导能力相对较善。

E 型人倾向于领导和指挥别人，通过影响他人或传递自己的观念、产品而实现自身或团队的目标，期望在事业上能够取得成功，对于工作干劲十足、有效率。该类型的人具有冒险精神、富有野心、追求舒适、积极向上、自信、善于社交、希望得到他人注意但也存在独断、冲动的特征，其表现为：①更喜欢具有企业性质的工作，拒绝研究性工作，擅长运用能力处理问题。②有冲劲、擅长交际、有声誉、管理能力强，语言表达能力较好，但缺少科学思维，认为经济、政治更重要。

R 型人操作实践能力突出，喜欢动手制作。该类型的人愿意从事实物性工作、体力活动，如户外工作或操作机器；善良直率不善交际，期待可见成果；具有恭顺、率真、谦逊、坚强、知礼、羞涩、稳重、俭朴的特征，表现为：①喜爱实用性的职业或情境，以从事所喜好的活动，避免社会性的职业或情境。②用详细、实用的方法解决生活或工作中的问题，但在人际交往方面的能力有所欠缺。③更在意具象的事物，如财富、权力、地位等。

综上所述，给出的职业建议是化验员、工程师（土木、航空、电气等）、政府人员、医生等。

李同学对霍兰德兴趣测评结果思考许久，说这个测评挺好的，自己以前从来没有如此仔细地想过这些问题，认为兴趣筛查还是挺准确的。

（2）性格探索，我选用的是 MBTI 职业性格测试题，测评筛查结果为 ESTJ。

该类型人表现为明智、擅于思考、意志坚定，能够系统、条理地整理事件；提前做好攻略、计划后，与他人协作完成任务。

适合的职业有管理者、行政管理、执法者，或者其他能够让这类人运用对事实的逻辑完成任务的职业。对 ESTJ 的详细介绍参见第九章第五节内容。

（3）价值观探索，运用标准化评估，一共分为十三组，李同学比较倾向于第八组和第九组。

第八组：职业价值观倾向是获得经济奖励。在你看来，工作的目的和价值是为了得到好的回报，让自己有足够的经济能力得到自己想要的，让生活更轻松。

第九组：社交方式是一个人价值观的具体体现，工作的意义在于能够结识各种人，与更多的人建立社会联系，甚至能与一些知名人物有交集。

通过访谈对话，基于价值观探索，李同学已经了解了自己的职业价值观，他表示，在此之前，无论是考取公务员还是进入公司，自己只是想着找一份好工作，但从未深入考虑过对自己来讲什么才是一份好工作，一切都很模糊，通过分析，他觉得内心想要的东西慢慢变得清晰了。

（4）能力探索：以自我描述成就事件的方式进行。

成就事件一，大二的时候作为学院学生会主席，组织 2018 级学生参加运动会的动员训练和比赛工作，在动员过程中发现问题：①学院男生较少，运动员数量不足，身体素质一般。②压力较大，因为上一年的运动会取得了总分第五的好成绩，学院老师和同学们都想取得好成绩。③训练过程中教练员和运动员产生了矛盾，教练员不予配合。④训练期间赶上人力资源师三级考试，很多运动员在训练的同时还要准备考试。在以上的不利因素下我和我的团队各司其职、分工协作，终于在运动会上取得了总分第五名的好成绩。

成就事件二，母亲身体一直不好，尤其是心脏病较为严重，为了医好母亲的心脏病，我结合病例、病情，通过查找对照经典案例、看医书、访名医等手段帮忙找到了对症良方，母亲用药后病情明显好转。之前因为自己身体也较为羸弱，喜欢看一些医书，长时间养成了细致观察和总结归纳的习惯。

通过能力成就事件可看出李同学的可迁移能力较强，能够勇于面对挫折与挑战，抗压能力强，有较好的沟通能力、组织管理能力、应急处理能力等。

通过李同学的自我描述了解到其专业知识掌握较好，学习能力较好。除此之外，李同学心态积极，时间观念强，有较强的情绪管理、压力管理能力，为人诚恳、热情。

在我的帮助下，通过一系列筛查后李同学发现，自己是一个热衷于思考的人，喜欢领导和支配别人，希望成就一番事业，工作高效，精力充沛。其操作动手能力强，愿意从事一些实操类的工作，例如一些机器的操作或体力活动，喜欢户外活动等，对一些需要思考并有挑战性的工作很有兴趣。李同学具有理性思维、善分析、决断力强、有定力，处理事情系统条理；喜欢事前做好规划和细致的准备，然后与团队通力合作；希望获得高回报，认为工作的目的和价值在于得到丰厚的报酬，可以让自己有足够的能力为自己想要的东西埋单；喜欢与他人打交道，乐于跟他人交往，想要建立比较广泛的社会联系；有较强的人际交往能力、学习能力、组织管理能力、抗压能力等。

当我将筛查结果分析给李同学后，他表示自己从来没有如此正确认识自己，没有人能给出如此客观的评价，在过往的生活中很容易受到周围人看法的影响，遇强则强，遇弱则弱，自己的目标与理想也不坚定。于是我给李同学留了一个家庭作业，即生涯人物访谈。采访4人，均为有3年以上工作经验的公务员2人、企业管理人员2人，每人时间不少于30分钟，内容为：①工作性质、任务或内容；②工作环境、就业地点；③所需教育、培训或经验；④所需个人的资格、技巧和能力；⑤收入或薪资范围、福利；⑥工作时间和生活形态；⑦相关职业和就业机会；⑧组织文化和规范；⑨未来展望；⑩喜欢这个工作什么，不喜欢什么；⑪对自己进入这个领域有什么建议。

3. 第三次咨询

通过生涯人物访谈，李同学了解到：事业单位要求从业者有较强的责任心，要有为人民服务的精神，要不忘初心牢记使命。其虽事务性工作较繁杂，但工作比较有意义。工作时间固定，工作压力较公司要小很多，并且工资水平是自己向往的。公司企业管理人员要求从业者有较强的责任心、事业心，要以为企业创造价值为工作目标。其工作压力较大，升职加薪和自身能力与努力成正比，需要有合作意识与创新精神，并且工资待遇与公务员差别不太大。

（三）启发与灵感

李同学咨询的过程特别顺畅，李同学对自己当前的现状并不满意，对自己的职业目标有着很强烈的热情。他在咨询过程中非常努力，也非常认真，因此结果也比较令他满意。

首先，做好聚焦工作，目标选择要由来访者自己完成。李同学是大学经历丰富的学生，想法也较多，这样的学生更需要引导而非指导。李同学的生活非常丰富，但是目标并不清晰，因此我与李同学沟通时选择了层层递进的方式，一点点澄清问题，用引导的方式让他看到自己的期待。当他出现不同的选择时，我只是帮他梳理，并不做选择评价，让他明白自己的目标，让他自己以测评结果为标尺，找到自己最喜欢、能够胜任、行业及工作单位发展前景较好的工作。这样，他就能找到真正属于自己的答案。

其次，重视工作世界的探索，工作世界探索要由来访者自己完成。学生普遍存在对外部工作世界缺乏了解和怀有偏见的问题，李同学在咨询过程中对于行业、组织、职业、职位等方面还欠缺了解，李同学对工作世界的了解也仅限于家里人的看法。给他留下的生涯人物访谈作业，完成得很好。经过客观分析评价，李同学很快找到了自己的发展通道。所以，鼓励学生主动探索工作世界，利用寒暑假去企业实习，这可以让学生发现工作世界的面貌，更现实地考虑自己和职业发展的关系，让他们踏实地去解读自己的职业发展道路。许多学生的问题是源于对工作世界的了解过少，未来，无论是在咨询中还是在课程中，我都会将了解外部工作世界作为一个重要的知识点让学生们去探索，并让学生进行生涯人物访谈。

再次，多种量表的运用有利于让学生客观认识自己。在李同学的咨询中我运用了大量的量表做测量。例如，霍兰德的职业兴趣测量、MBTI性格测评、价值观测量、能力测量等，这使我们的谈话更直观、更客观，能让李同学在问题面前迅速找到线索。多种工具的使用不仅可以丰富整个咨询过程，也让来访者更感兴趣，而且让来访者能够更加直观地认清自己，使自我认知更加准确。在评估过程中我运用了较多的测量评估工具，这些工具在分析与解释时，个别评估结果会出现矛盾，因此我花费了一些时间来解决矛盾，在对各个测评结果的分析过程中加深了我对李同学的了解，也加深了他的自我认知，这让我们在不同的工具和视角下进行更透彻的分析。这一点给我很大的启发。

最后，作为一名生涯咨询师，在李同学的咨询过程中，我自己也成长了很多，看到李同学的成长变化，让我有了强烈的成就感。在未来的职业生涯中要不断提高自己的"助人"技巧和方法，还有"助人"道德和态度。我发现职业生涯课程对学生来讲还是很有帮助的，参加过职业生涯课程的学生具有科学的职业生涯规划观，会在生活中规划生活，在学习、生活和娱乐中学会统筹规划，合理安排时间。更会在未来的职业选择上规划自己的目标，对于职业探索也有着一定的基础。李同学的案例让我看到了职业生涯规划课程的价值，因此希望高校能够开展好职业生涯规划课程，我要立志努力学习并研发这门课程，决心在未来职业生涯规划课程上更加投入和认真，让更多学生从中受益。

附录2
中英文简历模板

简历							
姓名		性别		民族		照片	
出生年月		籍贯					
现就读院校、专业							
学历		爱好					
电话		邮箱					
教育情况	学习时间		学习地点				
实践经验							
获奖情况							

Personal In Formations						
Family Name		Given Name		sex		Photo
Date of Birth		Birth Place				
Institutions and Majors						
Education		Hobbies				
Telephone		E-mail				
Educations	Time		Address			
Practical Experience						
Awards						

附录3
求职信范文

师范生求职信范文

尊敬的领导：

　　您好！

　　我是××师范大学英语专业××届的毕业生，怀着对贵校的憧憬写下了这封信，希望从这些文字中能向您介绍真实的我，并有机会成为贵校的一员。

　　在校学习的时光对我来说是十分宝贵的。一方面，我坚持认真完成学业，能够以优异的成绩完成各个科目的学习。大二的时候，高分通过了英语专业四级考试，现在，我正在全力准备着专业八级考试。并且利用课余时间在××大学辅修了计算机网络专业，顺利通过考试后，成功取得结业证书。另一方面，为了能够成为一名合格的人民教师，我认真学习教学教法，查阅中外教学经验资料，努力探索，希望形成一套符合教学实际又能充分调动学生积极性的教学方法，不断提高教学质量。在大四的实习中，充分证明我的方法是有效的，不仅以优异的成绩顺利结束实习，而且获得了实习单位师生的一致好评。

　　我还会在课余时间阅读一些书，从书中获取更多的知识，以丰富自己、打开思维、开阔眼界。每天适当地进行一些体育锻炼对我来说也是很重要的一部分，拥有强健的身体才能更好地投入工作。

　　在进入大学之后，在同学们的推选下，我成为了班级团支部的组织委员。多彩的大学生活，充实了我的知识储备，也增强了我在组织领导方面的能力，为今后更好地对学生进行管理打下了基础。进入大二后，我成为了班级团支书，期间，我积极完成校团委、系分团委分配的各项任务，适时地推出各种类型的校内及校外活动，通过这些活动，不仅丰富了同学们的在校生活，更让大家接触到了更多的新鲜事物，班级团支部也因此被评为"系优秀团支部"，我获得了"优秀团干部""校优秀团员"等荣誉称号，并有幸进入校第十六期党校学习班进行学习。我也积极参加了校、系学生会组织的各项活动。我与同学共同编排的英语短剧在我系英语短剧大赛中获得了第一名的好成绩，并受邀参加了学校举行的文艺汇演，表演得到了全校师生的喜爱。

当我做出人生的第一个职业选择时，我果断地选择了您的学校，因为我相信贵校在您的领导下有着美好和广阔的发展前景。同时，我也期待能得到您的认可，加入您的团队，成为一名优秀的人民教师。我一定会为此持之以恒地努力！

感谢您百忙之中进行阅读，期待得到您的回复！

祝贵校发展欣欣向荣！

此致

敬礼！

求职人：×××

××××年×月×日

非师范生求职信范文

尊敬的领导：

您好！

我是×××大学一名大四学生，即将毕业走向社会。非常感谢您能在繁忙的工作之余审查阅读我的求职信，而我的心情是平静而激动的。之所以平静，是因为我相信自己的知识与能力不会让您失望；之所以激动，是因为我将在最宝贵的青春时光努力走近你们，共同创造属于我们的辉煌时刻。

艰苦的生活环境养成了我朴实的性格，培养了我不畏挫折、不服输的精神，大学四年虽然匆匆而过，但对于我而言是十分珍贵的。一路走来，有欢声笑语也有汗水泪水，这一切都让我变得更加充实。不仅学习掌握了扎实的专业知识，也系统学习了营销战略、市场定位与分析管理，销售技巧与市场推广方面的内容。我的专业成绩排名处于专业前五。"宝剑锋从磨砺出，梅花香自苦寒来。"我相信，有付出终会有回报。

四年中，在老师的教导和同学的帮助及个人的努力下，我具备了扎实的专业基础知识，系统地掌握了有关理论；学习了涉外工作中经常用到的礼仪规范；英语的听、说、读、写、译等基本能力也得到了很大的进步；能熟练使用计算机办公软件。同时，我充分利用课余时间进行大量的阅读，不但增加了自己的知识储备，也促进了自己多方面的发展。更重要的是，严谨的学习氛围和积极的学习态度也让我更加稳重、敢于创新。

时间飞逝而过，短暂的大学生活只是进行了有限的学习，更为重要的是利用这些时间发现自己的思维方式和学习方法。"纸上得来终觉浅，绝知此事要躬行。"只有把所学加以运用，以实绩回馈社会，用成绩证明自己，才能真正体现出自己的价值。得益于大学期间参加的各种活动，我的动手操作能力、工作能力、组织领导能力、团队意识和语言表达能力都得到了提升。最让我记忆深刻的是四年来一直坚持以学习小组方式进行学习，一如既往地坚持难能可贵。四年来我们努力耕耘着自己的"大学之田"，我深信，只要脚踏实地地努力下去，一定会取得满意的成绩。

贵单位正在奋斗的事业是我所向往的，强烈地希望能够成为您团队中的一员，为这一光荣的事业贡献我的微薄之力。

静候您的佳音！

此致

敬礼！

求职人：×××

××××年×月×日

英文求职信示例

Dear Sir/Madam：

I saw your advertisement for xx on the Internet, so I am writing to apply for this position.

This position requires Bachelor degree or above, Major in Computer or equivalent, proficient in windows 2000 and Linux syslem. I believe I have the abilily to meet the requirements. I will soon be graduated from Graduate School of xx University with a master's degree. Under the studying of the courses I have taken, I have designed a control simulation system .

My resume and other documents are enclosed in thisletter. I would appreciate it if you could consider my application as soon as possible and give me a reply.

yours Sincerely

Yun Deng

附录4
英文求职信写作技巧

一、求职信的格式、用词和礼节

　　求职信是面向不同企业有针对性地做出书面介绍，一般一页左右就可以了，其内容包括开头、正文及结尾三个部分。

　　开头和结尾的部分应注意使用礼貌用语，开篇要做简要的个人情况说明，如姓名、毕业院校及学习的专业等。

　　正文部分是求职信的核心，不必拘泥于特定形式，一般是对自我优势条件的说明、对未来工作的展望等。首先，要说明写这封信是为了什么，希望实现的目标是什么，想要得到的职位是什么；其次，可以谈谈自己为什么希望从事这项工作，自己有哪些能力能够胜任目标岗位；最后，谈谈你为什么想加入这个机构或企业，对组织的产品、发展方向和企业文化的了解以及这些与你的背景、价值观和目标有哪些联系。

　　结尾处可以说明一下成功入职后会做出哪些努力，留下联络地点及方式，最后表达自己的谢意等。

　　这三部分的内容写3~4段即可，可以充分地结合自己的实际进行书写，灵活地运用写作原则，不必严格遵守。求职信应与简历有所区分，简单明了即可。中英文的求职信格式大致一样。

二、礼貌的开头结尾

1. 开头语

　　（1）According to your advertisement in Beijing Youth Daily on December 25, I respectfully offer my resume to apply for the position.

　　根据贵公司12月25日刊登在《北京青年报》上的招聘广告，我特意准备了简历来应聘这个职位。

（2）I specially prepared my resume to apply for this position because I heard that there is a vacancy in the position of salesman in your company.

我特备此函应征，据说贵公司推销员的职位有空缺。

（3）According to Mr. John, manager of the Commercial Book PublishingHouse, your company will recruit a number of staff in September this year. I am going to apply for the relevant positions.

据商业图书出版社经理约翰先生说，贵公司将在今年9月招聘若干名职员，我准备应聘相关的职务。

（4）Your hospital is the most popular hospital in the region. I am very eager to work in your hospital after graduation. If I have this honor, I am sure it will be of great benefit to my professional ability and experience.

贵院是本地区最受欢迎的医院，我十分渴望毕业后能进入贵院工作，如有这份荣幸，我确信，对我提高从医能力和经验大有益处。

（5）I am going to graduate from university this fall. I am looking for a job related to international trade. I am familiar with the business scope of the company. You may be able to offer me a job.

今年秋天我将从大学毕业，现在想寻找与国际贸易有关的工作，我对贵公司的业务范围较为熟悉，您也许能为我提供一份工作。

（6）I wish to apply for the position of editor your advertised in today's newspaper ×. I believe I meet the requirements of your company.

我想要应征贵公司今日在×报刊登招聘的编辑一职，我相信我符合贵公司所要求的条件。

（7）I hope to get a job, but not any job in any company, but a position in your company.

我希望得到一份工作，但不是任何公司的任何工作，而是贵公司的一个职位。

（8）Your company is not only a commercial organization, but also a well-known local organization. Your company's justue and honesty both in the hearts of employees and customers enjoy a high reprutation.

贵公司不仅是一个商业机构，而且是当地的知名组织。贵公司的公正和诚实无论在雇员还是在顾客心中都享有崇高美誉。

（9）I will granduate in July this year. I have been looking torword to working in your compony for the four years when I mapred in international trade.

我会在今年7月毕业，在大学主修国际贸易的四年中，我一直期望能到贵公司工作。

（10）Would your Company need an experienced Cashier in the near fufure? I wish to apply for the position.

请问您的公司在近期是否需要一名有经验的出纳员？我想申请这个职位。

2. 结束语

（1）If you would like to meet me to understand my ability, I can be available for an interview at any time convenient to you.

如果您愿意当面了解我的能力，我将随时候教。

（2）If you think I meet the requirements of the job, please inform me of the interview as soon as possible.

如果您认为我符合该项工作要求的条件，请尽快书信通知进行面试。

（3）I hope you can come to interview me at your convenience.

希望您有时间能够对我进行面试。

（4）I am looking for a job in your company. I graduate from Shanghai Commercial College with a major in business management.

我毕业于上海商学院，主修商业管理，希望能在贵公司得到一份工作。

（5）I believe that I have the abilily to complele any work of the comany. If I can be employed, I am willing to accept the assignment of the company at any ture.

我相信我有能力完成公司的任何工作，如能录用，愿意随时接受公司的指派。

（6）If I can get your employment, I will do my best to satisfy you.

如果能得到您的录用，我将尽最大努力工作，争取使您满意。

（7）Thank you for your care and courtesy.

承蒙阁下的关怀和礼遇，至此表示感谢。

（8）I am enclosing a copy of my resume. If I have an interview, please let me know.

随函附上我的简历表一份，希望能通知我是否有机会与您见面。

（9）Thank you in advance for your concern and attention. I hope to get your message as soon as possible.

提前感谢您对我的关怀，希望能尽快得到您的消息。

（10）I hope you can give me an interview.

我希望您能给我一个面试机会。

三、学历与能力介绍

1. 个人背景简介

（1）I am 23 years old and graduated from Michigan State University in 2004.

我今年 23 岁，2004 年毕业于密歇根州州立大学。

（2）The results of all the courses are excellent, espeially in English. I will send it later if you need to review.

所学课程的成绩都十分优异，其中英文成绩尤为突出。如果需要进行审阅，我会稍后寄上。

（3）I graduated from Beijing Business School in July 2003. After graduation, I continued to pursue studing business management and sales technology in the evening school.

我于 2003 年 7 月毕业于北京商学院，毕业后，继续在该学院进修夜校，攻读企业管理和销售技术。

（4）I graduated from Beijing Foreign Studies University and won a scholarship and speech contest champion.

我毕业于北京外国语大学，在校期间曾获得奖学金和演讲比赛冠军。

（5）I have received a good education, not only have business knowledge , but also familiar with marketing skills.

本人接受过良好的教育，不但具有商业知识，而且熟悉推销技巧。

（6）I am 23 years old and have been working in the aviation maintenance department of Poly Technologies Inc for the past 4 years.

我今年 23 岁，在过去的四年中一直在保利科技有限公司航空维修部从事普通文职工作。

（7）I am 36 years old and have been working in my present position for 10 years. I am ready to leave my position for further development.

我今年36岁，在现在的工作岗位已经工作了十年，想要离开这个职位，获得更大的发展。

（8）I am 22 years old and will soon graduate. I hope to work in a company and settle down as soon as possible.

我现在22岁，不久后就会毕业，希望能进入某公司做文职工作，尽快安定下来。

（9）I'm a 20-year-old woman who worked as an executivesecretary for a company for one year.

我是一名20岁的女性，曾在某公司担任行政秘书工作一年。

（10）I'm sure that I'll finish all my studies before gradation in July. At the same fine I have also covered all the courses related to psychology and related courses in Umiversity.

我坚信，我将在今年7月毕业前顺利完成所有学业。同时，我还涉猎了大学中与心理学和其相关的所有课程。

2. 重点叙述能力

（1）I have been mainly engaged in secretaral work for the past three gears, and I think I am qualified for the positon you are looking for.

我在过去三年主要从事秘书工作，我认为自己有能力胜任你们招聘的职位。

（2）I have been employed as an editor in a weekly newspaper. I have editing experience. I am familiar with proofreading, rewriting, publishing and other related work.

我曾在一家周报负责编辑工作，有编辑工作的经验，并熟悉校对、改写、出版以及相关的各项工作。

（3）Unfortunately, because of a worldwide economic downturn, my employer had to close the company's business and I had to leave.

不幸的是因为一次世界性的经济不景气，我的雇主不得不结束公司业务，我也不得不离职。

（4）I will do my best to satisfy your hospital if I have the opportunity to try.

如果我有幸得到试用机会，我一定会尽力而为，让贵院满意。

（5）I may be able to fill the vacancy in your company during the holidays.

我或许可以在假期中填补贵公司的空缺。

（6）As you can see from the letter of recommendation of my former employer enclosed in my letter, he is very satisfied with my work performance.

您可以在我信函中所附的前雇主的推荐信中了解到，他对我的工作表现非常满意。

（7）I am sure that these clients would equally welcome my service if I work for you.

我确信，这些客户也会同样欢迎我的服务。

（8）I'd like to join your company. It doesn't seem appropriate for me if my salany is less than ＄3000 a month.

我希望参加贵公司的工作，但月薪低于 3000 美元，对我来说似乎不合适。

（9）Because of my sales promotion experience, I am confident that I can be qualified for the position that your company advertised in × newspaper on Thursday. I hope you will consider it.

因为我曾经的推销经历，我自信能够胜任贵公司星期四在××报纸上招聘的职务，希望贵公司给予考虑。

（10）So far, I have 10 years working experience and familiar with all routine work.

到目前为止，本人已有十年工作经验，且熟悉一切办公例行工作。

附录5
吉林师范大学国际本科学术互认
课程（ISEC）项目简介

国际本科学术互认课程（International Scholarly Exchange Curriculum，ISEC）项目，是由中国教育部国家留学基金管理委员会，联合国外知名高校和国际优秀教育专家及吉林师范大学，一同推进的国际教育项目。目的是为了能够给学生提供优质的国际交流学习平台，开拓学生国际视野，提升英语交流能力，拓宽文化知识涉猎领域，增强学生在就业市场中的竞争力。该项目拥有优秀的国际师资、参照北美通识型课程结构，开展双语教学、全英文进行讲授，让学生在国内就能获得国外的优质教学资源。同时，与各合作高校采取学分互认模式，使学生能够在大学期间接受到国内、国外的教育，获得吉林师范大学与国外院校的双学士学位。

吉林师范大学是吉林省内首个获得批准开设"国际本科学术互认课程"的高校，项目开设招生的专业有财务管理、金融学、环境工程、旅游管理、人力资源管理和软件工程。

一、专业介绍

1. 财务管理

培养目标：培养具有财务管理及相关会计、金融等方面的知识和能力，富有创造性和较强的社会适应性，以及良好的英语语言沟通表达能力和团队合作精神，能在企事业单位及政府部门从事财务及金融方面工作的国际化专业技术类人才。

主修课程：管理学、经济学、金融学、统计学、会计学、财务管理、审计学、税法、投资学、财务分析、资产评估等。

就业方向：成绩优秀者，可继续攻读国外高校的研究生；本科毕业回国的学生可在外资企业、各级政府相关职能部门、各类事业单位、银行等金融机构、个体经营等单位部门从事财务管理、会计核算、理财规划、资产评估、金融保险、证券投资、业务咨询等相关工作。

2. 金融学

培养目标：培养具有扎实经济学和金融学理论基础，具备良好的外语沟通能力，熟悉国际化运作规则，掌握基本的金融投资和融资方法，能够熟练运用有关知识解决实际问题，能够适应社会、经济和文化发展需要，具有实践能力、创新精神、国际视野和独有的竞争优势，适合在银行、证券、信托、保险等金融机构或跨国（集团）公司、相关政府部门从事实际工作的国际化技术型人才。

主修课程：ISEC 课程、西方经济学、货币银行学、国际金融、公司理财、证券投资学、商业银行经营与管理、金融市场、会计学、投资银行学、财务管理、经济法等。

就业方向：成绩优秀者，可继续攻读国外高校的研究生；本科毕业回国的学生可在商业银行、证券公司、信托公司、资产管理公司、基金公司、期货公司、财务公司、保险公司等金融机构，以及政府部门、企事业单位的金融、财务、税务等部门和跨国（集团）公司（尤其是合资企业）的财务、会计等部门工作。

3. 环境工程

培养目标：本专业培养具有可持续发展理念，具备环境污染防治、环境监测与评价、环境规划与管理等方面的基本理论知识，熟悉环境工程及其邻近学科的发展前沿及动态，具备在环境工程领域进行规划、设计、运行管理、环境评价、研究开发及教学的能力，可以在工矿企业、科研单位、高等院校、政府规划管理等部门从事生产建设、设计、研发、教育和规划等工作的工程研究应用型人才。

主修课程：外语、高等数学、工程制图、基础化学、物理化学、环境工程微生物、环境监测、水污染控制工程、大气污染控制工程、固体废弃物处理与处置、给水处理工程等。

就业方向：在政府环保类部门或环保类设计单位、工矿企业等从事项目开发与研究等方面工作。

4. 旅游管理

培养目标： 培养具有旅游管理专业知识和能力，具有较高的人文科学素养，富有创造性和较强的社会适应性，以及良好的英语语言沟通表达能力和团队合作精神，能在涉外饭店、旅行社、旅游景区、旅游电子商务企业、事业单位及旅游行政管理部门从事旅游规划、项目开发与管理的国际化应用型专业人才。

主修课程： 统计学、市场营销、旅游学概论、饭店经营管理、旅行社经营管理、景区管理、旅游资源规划与开发、旅游电子商务、旅游企业人力资源管理、旅游企业财务管理、旅游英语等。

就业方向： 国际连锁旅游企业、各级政府旅游职能部门从事旅游目的地开发、旅游项目策划、旅游产品设计、网络营销、旅游企业经营管理等相关工作。

5. 人力资源管理

培养目标： 具有较为深厚的管理学、经济学、心理学等学科基础知识与分析方法，熟练掌握人力资源管理的各种理论和技术，具有一定的创新精神和协作精神，能在英文环境下独立从事人力资源管理不同功能模块方案的设计、操作和实施，能够胜任内外资企业、事业单位及咨询机构的人力资源管理相关岗位的国际化应用型专门人才。

主要课程： 管理学、经济学、管理心理学、明辨性思维导论与训练、跨文化交流、英语口语交流、创新思维训练、国际化课程学习技能与学业生存、组织行为学、工作分析、人力资源测评、人力资源规划、招聘与甄选、培训与发展、绩效管理、薪酬管理、员工关系管理等。

就业方向： 主要在内外资企业、事业单位及咨询机构的人力资源管理相关岗位，从事人力资源开发、招聘、员工培训、绩效考核、薪酬管理、员工关系管理等工作。

6. 软件工程

培养目标： 软件工程专业 ISEC 班采用国际通用课程体系，引入国际通识教育理念，融合前沿专业知识，采用全英文或双语授课，部分课程由国外师资讲授。

本专业人才培养侧重于国际通识教育、软件工程实践、团队合作创新等方面，结合基础理论、专业知识教学以及软件工程师实训，旨在培养具有多元文化视角、前沿专业知识、跨地域交往能力，同时具有较强的应用、创新、研发能力的应用型高级软件工程技术人才。

课程设置：C 语言程序设计、离散数学、数据结构、算法分析与设计、JAVA 程序设计、计算机组成原理、数据库原理与应用、操作系统、计算机网络、软件工程、软件项目管理等。

就业方向：毕业生具备国际视野综合素质和团队合作精神，是国内紧缺的高素质专业技术人才，可以在中外各类企事业单位或软件公司从事软件的分析、设计、实现和管理等工作；也可赴海外合作院校的相应专业继续深造。

二、学生培养模式

ISEC 专业采取学分互认模式，在国内和国外修得的学分均有效。学生若完成国内、外两阶段学习，可获得吉林师范大学和合作国外院校的双学士学位。本科段学制四年，学生可自主选择以下两种培养模式中的一种：

模式一："双学位模式"，即项目学生在吉林师范大学学习 2 年，符合国外大学的入学条件，经本人申请后再到国外大学学习 2 年。符合毕业条件，学校将颁发国家规定的吉林师范大学本科毕业证书；符合国外大学和吉林师范大学学士学位授予资格的学生，可获得国外大学和吉林师范大学 2 所学校的学士学位证书。

模式二："单学位模式"，即项目学生在吉林师范大学学习 2 年，但不符合国外大学的入学条件或不愿意出国学习者，将继续在吉林师范大学学习 2 年，若符合毕业条件和学士学位授予资格，则能够取得本科毕业证书和学士学位证书。

三、学费

国内学费标准为 20000 元/学年，国外学费部分按学生所选择的国外大学当年的学费标准缴纳。依据学生在国内的成绩情况，可获得海外院校不同额度的奖学金，最高有机会获得海外院校的全部学费减免。

四、可选择的国外院校

项目国内阶段课程所取得学分，将得到与国家留学基金管理委员会合作的美国、英国、爱尔兰等国家的几十所高校的认可。学校的层次多样，包括美国排名前 100 的知名高校、爱尔兰排名前十的大学，及英国等其他不同层次高校。学生在出国院校选择上，可根据自身实际情况进行合理选择。随着国家留学基金管理委员会合作院校的不断扩展，学生可选择的对接国外院校还会不断增加。

五、可选择的国外院校

可选择的国外院校如表 1 所示。

表 1 ISEC 国外合作院校

序号	国外院校中文名称	NAME OF UNIVERSITY	NATION
1	伊利诺伊理工大学	ILLINOIS INSTITUTE OF TECHNOLOGY	美国
2	堪萨斯州立大学	KANSAS STATE UNIVERSITY	美国
3	中央密歇根大学	CENTRAL MICHIGAN UNIVERSITY	美国
4	蒙大拿大学	UNIVERSITY OF MONTANA	美国
5	旧金山州立大学	SAN FRANCISCO STATE UNIVERSITY	美国
6	密西西比学院	MISSISSIPPI COLLEGE	美国
7	特洛伊大学	TROY UNIVERSITY	美国
8	加州州立大学奇科分校	CALIFONIA STATE UNIVERSITY, CHICO	美国
9	蒙大拿理工大学	MONTANA TECH	美国
10	欧道明大学	OLD DOMINION UNIVERSITY	美国
11	杜肯大学	DUQUESNE UNIVERSITY	美国
12	北亚利桑那大学	NORTHERN ARIZONA UNIVERSITY	美国
13	克里夫兰州立大学	CLEVELAND STATE UNIVERSITY	美国
14	纽约州立大学弗雷多尼亚分校	STATE UNIVERSITY OF NEW YORK FREDONIA	美国
15	纽约州立大学奥斯威戈分校	STATE UNIVERSITY OF NEW YORK OSWEGO	美国
16	阿卡迪亚大学	ARCADIA UNIVERSITY	美国
17	查德隆州立学院	CHADRON STATE COLLEGE	美国
18	乔治梅森大学	GEORGE MASON UNIVERSITY	美国

续表

序号	国外院校中文名称	NAME OF UNIVERSITY	NATION
19	纽约州立大学奥尔巴尼分校	UNIVERSITY AT ALBANY, STATE UNIVERSITY OF NEW YORK	美国
20	西伊利诺伊大学	WESTERN ILLINOIS UNIVERSITY	美国
21	拉特诺大学	LETOURNEAU UNIVERSITY	美国
22	梅里马克学院	MERRIMACK COLLEGE	美国
23	萨塞克斯大学	UNIVERSITY OF SUSSEX	英国
24	哈德斯菲尔德大学	UNIVERSITY OF HUDDERSFIELD	英国
25	德布勒森大学	UNIVERSITY OF DEBRECEN	匈牙利
26	考明斯基大学	KOZMINSKI UNIVERSITY	波兰

学生在出国院校选择上，可根据自身实际情况进行合理选择。随着国家留学基金管理委员会合作院校的不断扩展，学生可选择的对接国外院校会越来越多。

附录6
吉林师范大学中外合作办学项目简介

一、学前教育专业

1. 项目简介

吉林师范大学与韩国教员大学合作办学项目——学前教育专业本科教育项目，是国家教育部正式批准的本科中外合作办学项目。其目的在于引进韩国教员大学先进的学前教育理念和优秀的教学方法，吸收韩国优质的学前教育资源，采纳先进的教学经验，提高教育教学质量，优势互补，致力于培养更多、更好，面向和谐社会，面向未来的优秀人才。使吉林师范大学学前教育满足"中国梦"需求的同时，走向国际化发展舞台。

2. 韩国教员大学简介

韩国教员大学建于1984年，是韩国国内唯一一家集幼儿、初级、中级教师培养为一体的综合性大学；也是一所集培养、研修、研究为一体的教师教育的综合大学。

韩国教员大学现有教授196人，教育专家11人，助教49人，行政职员及技术人员269人。为保证教学质量，提供优质的教学环境，学校严格控制师生比例，现有本科生2376人，博士、硕士研究生3355人。

韩国教员大学是一所以培养教师为长的大学，培养从幼儿园、小学到中学各阶段的教师，同时有各种类型的教师研修课程，进行前瞻性的教育研究，因此获得了广泛的赞誉，也被评为是一所注重教育改革与创新的大学，是韩国最先引进应用"教学和教育学"的师范大学，其提出了教师培养的新典范。韩国教员大学每年承担除首尔外的全国所有幼、初、中、高等各级学校2000~3000名校长的研修和培训任务，在教师教育方面，受到各个国家的认可，担负着韩国教师教育最高的大学使命。

作为一所公立学校，韩国教员大学是韩国学费最低的大学，并为学生提供设施完备、价格优惠的校内住宿。该校设立多项奖学金，学习成绩优异者同韩国学生一样，享受同等奖学金待遇。

3. 学前教育专业介绍

学生培养方向：形成全球视野，具备扎实的专业基础知识与必备技能，有较强的学前教育教学管理等能力；可以在例如学前教育机构、教育行政与教学研究部门、广播电视和图书出版部门、各级各类教师培训部门以及社区等从事儿童教育、教学研究、培训、管理等工作且具有较强实操能力的专业人才。

主要学习内容：学前教育原理、儿童心理发展及教育、幼儿园管理、幼儿园课程分析理解、儿童艺术教育、儿童评价理解、幼儿教育研究方法、专业外语、钢琴、舞蹈、手工等。

就业方向：大中型幼儿教育学校、幼儿园、艺术类学校及亲子、幼儿英语等幼教机构担任教师；与幼儿教育相关的广播电视和图书出版部门从事幼儿教育节目、图书策划编辑等工作；教育行政部门、社区等从事幼儿教育管理与指导工作。

4. 培养模式

项目学生在吉林师范大学学习四年，合格完成专业要求的教学内容并符合各项毕业条件的学校将按规定颁发本科毕业证书，授予国家规定学士学位资格。

5. 学费

学费标准为 20000 元/学年。

二、电子信息工程专业

1. 项目简介

吉林师范大学与美国拉特诺大学合作办学项目——电子信息工程专业本科教育项目，是国家教育部正式批准的本科中外合作办学项目。其目的在于引进美国拉特诺大学先进的教育理念和优秀的教学方法，吸收美国优质的教育资源，采纳先进的教学经验，提高教育教学质量，优势互补；致力于培养更多、更好，面向和谐社会，面向未来社会需求的优秀人才。

2. 美国拉特诺大学简介

拉特诺大学位于德克萨斯州，建立于 1946 年，由 20 世纪中叶美国著名的工程师和发明家拉特诺先生创办。拉特诺先生是重型推土机、巨型海上钻井平台和电力驱动轮的发明人。拉特诺大学开设有航空科学院、工程技术学院、商学院、教育学院、文理学院及研究生。在校学生约 4000 人，教职员工约 450 人。其中，76% 的在校教师有博士学历，师生比例是 1∶17。

该大学本科学生和研究生定期接受美国南部院校协会的资格和水平鉴定，其工程及工程技术专业接受美国工程和技术评审委员会的鉴定，其航空专业接受美国联邦航空管理局的鉴定。拉特诺大学治学严谨、校风纯正、学习氛围浓厚，在《美国新闻与世界报道》的排名中，拉特诺大学在美国西部地区的主要综合性大学中一直排名于顶级行列。

3. 电子信息工程专业介绍

培养目标：立足自身的专业优势，共享国际优质教育资源，创新本科人才培养模式。本专业培养德、智、体、美全面发展，适应当代中国和世界发展的实际需要，具有广阔的视野、优秀的科学素养和创新精神，具备电子技术和信息系统的基础知识和应用实践能力，具备相关领域的基础知识与技能和再学习能力，能从事各类电子设备和信息系统的研究、设计、制造、开发和管理的国际化高级专门人才。

主要课程：电路理论系列课程、计算机技术系列课程、微控制器技术、信号与系统、数字信号处理、自动控制原理、传感器与 DSP 技术。

就业方向：从事电子信息工程及进行信息处理系统开发等方面的工作。

4. 培养模式

学生必须修满本专业培养方案规定的 172 学分方能毕业。符合相关学位授予规定者，授予工学学士学位。项目学习期间学生如英语雅思成绩达到 6.0 分，托福 79 分，并且专业课程成绩达到拉特诺大学的要求，在吉林师范大学完成前三年的学习后可自愿申请以校际交流方式前往拉特诺大学继续本科最后一年的学习，修完拉特诺大学规定课程，达到相关要求，可同时获得两所大学的毕业证书和学士学位证书。

另外，吉林师范大学积极与境外高校开展交流合作搭建师生国际交流平台，目前已与包括英国、德国、俄罗斯等国在内的多个国家高校形成了友好的合作伙伴关系，并在师生交换、学术交流与合作办学等方面进行了广泛深刻的合作。

中外校际合作项目优势：

（1）国外升学优势。快捷便利的出国留学途径，免试直升海外大学，双证双学历。

（2）语言培养优势。双语教学，有效提高听、说、读、写能力。

（3）课程体系优势。外国教授直接授课，国内坐享国外优质教育，语言、专业、综合素质全面提升。

（4）多项毕业前景。海外升学、国内升学、国内就业任选择。

（5）就业优势。国内培养国际化人才，语言、专业、综合素质三优势。

附录7
吉林师范大学 ISEC 项目学校汇总

一、旧金山州立大学

1. 学校简介

(1) 学校性质：公立综合性大学。

(2) 建校时间：1899 年。

(3) 地理位置：美国加利福尼亚州旧金山市。

(4) 在校生：29607 人。

(5) 排名：2019 年美国 USNEWS 综合大学排名 230~300 位。

2. 项目合作模式

2 年国内本科学位+2 年国外本科学位。

学生在吉林师范大学按普通本科教学计划，完成前 2 年的课程教学；如有意愿并达到旧金山州立大学本科课程录取要求的，可在第 3 年进入旧金山州立大学完成剩余两年的本科课程学习，完成课程学习且达到毕业条件的学生可获得旧金山州立大学的本科毕业证书。学生若满足吉林师范大学转学分的要求，可将国外所学本科课程学分转回吉林师范大学，满足转学分条件和吉林师范大学本科毕业要求的学生，可获得吉林师范大学本科毕业证书和学士学位证书。

3. 可合作专业

金融学、财务管理、旅游管理。

4. 入学要求

本科前两年 GPA2.0 以上，雅思 6.0 分或托福 61 分。

5. 费用

本科学费 19140 美元/学年。

二、克里夫兰州立大学

1. 学校简介

（1）学校性质：公立综合性大学。

（2）建校时间：1864 年。

（3）地理位置：美国俄亥俄州克里夫兰市。

（4）在校生：16607 人。

（5）排名：2019 年美国 USNEWS 综合大学排名 230~300 位。

2. 项目合作模式

2 年国内本科学位+2 年国外本科学位。学生在吉林师范大学按普通本科教学计划，完成前 2 年的课程教学；如有意愿并达到克里夫兰州立大学本科课程录取要求的，可在第 3 年赴克里夫兰州立大学进行 2 年的本科课程学习，完成课程学习且达到毕业条件的学生可获得克里夫兰州立大学的本科毕业证书。学生若满足吉林师范大学转学分的要求，可将国外所学本科课程学分转回吉林师范大学，满足转学分条件和吉林师范大学本科毕业要求的学生，可获得吉林师范大学本科毕业证书和学士学位证书。

3. 可合作专业

金融学、财务管理、人力资源管理、环境工程。

4. 入学要求

本科前两年 GPA2.0 以上，雅思 6.0 分或托福 78 分。

5. 费用

本科学费 15627 美元/学年。

三、乔治梅森大学

1. 学校简介

（1）学校性质：私立综合性大学。

（2）建校时间：1972 年。

（3）地理位置：美国弗吉尼亚州费尔费克斯市。

（4）在校生：35960 人。

（5）排名：2019 年美国 USNEWS 综合大学排名第 136 位。

2. 项目合作模式

2 年国内本科学位+2 年国外本科学位。学生在吉林师范大学按普通本科教学计划，完成前 2 年的课程教学；如有意愿并达到乔治梅森大学本科课程录取要求的，可在第 3 年赴乔治梅森大学进行 2 年的本科课程学习，完成课程学习且达到毕业条件的学生可获得乔治梅森大学的本科毕业证书。学生若满足吉林师范大学转学分的要求，可将国外所学本科课程学分转回吉林师范大学，满足转学分条件和吉林师范大学本科毕业要求的学生，可获得吉林师范大学本科毕业证书和学士学位证书。

3. 可合作专业

金融学、财务管理、旅游管理、环境工程、软件工程。

4. 入学要求

本科前两年 GPA 2.85 以上，雅思 6.5 分或托福 80 分。

5. 费用

本科学费 35922 美元/学年。

四、纽约州立大学奥尔巴尼分校

1. 学校简介

（1）学校性质：公立综合性大学。

（2）建校时间：1844 年。

（3）地理位置：美国纽约州奥尔巴尼市。

（4）在校生：17743 人。

（5）排名：2019 年美国 USNEWS 综合大学排名第 140 位。

2. 项目合作模式

2 年国内本科学位+2 年国外本科学位。学生在吉林师范大学按普通本科教学计划，完成前 2 年的课程教学；如有意愿并达到纽约州立大学奥尔巴尼分校本科课程录取要求的，可在第 3 年赴纽约州立大学奥尔巴尼分校进行 2 年的本科课程学习，完成课程学习且达到毕业条件的学生可获得纽约州立大学奥尔巴尼分校的本科毕业证书。学生若满足吉林师范大学转学分的要求，可将国外所学本科课程学分转回吉林师范大学，满足转学分条件和吉林师范大学本科毕业要求的学生，可获得吉林师范大学本科毕业证书和学士学位证书。

3. 可合作专业

金融学、财务管理、旅游管理、环境工程、软件工程、人力资源管理。

4. 入学要求

本科前两年商科专业 GPA 3.25 以上，其他专业 GPA 2.5 以上，雅思 6.0 分或托福 70 分。

5. 费用

本科学费 26656 美元/学年，食宿约 13000 美元/年，转学生 GPA 3.0 以上可发放 3000~4000 美元奖学金。

五、西伊利诺伊大学

1. 学校简介

（1）学校性质：公立综合性大学。

（2）建校时间：1899 年。

（3）地理位置：美国伊利诺伊州马克姆市。

（4）在校生：9441 人。

（5）排名：2019 年美国 USNEWS 中西部大学排名第 53 位。

2. 项目合作模式

2 年国内本科学位+2 年国外本科学位。学生在吉林师范大学按普通本科教学计划，完成前 2 年的课程教学；如有意愿并达到西伊利诺伊大学本科课程录取要求的，可在第 3 年赴西伊利诺伊大学进行 2 年的本科课程学习，完成课程学习且达到毕业条件的学生可获得西伊利诺伊大学的本科毕业证书。学生若满足吉林师范大学转学分的要求，可将国外所学本科课程学分转回吉林师范大学，满足转学分条件和吉林师范大学本科毕业要求的学生，可获得吉林师范大学本科毕业证书和学士学位证书。

3. 可合作专业

金融学、财务管理、人力资源管理、旅游管理。

4. 入学要求

本科前两年商科专业 GPA 2.0 以上，雅思 6.0 分或托福 73 分。

5. 费用

本科学费 15418 美元/学年。

六、拉特诺大学

1. 学校简介

（1）学校性质：私立综合性大学。

（2）建校时间：1946 年。

（3）地理位置：美国得克萨斯州长景市。

（4）在校生：3003 人。

（5）排名：2019 年美国 USNEWS 西部大学排名第 28 位。

2. 项目合作模式

2 年国内本科学位+2 年国外本科学位。学生在吉林师范大学按普通本科教学计划，完成前 2 年的课程教学；如有意愿并达到拉特诺大学本科课程录取要求的，可在第 3 年赴拉特诺大学进行 2 年的本科课程学习，完成课程学习且达到毕业条件的学生可获得拉特诺大学的本科毕业证书。学生若满足吉林师范大学转学分的要求，可将国外所学本科课程学分转回吉林师范大学，满足转学分条件和吉林师范大学本科毕业要求的学生，可获得吉林师范大学本科毕业证书和学士学位证书。

3. 可合作专业

金融学、财务管理、人力资源管理、环境工程。

4. 入学要求

本科前两年 GPA 2.0 以上，雅思 6.0 分或托福 80 分。

5. 费用

本科学费 30520 美元/学年，生活费约 42000 美元/年。

七、梅里马克学院

1. 学校简介

(1) 学校性质：私立综合性大学。
(2) 建校时间：1947 年。
(3) 地理位置：美国马萨诸塞州北安多佛市。
(4) 在校生：4171 人。
(5) 排名：2019 年美国 USNEWS 北部大学排名第 50 位。

2. 项目合作模式

2 年国内本科学位+2 年国外本科学位。学生在吉林师范大学按普通本科教学计划，完成前 2 年的课程教学；如有意愿并达到梅里马克学院本科课程录取要求的，可在第 3 年赴梅里马克学院进行 2 年的本科课程学习，完成课程学习且达到毕业条件的学生可获得梅里马克学院的本科毕业证书。学生若满足吉林师范大学转学分的要求，可将国外所学本科课程学分转回吉林师范大学，满足转学分条件和吉林师范大学本科毕业要求的学生，可获得吉林师范大学本科毕业证书和学士学位证书。

3. 可合作专业

金融学、财务管理、人力资源管理。

4. 入学要求

本科前两年 GPA 2.0 以上，雅思 6.5 分或托福 79 分。

5. 费用

本科学费 39390 美元/学年，生活费约 57000 美元/年。